Kapitalismus und Marktwirtschaft

Jonathan McMillan

Jonathan McMillan

KAPITALISMUS UND MARKT-WIRTSCHAFT

Wie eine neue
Wirtschaftsordnung
Europa vor dem Zerreißen
bewahren kann

PLASSEN
VERLAG

Die Originalausgabe erschien unter dem Titel
Capitalism and the Market Economy: Bringing back together what banking pulls apart
ISBN 978-3-9524385-4-1

Published by Zero/One Economics GmbH, Zurich, Switzerland.

Übersetzung: Rotkel e. K.
Gestaltung Cover: Daniela Freitag
Coverillustration: Marcel Bamert
Gestaltung, Satz und Herstellung: Timo Boethelt
Korrektorat: Egbert Neumüller
Druck: CPI books GmbH, Leck, Germany

ISBN 978-3-86470-943-2

Bibliografische Information der Deutschen Nationalbibliothek:
Die Deutsche Nationalbibliothek verzeichnet diese Publikation in der Deutschen Nationalbibliografie; detaillierte bibliografische Daten sind im Internet über <http://dnb.d-nb.de> abrufbar.

BÖRSEN MEDIEN
AKTIENGESELLSCHAFT

Postfach 1449 • 95305 Kulmbach
Tel: +49 9221 9051-0 • Fax: +49 9221 9051-4444
E-Mail: info@plassen-buchverlage.de
www.boersenbuchverlag.de
www.facebook.com/plassenverlag
www.instagram.com/plassen_buchverlage

„WER NICHTS VERÄNDERN WILL, WIRD AUCH DAS VERLIEREN, WAS ER BEWAHREN MÖCHTE.“

– GUSTAV HEINEMANN, EHEMALIGER BUNDESPRÄSIDENT DER BUNDESREPUBLIK DEUTSCHLAND

INHALT

VORWORT

Der Kapitalismus wird missverstanden. Dieses Buch will ein besseres Verständnis des Kapitalismus vermitteln, um seine zunehmenden Probleme an den Wurzeln zu packen. Natürlich ist das ein verwegenes Unterfangen. Seien Sie versichert: Wir haben nie geplant, dass unser Buch-Abenteuer hier enden würde. Der Umfang unserer Analyse hat sich im Laufe der Jahre stetig erweitert.

Alles begann 2014 mit der Veröffentlichung von *Das Ende der Banken.* In diesem Buch haben wir den Entwurf einer neuen Finanzarchitektur skizziert. Dies eröffnete uns die Möglichkeit, unsere Ideen mit diversen Experten zu diskutieren. Viele stimmten uns zu, dass die Finanzarchitektur morsch geworden ist und die von uns vorgeschlagene Neugestaltung sinnvoll wäre. Wir hatten damals jedoch keinen konkreten Reformplan. In der Folge versandeten diese Diskussionen, weshalb wir uns entschieden, in einem zweiten Buch diese Leerstelle zu adressieren.

Eine frühe Version war dementsprechend ein Vorschlag, wie ein geordneter Übergang zu einer besseren Finanzarchitektur aussehen könnte. Wir schnitten ihn auf den besonderen institutionellen Rahmen der Eurozone zu, denn wir waren – und sind immer noch – davon überzeugt, dass Europa am meisten von einer Modernisierung des Finanzwesens profitieren kann. Trotz unseres Enthusiasmus blieben die Rezensenten dieser frühen Version skeptisch. Sie hatten recht.

Ohne konzeptionellen und historischen Kontext ist es fast unmöglich, eine derart tiefgreifende Veränderung zu verstehen. Wir stellten fest, dass unser diesbezügliches Verständnis teils stark von den Vorstellungen der Leser abwich. Also haben wir beschlossen, diese Verständnislücke zu schließen. Wir haben den historischen Hintergrund ergänzt und die Elemente der heutigen Wirtschaftsordnung im Detail erklärt.

Das Buch, das Sie nun in Ihren Händen halten, besteht somit aus zwei Teilen. Im Zentrum steht immer noch ein konkreter Reformplan, um die Finanzarchitektur zu reformieren und eine bessere Wirtschaftsordnung zu schaffen. Dieser Teil ist eingebettet in die Geschichte, wie sich der Kapitalismus in den letzten 300 Jahren entwickelt hat und warum nun die Zeit für Veränderungen gekommen ist.

Aufgrund dieser Struktur variiert *Kapitalismus und Marktwirtschaft* sowohl hinsichtlich der Analyseebene als auch im Tonfall. Wie einer unserer Rezensenten es ausdrückte, ist das Buch eine Art „Economic Rhapsody“. Einige Ideen mögen dabei ungewöhnlich klingen, da sie gegen festgefahrene Überzeugungen antreten. Widerstände bei der Lektüre sind entsprechend möglich. Doch wir sind überzeugt, dass diese Lesereise in unbekanntes Terrain sich lohnt und Ihnen eine neue Perspektive auf vermeintlich Vertrautes eröffnen wird.

Jonathan McMillan, Januar 2024

DANKSAGUNG

Ein Buch zu schreiben ist ein furchtbarer, anstrengender Kampf, wie ein langer Anfall einer schmerzhaften Krankheit. Man würde so etwas niemals unternehmen, wenn man nicht von einem Dämon getrieben wäre, dem man weder widerstehen noch den man verstehen kann.“

So formulierte es George Orwell in seinem Essay „Warum ich schreibe“, und wir können ihm voll und ganz zustimmen. Selbst im Nachhinein wissen wir nicht, was uns dazu getrieben hat, dieses Buch zu schreiben. Aber wir wissen, dass wir mit den Dämonen auf unserem Weg nicht ohne die Unterstützung vieler Menschen hätten fertigwerden können. An dieser Stelle sagen wir Danke.

Zuallererst danken wir unseren engen Vertrauten. Ich, der Banker, bin meiner Frau Karoline unendlich dankbar für ihre unermüdliche Unterstützung. Das Schreiben dieses Buches hat uns über viele Jahre und in einer für unsere Familie schwierigen Zeit stark strapaziert.

Karoline hat mir nicht nur die Zeit gegeben, die ich für die Arbeit an dem Buch brauchte, sondern hat mich auch emotional unterstützt und mir wertvolle Ratschläge gegeben, wenn die Last zu schwer wurde. Ich widme meinen Beitrag zu diesem Buch meinen beiden Töchtern Isabella und Helena. Sie sind stets eine Quelle der Freude und des Glückes in unserem Leben.

Damit kommen wir zu Jürg, dem Ökonomen: Mein besonderer Dank gilt meinen Freunden und meiner Familie. Trotz meiner gelegentlichen Geistesabwesenheit wegen dieses Buchprojekts ist es ihnen gelungen, freudige und erfüllende Beziehungen aufrechtzuerhalten, die ich in dieser Zeit mehr denn je geschätzt habe. Mein besonderer Dank gilt meinen Eltern, meiner Schwester und meinem Bruder sowie deren Familien und meinem langjährigen Freund Philipp. Sie alle haben mir die notwendige emotionale Unterstützung geboten, wenn die Arbeit an diesem Buch mich zu überwältigen drohte.

Viele haben uns intellektuell bei diesem Projekt geholfen. Sie standen uns immer wieder mit kritischen Einsichten und Rückmeldungen zur Seite. Wir sind William (Bill) White zu besonders großem Dank verpflichtet. Wir haben Bill vor einigen Jahren bei einem Vortrag in Zürich kennengelernt. Seitdem hat er uns immer wieder wichtige Lektionen erteilt – nicht nur, als er das Manuskript dieses Buches zweimal durchsah. Er ist uns mit seinem Intellekt, seiner Integrität und seinen persönlichen Qualitäten ein großes Vorbild.

Darüber hinaus danken wir allen Probelesern für die Durchsicht früherer Versionen dieses Buches. Urs Gamma, Stefan Häberli, Ronald Indergand, Patrick Leisibach, Samuel Schmassman und Thomas Siegmund haben sich die Zeit genommen, zwei verschiedene Versionen zu lesen – vielen Dank für diese alles andere als selbstverständliche Unterstützung. Ein unvollendetes Manuskript schon nur einmal durchzugehen, ist anstrengend genug. Dafür und für ihre hilfreichen Kommentare danken wir ganz herzlich: Basil Ammann, Andreas Beerli, Thomas Bollen, Elias Brumm, Aymo Brunetti, Tom Frank, Laurenz

Grabher, Arno Grand, Patrick Gamma, Jean-Philippe Hagmann, Niels-Jakob Hansen, Xenia Karametaxas, Julian Kölbel, Philipp Kübler, Lukas Schmid, Tobias Straumann, Frederik Toscani und Martijn van der Linden.

Schließlich sind wir all jenen dankbar, die unser erstes Buch mit einem offenen Geist gelesen und weiterempfohlen haben. Ein besonderer Dank geht an Izabella Kaminska, deren Rolle als Early Adopter von *Das Ende der Banken* unglaublich wertvoll war. Wir danken Anat Admati dafür, dass sie das Buch schon früh an viele Freunde und Kollegen weiterempfohlen hat. Ohne Izabella und Anat hätten unsere Gedanken und Ideen weit weniger Menschen erreicht, und wir wären nicht in der Lage gewesen, all die notwendigen Inspirationen und Erkenntnisse für dieses zweite Buch zu gewinnen.

EINFÜHRUNG

Kapitalismus wird gemeinhin auf zwei Arten definiert, einmal historisch und einmal konzeptionell – die eine Definition weist in die richtige Richtung, die andere ist äußerst irreführend.

Viele sind sich einig, dass der Ursprung des Kapitalismus in der frühen Neuzeit in Großbritannien zu finden ist, dass sich diese Wirtschaftsform dann über die Kontinente ausbreitete und heute die Wirtschaftsordnung weltweit bestimmt.[1] Dieser historische Ansatz ergibt Sinn. Vor rund 300 Jahren hat sich die Wirtschaftsordnung in der Tat grundlegend geändert. Die gängige Auffassung davon, was den Kapitalismus konzeptionell von früheren Wirtschaftsordnungen unterscheidet, greift jedoch zu kurz.

Kapitalismus ist nicht das, was Sie denken

Definitionen des Kapitalismus betonen gewöhnlich zwei Aspekte: Märkte und Eigentumsrechte. Nach der *Encyclopedia Britannica* ist Kapitalismus definiert als ein Wirtschaftssystem, „in dem die meisten Produktionsmittel im Privateigentum sind und Produktion und Einkommensverteilung weitgehend über Märkte gesteuert werden".[2] Eine solche Definition greift zu kurz. Sie beschreibt keine Besonderheiten der historischen Periode, die wir Kapitalismus nennen.

Erstens: Obwohl Märkte in unserer Wirtschaftsordnung eine wichtige Rolle spielen, sind sie kein besonderes Merkmal der vergangenen 300 Jahre.[3] Märkte gibt es schon seit Tausenden von Jahren. Sobald sich Menschen auf ein Gewerbe spezialisieren, müssen sie das, was sie brauchen, aber nicht mehr selbst produzieren, erwerben. Dafür gibt es Märkte. Sie erleichtern den Austausch von Gütern und Dienstleistungen. Ab einem gewissen Grad der Arbeitsteilung sind Märkte ein wesentliches Element jeder Volkswirtschaft.

Zweitens ist die Ära des Kapitalismus nicht deshalb besonders, weil die Produktionsmittel im Privateigentum sind. Eigentumsrechte sind zwar ein wichtiger Aspekt unserer heutigen Wirtschaftsordnung, aber ebenso wie Märkte gibt es sie schon viel länger.[4] Trotzdem führt uns der Begriff der Produktionsmittel zu dem eigentlich definierenden Merkmal des Kapitalismus, das eng mit den etymologischen Wurzeln des Begriffs verbunden ist, nämlich „Kapital".

In der Ökonomie wird der Begriff „Kapital" für diverse Dinge verwendet. Er beschreibt manchmal Geld, Infrastruktur, Maschinen, Wissen und sogar Vertrauen. Gemeinsam ist diesen Dingen, dass sie auf unterschiedlichen konzeptionellen Ebenen die Produktion von Gütern und Dienstleistungen ermöglichen. Mit anderen Worten: Der Begriff „Kapital" beschreibt die Produktionsmittel.

Die Art und Weise, wie eine Gesellschaft Kapital organisiert, ist ein wichtiger Bestandteil einer Wirtschaftsordnung. Im Kapitalismus geht es jedoch nicht um das Privateigentum an diesen Produktionsmitteln – im Gegenteil. So schwierig es für einen Fisch sein muss, zu erkennen, dass er von Wasser umgeben ist, so schwierig ist es für uns, das charakteristischste Merkmal der heutigen Wirtschaftsordnung zu erkennen. Wodurch unterscheiden sich die heutigen Volkswirtschaften von jenen des 16. Jahrhunderts? Welche Institutionen sind heute allgegenwärtig, waren aber vor dem Aufstieg des Kapitalismus praktisch inexistent? Kapitalgesellschaften.

Im Gegensatz zu Ihren Vorfahren des 16. Jahrhunderts arbeiten Sie vielleicht für eine Kapitalgesellschaft. Auch wenn Sie das nicht tun, haben Sie tagtäglich mit Kapitalgesellschaften zu tun – von der Erstehung eines Werkzeugs über den Lebensmitteleinkauf bis hin zur Bestellung neuer Möbel. Während sich Märkte und Eigentumsrechte bereits viel früher entwickelten, geht der Aufstieg der Kapitalgesellschaft mit der Epoche einher, die wir gemeinhin als Kapitalismus bezeichnen.

Die ersten modernen Kapitalgesellschaften waren die berühmten kolonialen Handelsgesellschaften, die an der Wende zum 17. Jahrhundert gegründet wurden. Seitdem hat die kapitalgesellschaftliche Rechtsform die Welt im Sturm erobert. Heute wird die Produktion von Gütern und Dienstleistungen in der ganzen Welt primär durch Kapitalgesellschaften organisiert. Daher definieren wir *Kapitalismus* als eine Wirtschaftsordnung, in der das meiste Kapital von Kapitalgesellschaften verwaltet wird.

Obwohl der Kapitalismus oft in eine Marktwirtschaft eingebettet ist, müssen diese beiden Konzepte unterschieden werden. Eine *Marktwirtschaft* zeichnet sich durch einen freien Austausch von Gütern, Dienstleistungen und vertraglichen Ansprüchen ohne zentrale Koordination aus. Damit Märkte funktionieren, braucht es bürgerliche Freiheit und Eigentumsrechte.[5] Für den Kapitalismus braucht es hingegen eine Institution für kollektives Eigentum, also ein Gesellschaftsrecht.[6]

Diese wichtige Unterscheidung impliziert, dass die gängigen Definitionen von Kapitalismus geradezu irreführend sind. Mit fortschreitender

Entwicklung des Kapitalismus befinden sich die meisten Produktionsmittel eben nicht mehr im individuellen Privateigentum. Stattdessen befinden sich die Produktionsmittel zunehmend im kollektiven Eigentum von Kapitalgesellschaften.[7]

Nun könnte man einwenden, dass wir die Dinge unnötig verkomplizieren. Man könnte argumentieren, dass Kapitalgesellschaften nur ein vernachlässigbarer Schleier sind, der zwischen Privatpersonen und den Produktionsmitteln steht. Dieses Argument führt uns direkt zum nächsten verbreiteten Missverständnis.

Kapitalgesellschaften sind nicht das, was Sie denken

Auf den ersten Blick scheinen sich Wirtschaftswissenschafter umfassend mit Kapitalgesellschaften beschäftigt zu haben. So haben sie in ihrer Forschung versucht, einen grundlegenden Widerspruch aufzuklären: Märkte gelten gemeinhin als effizienter Koordinationsmechanismus, und trotzdem haben Menschen ihre wirtschaftlichen Aktivitäten seit jeher auch in hierarchischen Organisationen koordiniert. Wenn aber Märkte derart gute Koordinationsmechanismen darstellen, warum gibt es dann solche hierarchischen Organisationen?

Um diesen Widerspruch aufzuklären, haben Ökonomen ausgefeilte Theorien entwickelt. Sie haben insbesondere untersucht, wann und wie wirtschaftliche Aktivitäten auf dezentralen Märkten koordiniert und wann in Hierarchien organisiert werden.[8] Diese Forschung ist zwar aufschlussreich und relevant für alle Unternehmen, aber sie erklärt nicht die Einzigartigkeit der kapitalgesellschaftlichen Rechtsform – die Ökonomen haben eine „Theorie der Unternehmung" (englisch: „theory of the firm") und nicht eine „Theorie der Kapitalgesellschaft" entwickelt.

Obwohl es sich bei Kapitalgesellschaften in der Regel um hierarchische Organisationen handelt, haben Menschen seit Generationen wirtschaftliche Aktivitäten in Hierarchien organisiert, etwa in Personengesellschaften wie Familienunternehmen oder Handwerksbetrieben. Kapitalgesellschaften grenzen sich aber von solchen Unternehmensformen in einem entscheidenden Punkt ab: Sie transformieren Kapital. Diese Funktion macht sie im Kern einzigartig.

Denken Sie an die kolonialen Handelsgesellschaften, die zu Beginn des 17. Jahrhunderts gegründet wurden. Diese Kapitalgesellschaften besaßen und verwalteten Schiffe, stehende Heere, Transportgüter und Handelsprivilegien. Gleichzeitig emittierten sie Aktien und Anleihen, die an den Börsen von London und Amsterdam gehandelt wurden. Kapitalgesellschaften wandeln also illiquides Realkapital (zum Beispiel Schiffe) in liquides Finanzkapital (zum Beispiel Aktien) um.

Diese Transformation des Kapitals ist untrennbar mit einer rechtlichen Transformation von Eigentumsrechten verbunden. Die kapitalgesellschaftliche Rechtsform separiert das Eigentum eines Unternehmens vom Eigentum derjenigen, die in das Unternehmen investieren. In Kapitel 1 erklären wir ausführlich, wie das funktioniert.

Fürs Erste definieren wir eine *Kapitalgesellschaft* als eine Institution, die Kapital transformiert.[9] Mit der Schaffung von liquidem Finanzkapital aus illiquidem Realkapital gewinnen Kapitalgesellschaften Zugang zu umfangreicheren und längerfristigen Finanzierungen. Das erlaubt Investitionen in größere Fabriken und fortschrittlichere Produktionswerke als frühere Arten von Unternehmensorganisationen. Kapitalgesellschaften ermöglichen somit eine kapitalintensive Wirtschaft. Sie haben dadurch die Industrialisierung maßgeblich vorangetrieben und zum spektakulären Produktivitätswachstum der jüngeren Vergangenheit beigetragen – und sie haben die Art und Weise, wie das Finanzwesen funktioniert, für immer verändert.

Geld ist nicht das, was Sie denken

Die Transformationsfähigkeit von Kapitalgesellschaften ist umfassender, als viele sich vorstellen können. Kapitalgesellschaften verwandelten bald nicht nur Realkapital in Finanzkapital, sondern auch das Finanzkapital selbst. Es war nur eine Frage der Zeit, bis eine Kapitalgesellschaft das größte aller Kunststücke vollbrachte: Kapital in Geld zu verwandeln.

Viele Menschen denken, dass Geld etwas ist, das vollständig unter der Kontrolle einer staatlichen Behörde, der Zentralbank, steht. In der Tat versuchen Zentralbanken, den Geldumlauf in der Wirtschaft zu steuern, und ihr Einfluss auf finanzielle Angelegenheiten ist unbestreitbar. Ihre Kontrolle über das in der Wirtschaft zirkulierende Geld ist jedoch begrenzt, da sie nur einen kleinen Teil davon schöpfen.

Woher kommt das ganze Geld, das nicht von der Zentralbank geschöpft wird? Von Kapitalgesellschaften. *Geld* ist die liquideste Form von Kapital; es kann zum sofortigen Erwerb jeder anderen Form von Kapital verwendet werden, zum Beispiel von Maschinen oder Immobilien.[10] Wie wir weiter oben definiert haben, ist der Kapitalismus eine Wirtschaftsform, in der das meiste Kapital von Kapitalgesellschaften verwaltet wird. Da Geld eine Form von Kapital darstellt, sollte daher nicht überraschen, dass auch das meiste Geld von Kapitalgesellschaften verwaltet wird.

Von welchen Kapitalgesellschaften sprechen wir? Etwa ein Jahrhundert nach der Gründung der kolonialen Handelsgesellschaften entstand eine neue Art von Institution. Sie kombinierte die kapitalgesellschaftliche Rechtsform mit einer damals bereits bekannten Finanztechnik: dem *Bankwesen*.[11] Schon seit Langem waren Familienunternehmen und Privatpersonen im Bankwesen tätig. Doch im Jahr 1694 ermöglichte König Wilhelm III. von England die Gründung einer neuen Institution, die Bankwesen und Kapitalgesellschaft vereinte: Die Bank of England wurde aus der Taufe gehoben.

In Kapitel 2 zeigen wir, warum die Gründung der Bank of England zu Recht als eigentliche Finanzrevolution angesehen wird. Die neue Institution war der Grundstein für eine komplett neue Finanzarchitektur. Diese ermöglichte eine Geldschöpfung in noch nie da gewesenem Umfang und eine nie zuvor gesehene wirtschaftliche Entwicklung. Die neue Finanzarchitektur hatte im Kern aber auch eine folgenschwere Schwachstelle.

Das kapitalistische Bankwesen ist von Natur aus fragil. Es verursacht einen Kurzschluss bei der Transformation von Kapital, der zum Zusammenbruch der gesamten Volkswirtschaft führen kann. Seit der Gründung der Bank of England ist die Gesellschaft denn auch mit einem ausgeprägten Boom-Bust-Zyklus, Bankenpaniken und schweren Wirtschaftskrisen konfrontiert.

Um diesen Problemen entgegenzuwirken, haben sich nach und nach Zentralbanken entwickelt. Ihr Erfolg war allerdings begrenzt, denn im 18. und 19. Jahrhundert traten Finanz- und Bankenkrisen in erstaunlicher Häufigkeit auf. Zu Beginn des 20. Jahrhunderts kam es dann zu einer besonders folgenreichen Bankenpanik. Sie mündete in der sogenannten Großen Depression, der schwerwiegenden Weltwirtschaftskrise der 1930er-Jahre. Diese brachte enorme wirtschaftliche Not mit sich und markierte einen Wendepunkt in der Geschichte des Kapitalismus.

Die Wirtschaftsordnung gerät aus den Fugen

Während und nach der Großen Depression verstärkten die Regierungen ihre Bemühungen, das kapitalistische Bankwesen zu stabilisieren und die Ausschläge des Boom-Bust-Zyklus abzuschwächen. Außerdem wurde die jahrhundertealte Bindung des Geldes an Edelmetalle aufgegeben. Die Zentralbanken führten *Fiatgeld* ein – Geld, das nicht durch einen Rohstoff wie Gold gedeckt ist.[12]

Die Veränderung des Geldsystems veränderte den Kapitalismus. Von ihren goldenen Fesseln befreit, schufen die Zentralbanken mehr und mehr Geld. Die Folge war *Inflation*: Die Preise für Güter und Dienstleistungen begannen flächendeckend zu steigen. Um diesen säkularen Inflationstrend zu brechen, forderten die Ökonomen des späten 20. Jahrhunderts unabhängigere Zentralbanken, die ausschließlich als Hüter der Preisstabilität fungieren sollten.

In diesem wirtschaftlichen und intellektuellen Umfeld wurde dann die Währungsunion in Europa geschaffen. Um die Jahrtausendwende wurde der Euro geboren. Er wurde von einer neuen Währungsbehörde verwaltet: der Europäischen Zentralbank (EZB). Die neue Institution war vom wirtschaftswissenschaftlichen Denken ihrer Zeit inspiriert und als solche ausschließlich auf die Preisstabilität ausgerichtet.

In Kapitel 3 zeigen wir, inwiefern das Mandat der EZB von den historischen Wurzeln des Zentralbankwesens abweicht. Während die EZB als eine neue Art von Währungsbehörde eingerichtet wurde, blieb die übrige Finanzarchitektur unverändert. Die Mechanismen, die in den 1930er-Jahren zur Großen Depression geführt hatten, waren immer noch am Werk. Europa brauchte also nach wie vor eine Zentralbank im traditionellen Sinne, was durch die globale Finanzkrise von 2008 offensichtlich wurde.

Seit dieser Krise sieht sich die EZB zu einem heiklen Balanceakt gezwungen. Sie musste die finanzielle Situation von Banken und Staaten stabilisieren, ohne ihr Mandat zur Preisstabilität zu gefährden. Auf Dauer können aber nicht beide Ziele verfolgt werden. Um die Finanzarchitektur zu erhalten, wird die EZB letztlich Kompromisse bei der Preisstabilität eingehen müssen. Das birgt wiederum die Gefahr eines Auseinanderbrechens der Eurozone.

Was kann gegen diese Probleme in der heutigen Finanzarchitektur unternommen werden? Teil II dieses Buches gibt darauf eine Antwort – eine, die nicht nur für Europa relevant ist.

Der Weg zu einer besseren Wirtschaftsordnung

Zuerst gilt es, die Effekte der Digitalisierung auf das Finanzwesen besser zu verstehen. Neue Finanztechnologien bergen ein großes Potenzial, aber sie ermöglichen auch neue Formen des Bankwesens außerhalb des Blickfelds der Aufsichtsbehörden. In den letzten Jahrzehnten hat die Digitalisierung alle regulatorischen Bemühungen untergraben, die Finanzarchitektur auf eine solide Basis zu stellen. Wie wir in Kapitel 4 zeigen, wird diese Tatsache bis heute verkannt.

Die Digitalisierung erfordert stattdessen einen neuen Ansatz zur Sicherung der Finanzstabilität. Der Kern des Problems liegt in der aus dem Ruder gelaufenen Transformation von Kapitel durch Kapitalgesellschaften. Daher schlagen wir in Kapitel 5 vor, die kapitalgesellschaftliche Rechtsform anzupassen. Darüber hinaus propagieren wir die Einführung einer neuen FinTech-Lizenz (FinTech = Finanztechnologie), damit ein Finanzsektor entstehen kann, der nicht mehr im Kern fragil ist.

Damit kann sich das wahre Potenzial der Finanztechnologie endlich entfalten. Wie diese Transformation ablaufen wird, wird in Kapitel 6 erörtert. Am Ende dieses Prozesses wird das Finanzwesen nicht mehr von Kapitalgesellschaften geprägt sein, die öffentliche Garantien genießen und deshalb umfassend reguliert werden müssen. Stattdessen werden Geld und Kredit auf Märkten vermittelt, und Zinsen werden in der Folge wieder zu aussagekräftigen Preisen, welche die Allokation von Kapital effizient steuern. Eine solche marktbasierte Finanzarchitektur wird nicht mehr von endogener Fragilität geprägt sein, und der ausgeprägte Boom-Bust-Zyklus wird zu einem Ende kommen.

Diese Transformation des Finanzwesens erlaubt bessere Organisationsformen für die Geldpolitik. Die verschiedenen Optionen erörtern wir in Kapitel 7. Die Entlastung der Zentralbanken von ihrer Pflicht, die Finanzierung von Banken und Staaten sicherzustellen, ist für die Eurozone besonders wichtig. Der Euro kann endlich auf eine solide

Basis gestellt und zu einer echten Gemeinschaftswährung werden – eine, welche die europäische Integration fördert statt unterminiert.

Im letzten Kapitel gehen wir auf die internationalen Herausforderungen und die gesellschaftlichen Auswirkungen des Übergangs zu einer marktbasierten Finanzarchitektur ein. Dabei stellt sich heraus: Das wirtschaftliche Projekt, das in diesem Buch skizziert wird, ist im Kern ein politisches. Es schafft jene materialistische Grundlage, die für das Fortbestehen einer freien, rechtsstaatlichen und demokratischen Gesellschaft unabdingbar ist.

TEIL 1

DIE ENTSTEHUNG DER HEUTIGEN WIRTSCHAFTSORDNUNG

1 EINE AUSLEGEORDNUNG DER ZENTRALEN ELEMENTE

Wir haben Kapitalismus als eine Wirtschaftsordnung definiert, in der das meiste Kapital von Kapitalgesellschaften verwaltet wird. Aber was ist eine Wirtschaftsordnung? Eine *Wirtschaftsordnung* ergibt sich aus dem Zusammenspiel zwischen der Realwirtschaft und dem Finanzsystem.

Die *Realwirtschaft* besteht aus allen Aktivitäten und Ressourcen, die für die Produktion und die Verteilung von Gütern und Dienstleistungen eingesetzt werden. Das *Finanzsystem* ist das Buchführungssystem, das die Aktivitäten in der Realwirtschaft abbildet und Eigentum sowie Schulden festhält.

Mit dem Begriff *Finanzarchitektur* bezeichnen wir eine bestimmte Organisation des Finanzsystems. Es gibt verschiedene Elemente, die diese Organisation bestimmen. Die wichtigsten sind Kredit, Geld, Rechnungswesen, das Bankwesen und die Kapitalgesellschaft. Dieses Kapitel erläutert, wie diese Elemente entstanden sind und wie sich damit die Wirtschaftsordnung entwickelt hat.

Kredit: Persönliche und wechselseitige Vereinbarung

Im Großen und Ganzen kann die Entwicklung der Realwirtschaft in drei Stufen unterteilt werden. Die erste Stufe stellt eine *Subsistenzwirtschaft* dar, in der Produktion und Verteilung in kleinen Gruppen organisiert sind. Familien oder Sippen versorgen sich selbst mit fast allen Gütern und Dienstleistungen, die sie benötigen. Der Austausch findet auf Basis von persönlichen und wechselseitigen Vereinbarungen statt. Diese einfache Realwirtschaft funktioniert demnach mit einem simplen Finanzsystem: Die Finanzarchitektur einer Subsistenzwirtschaft beruht primär auf persönlichem Kredit.

Der Begriff *Kredit* bezeichnet die aufgeschobene Abgeltung für den Erhalt von Gütern, Dienstleistungen oder vertraglichen Ansprüchen. Damit werden Transaktionen über längere Zeiträume ermöglicht. Ein *Schuldner* erhält heute von einem *Gläubiger* Güter oder Dienstleistungen als Gegenleistung für das Versprechen, in Zukunft Güter oder Dienstleistungen zu liefern. Persönlicher Kredit kann Handel nur in begrenztem Umfang ermöglichen, denn jede Transaktion erfordert das Vertrauen in die Gegenseite, die Schulden später zu begleichen.[1]

Eine Finanzarchitektur, die sich ausschließlich auf persönlichen Kredit stützt, ermöglicht keine komplexen Strukturen in der Realwirtschaft. Das Vertrauen, das für jede Transaktion auf der Grundlage eines persönlichen Kredits erforderlich ist, setzt der Wirtschaftsentwicklung enge Grenzen. Daher ist eine Subsistenzwirtschaft nur begrenzt in der Lage, Wohlstand zu schaffen.

Diese Einschränkung wird in der zweiten Stufe der Entwicklung der Realwirtschaft gelockert: der *spezialisierten Wirtschaft*. Wie der Name bereits sagt, ist diese Stufe gekennzeichnet durch Individuen oder Gruppen, die sich auf die Bereitstellung bestimmter Güter und Dienstleistungen spezialisieren. Wenn sich Menschen auf eine bestimmte

Fähigkeit konzentrieren, verbessern sie in der Regel die Effizienz ihrer Arbeit. Dies führt zu mehr und höherwertigen Gütern und Dienstleistungen.[2]

Geld: Voraussetzung für Spezialisierung

Ein höherer Grad an Spezialisierung bedeutet, dass Menschen stärker voneinander abhängig sind.[3] Sie müssen sich die Güter und Dienstleistungen beschaffen, die sie in ihrer Familie oder ihrer Gruppe nicht mehr produzieren. Ab einem bestimmten Grad der Spezialisierung ist das Instrument des persönlichen Kredits nicht mehr praktikabel, um alle notwendigen Transaktionen abzuwickeln; es wäre schlicht nicht mehr möglich, bei all den heterogenen und bilateralen Vereinbarungen den Überblick zu behalten.

Eine spezialisierte Wirtschaft braucht daher eine fortgeschrittenere Finanzarchitektur. Das ist der Zeitpunkt, zu dem Geld ins Spiel kommt. *Geld* wird für die unmittelbare Abgeltung einer Tauschtransaktion verwendet. Im Gegensatz zum Kredit wird eine Transaktion von Waren und Dienstleistungen gegen Geld sofort abgeschlossen. Es ist kein persönliches Vertrauen zwischen den Transaktionspartnern über einen längeren Zeitraum erforderlich, wenn mit Geld ein fungibles und allgemein akzeptiertes Tauschmittel zur Verfügung steht.

Die Notwendigkeit dieser gesellschaftlichen Akzeptanz ist der Grund, warum in der Vergangenheit häufig Waren und Rohstoffe als Geld verwendet wurden. *Warengeld* bezeichnet eine Form von Geld, bei der ein physisches Objekt als Geld verwendet wird, zum Beispiel Muscheln, Vieh oder Edelmetalle wie Gold und Silber. Das Angebot an Warengeld ist damit naturgemäß begrenzt, was es knapp macht.

Edelmetalle waren historisch als Geld besonders geschätzt, da sie nicht nur knapp, sondern auch unverderblich und beliebig teilbar sind. Dadurch können sie alle drei Funktionen erfüllen, die dem Geld in wirtschaftswissenschaftlichen Lehrbüchern jeweils zugeschrieben werden: Tauschmittel, Wertaufbewahrungsmittel und Rechnungseinheit.[4]

Schauen wir uns vorderhand die letzte Funktion, die Rechnungseinheit, etwas genauer an. Wann immer Menschen mit Geld handeln, bilden sich Preise. Ein *Preis* ist die Anzahl der Geldeinheiten, die zum Erwerb einer Dienstleistung, einer Ware oder eines vertraglichen Anspruchs erforderlich ist. Im Falle von Gold wird diese Messgröße in Form des Gewichts angegeben.

Natürlich wäre es umständlich, bei jeder Transaktion die Reinheit des Metalls zu prüfen und es zu wiegen. Geprägte Münzen schaffen hier Abhilfe – die Möglichkeit der Prägung ist ein weiterer Vorteil der Verwendung von Metallen als Geld. Sie verbessert die Funktion von Edelmetallen als Rechnungseinheit und Tauschmittel.

Eine effiziente und zuverlässige Rechnungseinheit ist von großer Bedeutung. Preise vermitteln Informationen über das Geschehen in der Realwirtschaft. Sie signalisieren, welche Güter und Dienstleistungen knapp sind und in welchen wirtschaftlichen Aktivitäten eine Spezialisierung lohnend ist. Preise helfen damit den Menschen, sich in einer spezialisierten Wirtschaft zurechtzufinden: Sie sind für die dezentrale Entscheidungsfindung schlicht unerlässlich.[5]

Die wichtige Rolle der Preise führt uns schließlich zum Konzept des Marktes, ein für die Wirtschaftswissenschaften zentraler Begriff. Wie wir in der Einleitung erwähnt haben, wird die gesamte derzeitige Wirtschaftsordnung manchmal als Marktwirtschaft bezeichnet. Im Allgemeinen beschreibt der Begriff *Markt* eine Situation, bei der Waren, Dienstleistungen und vertragliche Ansprüche frei getauscht werden. In diesem freien Austausch bilden sich Preise, die ein Gleichgewicht zwischen Angebot und Nachfrage herstellen. Der Gebrauch von allgemein akzeptiertem Geld verbessert die Funktionsweise von Märkten. Damit wird den Marktteilnehmern ermöglicht, ihre Preise in derselben Rechnungseinheit anzugeben und dasselbe Tauschmittel zu verwenden.[6]

Märkte werden in vielen Situationen als optimaler Mechanismus zur Koordination angesehen, um den Wohlstand der Gesellschaft zu maximieren. Wie bereits Adam Smith betont hat, bringt eine Marktwirtschaft die Entscheidungen unabhängiger und eigennütziger Individuen in Einklang, ohne dass es einer zentralen Steuerung bedarf. Auf effizienten Märkten bilden sich unverzerrte Preise, und Angebot und Nachfrage werden wie von einer „unsichtbaren Hand" gelenkt ausgeglichen.[7]

Buchführung: Die Geldfunktionen aufwerten

Eine spezialisierte Wirtschaft schafft mehr Wohlstand als eine Subsistenzwirtschaft – ein Vorteil, der sich mit dem Ausmaß der Spezialisierung verstärkt.[8] Um einen höheren Grad an Spezialisierung zu ermöglichen, müssen mehr Marktteilnehmer über größere geografische Gebiete hinweg interagieren können. Diese Ausweitung des Marktes bringt eine einfache monetäre Finanzarchitektur schnell an ihre Grenzen.

In frühen geschichtlichen Episoden kam Geld häufig in Form von Edelmetallen und Münzen vor. Mit Metallen und Münzen lässt sich gerade über große Entfernungen aber nur mühsam Handel treiben. Sie müssen physisch transportiert werden und können verloren gehen oder gestohlen werden. Je größer und umfangreicher der Handel wird, desto teurer und schwerwiegender werden diese physischen Einschränkungen. Die Notwendigkeit, solche ökonomischen Friktionskosten zu verringern, führt zu einer Nachfrage nach Finanzdienstleistungen.

Lange vor Kryptowährungen und mobilen Bank-Apps virtualisierten Menschen Geld, um dessen physische Grenzen zu überwinden. In vordigitalen Zeiten griffen sie auf die beste verfügbare Technologie zur Aufzeichnung von Informationen zurück: Papier. Darauf aufbauend wurden Finanzdienstleistungen entwickelt. Diese Dienstleistungen haben die Finanzarchitektur fundamental verändert. Deshalb ist es wichtig, zu verstehen, wie sie sich entwickelt haben und wie sie funktionieren.

Ein stilisiertes Beispiel hilft, diese Entwicklung zu erklären. Nehmen wir an, dass Julia sich auf den Handel mit Gewürzen spezialisiert hat. Sie reist zwischen den Städten hin und her, um Gewürze da zu kaufen, wo die Preise niedrig sind, und sie dort zu verkaufen, wo die Preise höher sind. Nehmen wir nun an, Julia habe kürzlich Gewürze für zehn Goldmünzen verkauft. Wegen ihrer berechtigten Angst vor Raub und Diebstahl möchte sie dieses Geld weder auf ihren Reisen bei sich tragen noch zu Hause lagern.

Zum Glück kennt sie Alex, der als Finanzdienstleister die sichere Verwahrung von Wertgegenständen anbietet. Seine Kunden können Münzen und Edelmetalle in seinem Tresor einlagern. Im Gegenzug erhalten sie eine Einlagebeleg. Diese Dienstleistung ist genau das Richtige für Julia. Sie gibt Alex die zehn Goldmünzen und erhält dafür einen Einlagebeleg.[9]

Alex nutzt eine einfache Buchführung, um die Gold- und Silbermünzen zu verwalten, die er von Kunden wie Julia erhält. Er legt Julias Goldmünzen in seinen Tresor, stellt einen Einlagebeleg aus und verbucht sie in seinen Büchern. Abbildung 1.1 veranschaulicht diese einfachen Transaktionen.

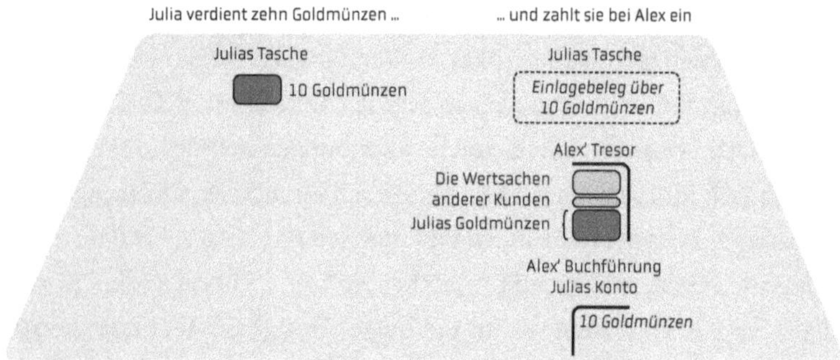

Abbildung 1.1 Verwahrung und die entsprechende Buchführung

Alex bietet die sichere Verwahrung von Wertgegenständen an. Er lagert Goldmünzen in seinem Tresor und stellt seinen Kunden Einlagebelege aus.

Als Julia zu einer Handelsreise in eine entfernte Stadt aufbrechen will, erzählt Alex ihr, dass seine Familie dort eine Filiale betreibt. Diese Filiale würde ihren Einlagebeleg akzeptieren. Benötige sie Geld, um in der anderen Stadt Handel zu treiben, könne sie einfach ihren Einlagebeleg bei der örtlichen Filiale vorlegen, um Geld abzuheben. Julia muss also keine Goldmünzen mehr mit auf die Reise nehmen.

In der neuen Stadt trifft Julia Ryan. Ryan ist gerade von einer Handelsreise aus Übersee zurückgekommen und hat Gewürze mitgebracht, die Julia kaufen möchte. Ryan erzählt Julia, dass er ebenfalls bei Alex Kunde ist. Anstatt die Transaktion mit physischen Münzen zu begleichen, schlägt Ryan vor, dass sie zur örtlichen Filiale gehen und den Kassierer bitten, einen Einlagebeleg über fünf Goldmünzen von Julia auf Ryan zu übertragen.

Nach einigen Minuten haben Ryan und Julia die Transaktion von Gewürzen gegen fünf Goldmünzen abgewickelt, ohne dass physische Münzen den Besitzer gewechselt haben. Nur Buchungseinträge haben sich geändert – Alex' Geschäftsbücher dienen zur Abrechnung von Transaktionen. Abbildung 1.2 veranschaulicht diesen Vorgang.

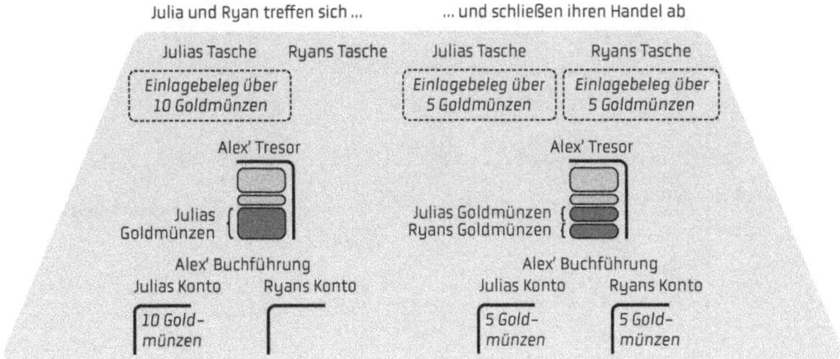

Abbildung 1.2 Zahlungsdienste und die entsprechende Buchführung

Alex' Geschäftsbücher dienen zur Abrechnung von Transaktionen. Julia und Ryan müssen folglich keine physischen Münzen mehr tauschen, um zu handeln. Stattdessen können sie Einlagebelege übertragen.

Bislang bietet Alex die Verwahrung von Geld sowie einfache Zahlungsdienste an. Er virtualisiert Goldmünzen mit seiner Buchführung und seinem Filialnetz. Seine Kunden brauchen nur noch Einlagebelege mit sich zu führen, um Transaktionen abzuwickeln. Goldmünzen werden dabei nicht mehr als Tauschmittel verwendet, aber sie dienen immer noch als Rechnungseinheit. Durch die Virtualisierung der Goldmünzen verbessert Alex deren Fähigkeit, als Geld über große Entfernungen zu funktionieren.

Anfänglich änderte Alex die Kennzeichnung der Münzen in seinem Tresor nach jeder Transaktion. Das ist umständlich. Eines Tages stellt er fest, dass er die Münzen nicht mit dem Namen ihres aktuellen Besitzers kennzeichnen muss. Es reicht aus, die Buchführung mit den Konten der Kunden auf dem neuesten Stand zu halten.

Zur besseren Übersicht beginnt Alex damit, beide Seiten seines Geschäfts in seiner Buchführung zu spiegeln: Was er im Tresor hat, kommt auf die linke Seite, und was er seinen Kunden schuldet, kommt auf die rechte Seite. Alex hat damit eine *doppelte Buchführung* eingeführt. Abbildung 1.3 veranschaulicht diese Idee.

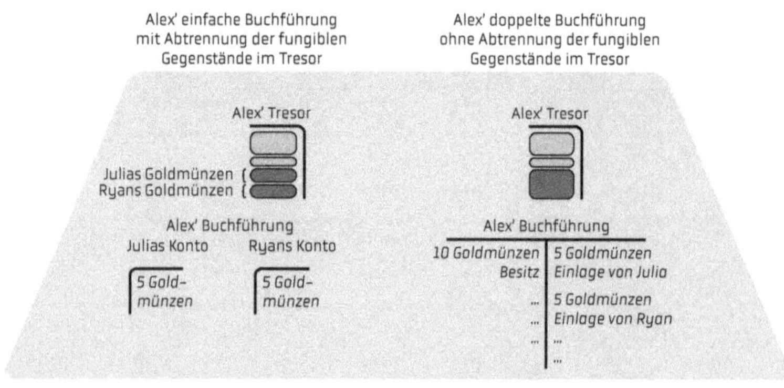

Abbildung 1.3 Das Konzept der doppelten Buchführung

Alex kann mit einer doppelten Buchführung den Überblick über seine gesamte Geschäftstätigkeit behalten. Auf der linken Seite trägt er ein, was er besitzt, auf der rechten Seite, was er schuldet.

Durch die Umstellung auf die doppelte Buchführung hat Alex seine Prozesse vereinfacht. Für seine Kunden hat sich derweil nichts geändert. Er bietet ihnen nach wie vor die gleichen Verwahrungs- und Zahlungsdienste an.

Was sich ändert, ist die Art und Weise, wie Alex seine eigenen Goldmünzen verbucht. Alex verdient Geld, indem er von Kunden Gebühren für seine Dienstleistungen verlangt. Nehmen wir an, dass Ryan und Julia je eine Goldmünze als Gebühr an Alex zahlen. In den alten Zeiten der einfachen Buchführung hätte Alex zwei Goldmünzen auf seinen eigenen Namen umgeschrieben und Ryans sowie Julias Konten entsprechend geändert. Mit der doppelten Buchführung verbucht Alex seine eigenen Goldmünzen anders.

Auf der linken Seite seiner doppelten Buchführung passiert nichts. Das ist die Seite, auf der alles aufgelistet ist, was Alex besitzt, das heißt alle Vermögenswerte in seinem Besitz. Diese Seite wird *Aktivseite* genannt, und da keine Goldmünzen in den Tresorraum hineingelangt oder herausgekommen sind, kommt es hier zu keinen Änderungen.

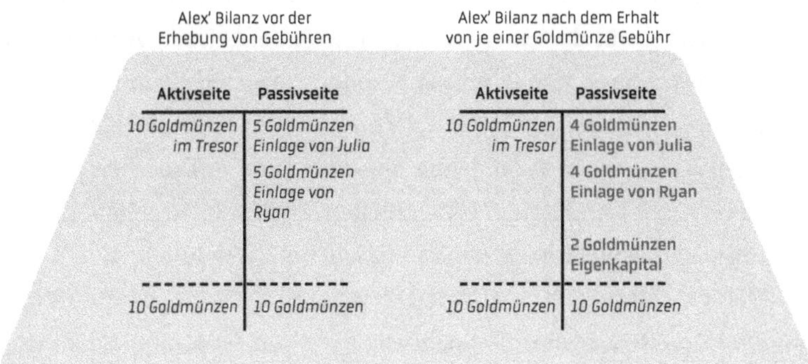

Abbildung 1.4 Die Bilanz und das Eigenkapital

Alex hält auf der linken Seite der Bilanz fest, was er besitzt. Auf der rechten Seite trägt er ein, was er schuldet. Wenn Alex mehr besitzt, als er schuldet, verbucht er die Differenz als Eigenkapital auf der rechten Seite.

Auf der rechten Seite seiner doppelten Buchführung ändert sich jedoch etwas. Das ist die Seite, auf der Alex alles auflistet, was er schuldet, das heißt alle seine Verbindlichkeiten. Diese Seite wird *Passivseite* genannt. Da Ryan und Julia ihm jeweils eine Goldmünze als Gebühr gezahlt haben, verringern sich seine Schulden bei ihnen. Infolgedessen besitzt Alex jetzt mehr, als er schuldet: Er hat ein positives Nettovermögen.

Alex erfasst sein Nettovermögen beziehungsweise Reinvermögen auf der Passivseite und nennt diese Position Eigenkapital. Das *Eigenkapital* ist die Differenz zwischen dem Betrag, den Alex besitzt, und dem Betrag, den er schuldet. Der Vorteil dieser Methode besteht darin, dass sich die Gesamtwerte auf der Aktiv- und der Passivseite stets die Waage halten – deshalb wird diese Form der doppelten Buchführung auch als *Bilanz* (italienisch bilancia = Waage) bezeichnet. Die Bilanz hilft Alex, die Vollständigkeit und Richtigkeit seiner Buchführung zu überprüfen. Abbildung 1.4 veranschaulicht diese Konzepte.

Darlehen: Wenn Kredit auf Geld trifft

Bislang bietet Alex Verwahrungs- und Zahlungsdienste an. Mit seiner Buchführung und der entsprechenden Möglichkeit zur Abrechnung von Transaktionen hat er seinen Kunden Julia und Ryan das Leben erleichtert. Sie haben jedoch Bedarf an weiteren Finanzdienstleistungen, den Alex decken kann. Unter anderem kann er Darlehen gewähren, um seinen Kunden mehr finanziellen Spielraum zu geben. Lassen Sie uns das Beispiel fortsetzen, um das zu veranschaulichen.

Ryan erzählt Julia, dass er gerade frische Kaffeebohnen gekauft hat. Er wäre bereit, die gesamte Lieferung für sechs Goldmünzen zu verkaufen. Julia weiß, dass ihre Kunden Kaffeebohnen lieben und dass sie diese in ihrer Heimatstadt für zehn Goldmünzen verkaufen könnte. Allerdings hat sie nur vier Goldmünzen bei Alex aufbewahrt, nicht genug, um den Kaffee zu kaufen.

Deshalb bittet Julia Alex um ein Darlehen über zwei Goldmünzen. Sie verspricht, den Gesamtbetrag plus eine zusätzliche Goldmünze als Gebühr zurückzuzahlen, sobald sie den Kaffee verkauft hat. Ein *Darlehen* kombiniert das alte Konzept des Kredits mit dem des Geldes: Anstelle von Waren oder Dienstleistungen wird Geld über einen längeren Zeitraum ausgetauscht. Das Geld, das zunächst ausgetauscht wird, wird als *Nominalbetrag* bezeichnet (im Beispiel: zwei Goldmünzen), die Gebühr, die der Schuldner für einen solchen Austausch zahlt, wird als *Zins* bezeichnet (eine Goldmünze) – sie wird in der Regel als annualisierter *Zinssatz* im Verhältnis zum Nominalbetrag des Kredits angegeben.

Wie jede Form von Kredit erfordert auch ein Darlehen Vertrauen. Alex weiß, dass Julia ein erfolgreiches Geschäft und einen großen und wohlhabenden Kundenstamm hat. Das gibt ihm das Vertrauen, dass sie das Darlehen zurückzahlen wird. Außerdem hat er mit seinen Gebühren gerade genug Geld verdient, um ein solches Darlehen zu gewähren. Schließlich hat Julia auch einen attraktiven Zins angeboten. Daher stimmt Alex ihrer Bitte zu und gewährt das Darlehen. Abbildung 1.5 veranschaulicht diesen Vorgang.

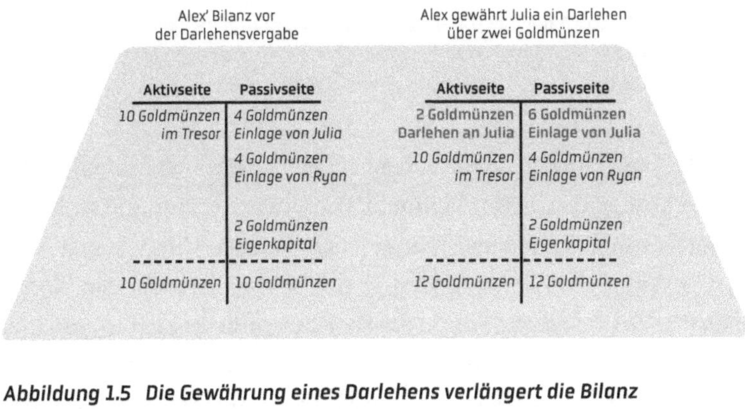

Abbildung 1.5 Die Gewährung eines Darlehens verlängert die Bilanz

Alex gewährt ein Darlehen, indem er Julia einen zusätzlichen Einlagebeleg über 2 Goldmünzen ausstellt. Durch diese Kreditvergabe verlängert sich Alex' Bilanz von 10 auf 12 Goldmünzen.

Julia verwendet das Geld, um die Kaffeebohnen von Ryan zu kaufen, und verkauft diese wie geplant. Sie verdient zehn Goldmünzen, mehr als genug, um das Darlehen von zwei Goldmünzen und den Zins von einer Goldmünze zurückzuzahlen. Alex wiederum hat mit seinem Kreditgeschäft einen Gewinn von einer Goldmünze erzielt, den er seinem Eigenkapital hinzufügt. Abbildung 1.6 zeigt, wie sich diese Geschäftsaktivitäten in der Bilanz von Alex spiegeln.

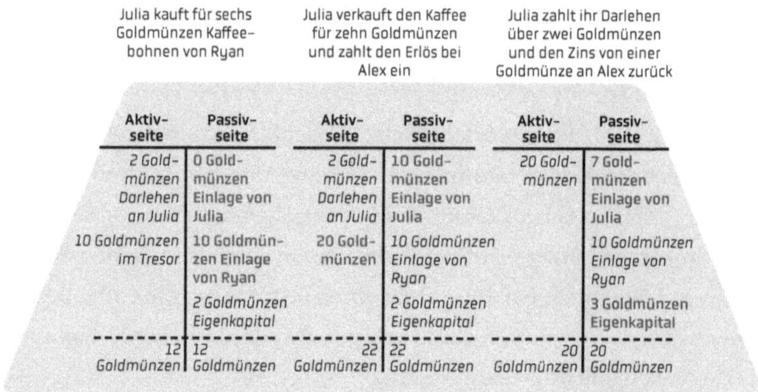

Abbildung 1.6 Die Rückzahlung eines Darlehens verkürzt die Bilanz

Sobald Julia Ryan Kaffee für 6 Goldmünzen abgekauft und den Kaffee für 10 Goldmünzen verkauft hat, kann sie ihr Darlehen an Alex zurückzahlen. Wenn sie das Darlehen zurückzahlt, verkürzt sich die Bilanz von 22 auf 20 Goldmünzen.

Sobald Alex Darlehen gewährt, bietet er nicht mehr nur Zahlungs- und Verwahrungsdienste an. Vielmehr kombiniert er nun die früheren Dienstleistungen mit dem Kreditgeschäft. Beachten Sie, wie sich Alex' Bilanz verändert. Zuerst verlängert sich seine Bilanz um den Nominalbetrag des Darlehens. Sobald das Darlehen zurückgezahlt ist, verkürzt sich die Bilanz um den gleichen Betrag. Diese Elastizität der Bilanz zu verstehen ist wichtig. Denn dieser Mechanismus steht im Kern des Bankwesens.

Das Bankwesen: Wenn der Buchhalter zum Alchemisten wird

Was genau verstehen wir unter Bankwesen? Wir definieren das *Bankwesen* (und synonym *Bankgeschäfte*) als die Schöpfung von Geld aus Kredit. Dies mag aus zwei Gründen seltsam klingen.

Erstens werden unter den Begriffen Bankwesen und Bankgeschäft häufig vielerlei Arten von Finanztätigkeiten subsumiert – auch jene, die wir gerade vorgestellt haben. Aber nicht alle Tätigkeiten, die Banken ausüben, sind Bankgeschäfte, und das Bankwesen ist nicht auf die Institute beschränkt, die sich Banken nennen.

Zweitens passt die Tatsache, dass Banken Geld schöpfen, für viele nicht mit der Vorstellung zusammen, dass der Staat ein Geldmonopol hat. Doch im Bankwesen geht es nicht um das Drucken von Bargeld, sondern um die Schöpfung von Geld aus Kredit auf einer Bilanz. Das Bankgeschäft ist eine Finanztechnik, die mit dem Aufkommen der doppelten Buchführung entstanden ist. Privatpersonen und Familien haben schon seit Jahrhunderten Bankgeschäfte betrieben.[10]

Was das Bankwesen schwer verständlich macht, ist die Tatsache, dass seine Mechanismen für die meisten unsichtbar ablaufen; Bankkunden nehmen in der Regel nur die eigentlichen Finanzdienstleistungen der Verwahrung, des Zahlungsverkehrs und der Kreditvergabe wahr. Lassen Sie uns das stilisierte Beispiel noch einmal fortsetzen, um das Konzept des Bankwesens, das heißt die Geldschöpfung aus Kredit, zu veranschaulichen.

Alex bietet nun seit einiger Zeit Zahlungs- und Kreditdienstleistungen an. Er weiß daher, dass die meisten Einlagebelege, die er ausstellt, nie eingelöst werden – weder in seiner Zentrale noch in seinen Filialen. Stattdessen bevorzugen seine Kunden die Bequemlichkeit und Sicherheit seiner Zahlungsdienstleistungen, so wie etwa Julia und Ryan. Außerdem hat Alex die Erfahrung gemacht, dass die meisten von ihm gewährten Darlehen zurückgezahlt werden, wie im Fall von Julia.

So weit, so bekannt. Doch an einem ganz gewöhnlichen Dienstagmorgen hat Alex plötzlich eine Eingebung. Ihm wird klar, dass er in Anbetracht dieser Fakten sein Kreditgeschäft noch viel weiter ausbauen kann. Er könnte neue Einlagebelege ausstellen, ohne dass die Münzen tatsächlich in seinem Tresor liegen. Kehren wir zu unserem stilisierten Beispiel zurück, um zu erklären, wie dies geht.

Stellen Sie sich vor, Julia hätte einen Kredit in Höhe von vier statt nur zwei Goldmünzen gebraucht. Im Prinzip kann Alex diesen Kredit nicht mit seinem eigenen Vermögen gewähren; er hat nur zwei Goldmünzen in seinem Tresor, die nicht mit den Einlagen seiner Kunden verbunden sind. Da er jedoch weiß, dass seine Kunden in der Regel nicht alle Einlagen auf einmal abheben, gewährt Alex dennoch ein Darlehen von vier Goldmünzen. Abbildung 1.7 veranschaulicht diese neue Situation.

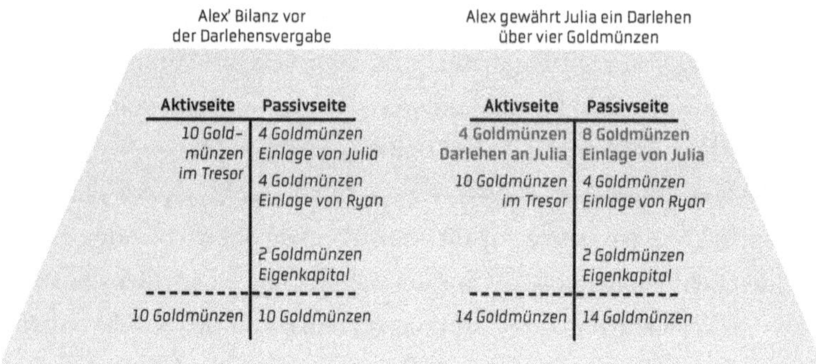

Abbildung 1.7 Bankwesen: Gewährung eines Darlehens (Teil 1)

Alex gewährt ein Darlehen, indem er seine Bilanz verlängert und einen zusätzlichen Einlagebeleg über 4 Goldmünzen an Julia ausstellt. Er hat nun den Gegenwert von 12 Goldmünzen in Einlagebelegen ausstehend, aber nur 10 Goldmünzen in seinem Tresor.

Alex hat nun nicht nur ein Darlehen gewährt, sondern auch Einlagebelege erstellt, die nicht durch Goldmünzen gedeckt sind. Insgesamt hat er seinen Kunden versprochen, gegen ihre Einlagebelege zwölf Goldmünzen zu zahlen, aber er hat nur zehn Goldmünzen in seinem

Tresor. Ein Teil der Einlagebelege, die Julia und Ryan gehören, ist nicht mehr durch physisches Gold, sondern durch das Darlehen an Julia gedeckt. Mit anderen Worten: Alex hat Geld aus Kredit geschöpft – das ist die Essenz des Bankwesens.[11]

Alex kann noch mehr Geld schöpfen, wenn er vertrauenswürdige Schuldner findet. Angenommen, Nicole bittet Alex ebenfalls um ein Darlehen in Höhe von vier Goldmünzen. Alex gewährt auch dieses, und seine Bilanz verlängert sich weiter. Auf der Aktivseite verbucht er das Darlehen an Nicole, auf der Passivseite stellt er einen Einlagebeleg auf ihren Namen aus. Nach dieser Transaktion ist der Geldbetrag in Form von Einlagebelegen auf 16 Goldmünzen gestiegen, und Alex hat immer noch nur zehn physische Goldmünzen in Reserve. Abbildung 1.8 veranschaulicht die entsprechenden Ereignisse auf der Bilanz von Alex' Bank.

Alex' Bilanz vor der Gewährung eines Darlehens an Nicole

Aktivseite	Passivseite
4 Goldmünzen Darlehen an Julia	8 Goldmünzen Einlage von Julia
10 Goldmünzen	4 Goldmünzen Einlage von Ryan
	2 Goldmünzen Eigenkapital
14 Goldmünzen	14 Goldmünzen

Alex gewährt Nicole ein Darlehen über vier Goldmünzen

Aktivseite	Passivseite
4 Goldmünzen Darlehen an Nicole	4 Goldmünzen Einlage von Nicole
4 Goldmünzen Darlehen an Julia	8 Goldmünzen Einlage von Julia
10 Goldmünzen	4 Goldmünzen Einlage von Ryan
	2 Goldmünzen Eigenkapital
18 Goldmünzen	18 Goldmünzen

Abbildung 1.8 Bankwesen: Gewährung eines Darlehens (Teil 2)

Alex verlängert seine Bilanz weiter, indem er Nicole ein Darlehen in der Höhe von 4 Goldmünzen gewährt. Er hat jetzt den Gegenwert von 16 Goldmünzen in Einlagebelegen ausstehend, aber nur 10 Goldmünzen in seinem Tresor.

Das Geld in Alex' Tresor wird manchmal als *monetäre Basis* bezeichnet. Die Einlagebelege, die etwa für den Kauf und Verkauf von Kaffeebohnen genutzt werden, können als *Geldmenge* bezeichnet werden. Alex hat durch Bankgeschäfte eine Geldbasis von zehn in eine Geldmenge von 16 umgewandelt. Der Faktor 1,6 ist der *Geldschöpfungsmultiplikator*.

Unser Beispiel mag stilisiert sein, aber der zugrunde liegende Mechanismus spielt in der heutigen Finanzarchitektur eine zentrale Rolle. In Wirklichkeit arbeitet das Bankwesen mit einem wesentlich höheren Geldschöpfungsmultiplikator als in diesem hypothetischen Fall.[12]

Diese Tatsache wirft einige Fragen auf. Wie weit kann das Bankwesen gehen? Gibt es Grenzen bei der Schöpfung von Geld aus Kredit? Ja, es gibt sie. Bankgeschäfte sind mit Risiken verbunden, und je mehr Geld aus Kredit geschöpft wird, desto größer sind diese Risiken. Um das zu verstehen, müssen wir zwei Konzepte einführen: Liquidität und Solvenz. Ein Bankgeschäft, wie es Alex betreibt, muss liquide und solvent bleiben, sonst bricht es zusammen.

Solvenz und Liquidität: Die Grenzen der Alchemie

Wir wenden uns zunächst der Solvenz zu, die eng mit dem Konzept des Eigenkapitals verbunden ist. Wie vorhin erklärt, stellt das Eigenkapital das Nettovermögen dar. Es entspricht den Vermögenswerten abzüglich der Verbindlichkeiten und stellt damit jenen Betrag dar, der den Eigentümern des Unternehmens – in unserem Beispiel Alex – gehört.

Der Wert des Eigenkapitals bestimmt nun die bilanzielle Solvenz eines Unternehmens.[13] Wenn das Eigenkapital positiv ist, ist ein Unternehmen *solvent.* Wenn das Eigenkapital negativ ist, ist ein Unternehmen *insolvent* – eine Situation die häufig auch als Überschuldung bezeichnet wird. Beide Situationen sind in Abbildung 1.9 illustriert.

Obwohl die beiden Begriffe oft verwechselt werden, ist Liquidität etwas anderes als Solvenz. Bei der *Liquidität* zählt nur, dass ein Unternehmen seine fälligen Verbindlichkeiten bedienen kann. Wenn ein Unternehmen nicht in der Lage ist, genügend Geld aufzubringen, um diese Verpflichtungen zu erfüllen, spricht man von *Illiquidität.*

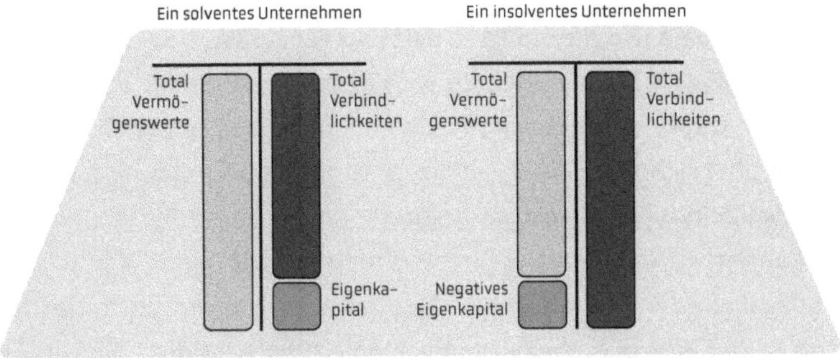

Abbildung 1.9 Das Konzept der Solvenz

Ein solventes Unternehmen hat mehr Vermögenswerte als Verbindlichkeiten: Es besitzt mehr, als es schuldet. Bei einem insolventen Unternehmen ist das Gegenteil der Fall. Je nach Solvenzsituation erscheint das Eigenkapital entweder auf der Aktiv- oder auf der Passivseite.

Illiquidität ist für ein Unternehmen eine existenzielle Bedrohung. Kann ein Unternehmen einer Verpflichtung nicht nachkommen, kann die entsprechende Gegenpartei letztlich ein Konkursverfahren in die Wege leiten. Im schlimmsten Fall führt das dazu, dass ein Unternehmen amtlich liquidiert wird und den Betrieb einstellen muss. Aus diesem Grund hält ein Unternehmen in der Regel Liquiditätsreserven, um sich gegen Illiquidität zu schützen.

Alex ist solvent

Aktivseite	Passivseite
4 Goldmünzen Darlehen an Nicole	*4 Goldmünzen Einlage von Nicole*
4 Goldmünzen Darlehen an Julia	*8 Goldmünzen Einlage von Julia*
10 Goldmünzen	*4 Goldmünzen Einlage von Ryan*
	2 Goldmünzen Eigenkapital
18 Goldmünzen	*18 Goldmünzen*

Abbildung 1.10 Eine solvente Bank

Nach der Gewährung von zwei Darlehen ist Alex' Eigenkapital positiv. Sein Unternehmen ist solvent.

Auch Bankiers wie Alex müssen dafür sorgen, dass sie sowohl solvent als auch liquide bleiben. Kehren wir zu unserem Beispiel zurück, um diese Konzepte in der Praxis zu betrachten. Bis jetzt kann sich Alex als solvent bezeichnen. Sein Eigenkapital ist positiv. Abbildung 1.10 veranschaulicht diese Ausgangssituation.

Führen wir das Beispiel fort und nehmen wir an, dass Julia ihre Einlagebelege in Höhe von acht Goldmünzen wie geplant nutzt, um von Ryan Kaffeebohnen zu kaufen. Doch leider geht diese Mal etwas schief. Julias Kaffeebohnen gehen beim Transport verloren, bevor sie sie an ihre Kunden verkaufen kann. Infolgedessen ist sie nicht in der Lage, das Darlehen zurückzuzahlen; sie fällt als Schuldnerin aus.

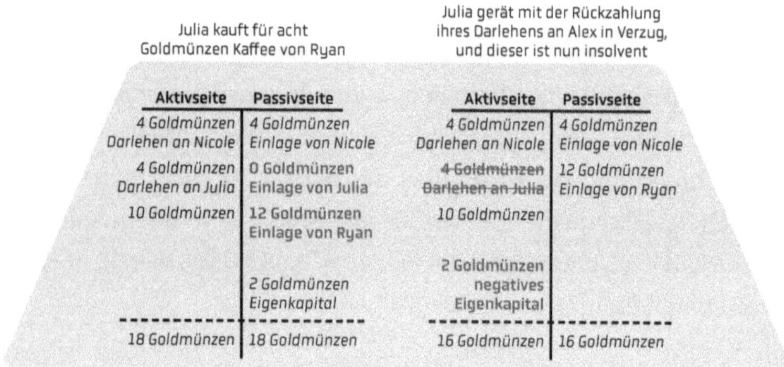

Abbildung 1.11 Wie ein Kreditausfall ein Bankgeschäft insolvent macht

Nachdem Julia bei Ryan Kaffee gekauft hat, geht die Lieferung verloren. Sie kann das Darlehen von Alex nicht mehr zurückzahlen. In der Folge wird Alex' gesamtes Eigenkapital aufgebraucht. Er ist jetzt insolvent.

Alex muss in der Folge das gesamte Darlehen von vier Goldmünzen abschreiben. Dabei stellt er auf seiner Bilanz fest, dass der daraus resultierende Verlust größer ist als sein Eigenkapital. Statt eines positiven Eigenkapitals von zwei Goldmünzen hat er nun ein negatives Eigenkapital von zwei Goldmünzen. Abbildung 1.11 veranschaulicht diese Ereignisse.

Alex' Situation ist nun äußerst angespannt. Er schuldet Nicole und Ryan 16 Goldmünzen, hat aber nur zehn Goldmünzen im Tresor und ein Darlehen von vier Goldmünzen an Nicole ausstehend. Er schuldet mehr, als er besitzt; er ist insolvent. Selbst wenn er sein gesamtes Vermögen liquidiert, kann er die Forderungen seiner Kunden nicht befriedigen.

Je nach den gesetzlichen Bestimmungen seines Landes muss Alex möglicherweise ein Insolvenzverfahren beantragen.[14] Selbst wenn er nicht in ein Insolvenzverfahren gezwungen wird, ist Alex in Schwierigkeiten. Wenn Nicole oder Ryan von seiner finanziellen Situation erfahren, werden sie höchstwahrscheinlich ihre Einlagen abheben. In diesem Fall wäre Alex nicht nur insolvent, sondern auch illiquide.

Lassen Sie uns das Beispiel fortsetzen, um das zu veranschaulichen. Nehmen wir an, Julia erzählt Nicole, dass sie ihre gesamte Ladung verloren hat und dass sie das Darlehen von Alex nicht mehr bedienen kann. Nicole denkt „Vorsicht ist besser als Nachsicht" und geht sofort zu Alex, um ihre Goldmünzen abzuheben. Alex hat genug Goldmünzen in seinem Tresor, um diese Forderung zu bedienen.

Ryan erfährt erst später am Tag von Julias Unglück. Zu diesem Zeitpunkt hat Nicole ihre Goldmünzen bereits abgehoben. Das sind schlechte Nachrichten für Ryan. Er gerät in Panik und rennt zu Alex, um sein Geld abzuheben, aber er kommt zu spät.

Wie in Abbildung 1.12 zu sehen ist, hat Ryan Einlagen über zwölf Goldmünzen, aber Alex hat nur noch sechs Goldmünzen in seinem Tresor. Alex kann Ryans Forderung nicht bedienen. Er ist jetzt nicht nur insolvent, sondern auch illiquide. Ryan kann Alex nun in den Konkurs zwingen, um die verbleibenden Vermögenswerte zu liquidieren und einen Teil seiner Verluste zu decken.

Die Situation, in der die Einleger aus Angst versuchen, ihre gesamten Einlagen abzuheben, wird als *Bank Run* bezeichnet. Es liegt in der Natur einer Bank, dass sie in einem bestimmten Zeitraum nur eine bestimmte Menge an Abhebungen bedienen kann. Sobald die Liquiditätsreserven aufgebraucht sind, wird sie illiquide und geht bankrott.

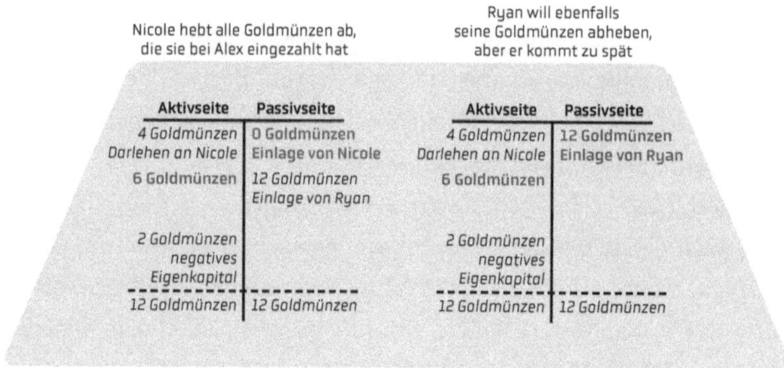

Abbildung 1.12 Wie Abhebungen ein Bankgeschäft illiquide machen

Nicole traut Alex nicht mehr und hebt ihre Goldmünzen ab. Alex hat jetzt noch 6 Goldmünzen in seinem Tresor, nur noch die Hälfte des Betrags, den er Ryan schuldet. Als Ryan seine Goldmünzen ebenfalls abheben will, wird Alex illiquide.

Die Einleger „rennen" zu den Banken, weil nur die Ersten, die ihr Geld abheben, Erfolg damit haben. Solvenz- oder Liquiditätsprobleme sind deshalb nicht unbedingt eine Voraussetzung für einen Bank Run. Einige Ökonomen betonen, dass auch völlig unbegründete Gerüchte einen solchen auslösen können. Da das Bankwesen von Natur aus fragil ist, wirken sich derartige Gerüchte wie eine selbsterfüllende Prophezeiung aus.[15]

Lassen Sie uns an diesem Punkt die bisherigen Ausführungen zum Finanzwesen kurz rekapitulieren. Die physischen Einschränkungen von Warengeld haben immer ausgefeiltere Finanzdienstleistungen motiviert. Erstens virtualisieren Finanzdienstleister physisches Geld mit ihren Verwahrungs- und Zahlungsdiensten; ihre Geschäftsbücher dienen zur Abrechnung von Transaktionen. Zweitens erhöhen sie durch ihr Kreditgeschäft die finanzielle Flexibilität. Drittens erlaubt das Bankgeschäft die Schöpfung von Geld aus Kredit. Das knappe physische Geld (die Geldbasis), kann so zu einer größeren Geldmenge vervielfacht werden. Dieser dritte Schritt ist mit erheblichen Risiken verbunden.

Die Kenntnis über die Mechanismen von Bilanzen und die Funktionsweise des Bankwesens ist für das Verständnis der heutigen Wirtschaftsordnung unabdingbar. Das allein reicht aber noch nicht. Für eine *kapitalintensive Wirtschaft*, das heißt für das Erreichen der dritten wirtschaftlichen Entwicklungsstufe, fehlt noch ein Element. Und um die dafür notwendige Kapitalakkumulation zu verstehen, gilt es vorderhand, die Verwirrung der beiden Begriffe Unternehmen und Kapitalgesellschaft aufzulösen.

Unternehmen: Die Arbeitsteilung ausweiten

Wie wir in der Einleitung festgehalten haben, greifen die gängigen Definitionen des Kapitalismus zu kurz. Dieser blinde Fleck der Ökonomen kann bis zu den Schriften von Adam Smith nachverfolgt werden, der häufig als Gründervater der Wirtschaftswissenschaften angesehen wird. In seinem Buch *Der Wohlstand der Nationen* entwickelte er nicht nur die Idee der unsichtbaren Hand, sondern betonte auch die Vorteile von Arbeitsteilung und Spezialisierung.

Smith erläuterte, wie es die Aufteilung einer Aufgabe in immer kleinere Schritte den Menschen ermöglicht, sich zu spezialisieren und ihre Produktivität zu steigern. Am Beispiel einer Stecknadelfabrik zeigte er auf, wie eine solche Arbeitsteilung den Wohlstand steigern kann. Smith war zwar keineswegs der Erste, der die Vorteile der Spezialisierung beschrieben hat, aber er hatte das perfekte Timing.

Er erläuterte die Vorteile der Arbeitsteilung am Vorabend der industriellen Revolution. Zu seiner Zeit entstanden in England und Schottland moderne Fabriken. Die Welt war im Begriff, sich von einer überwiegend agrarischen zu einer industriellen Gesellschaft zu wandeln. Der Kapitalismus setzte zu seinem Siegeszug an, und Smiths Theorien lieferten eine Erklärung für diesen beispiellosen Wandel.

Doch Smith hat das entscheidende Element übersehen, das der Wirtschaftsordnung gerade hinzugefügt wurde. Der Kapitalismus ist nicht wegen der Spezialisierung einzigartig; die Wirtschaft war damals bereits seit Jahrhunderten durch Arbeitsteilung geprägt. Stattdessen stellte eine massive Erhöhung der Kapitalintensität die entscheidende Änderung jener Periode dar: Rauchende Schornsteine, Eisenbahnen und ausgeklügelte Maschinen verkörpern die industrielle Revolution.

Die Stecknadelfabrik von Smith stellt derweil eine traditionelle Werkstatt dar. Sie verfügt nicht über kapitalintensive Produktionsmethoden wie die modernen Fabriken, sondern lediglich über einen hohen Spezialisierungsgrad. Als solche veranschaulicht sie eine spezialisierte Wirtschaft, wie sie vor dem 17. Jahrhundert existierte. Damals wurde die Wirtschaft von kleinen Handwerksbetrieben und Familienunternehmen dominiert; diese Unternehmen werden nachfolgend als *Personengesellschaften* bezeichnet.[16]

Personengesellschaften sind ein Merkmal einer spezialisierten Wirtschaft. Als hierarchische Organisationen ergänzen sie dezentralisierte Märkte. Personengesellschaften fokussieren sich in der Regel auf ein Gewerbe und ermöglichen es den dort Beschäftigten, sich zu spezialisieren. Als Smith beschrieb, wie damit eine Stecknadelfabrik mit hoch spezialisierten Arbeitern betrieben werden kann, legte er (wissentlich oder unwissentlich) eine rudimentäre Theorie der Unternehmung vor.[17]

Personengesellschaften ermöglichen jedoch keine Kapitalakkumulation im großen Stil. In so einem Unternehmen ist das gesamte für die Geschäftstätigkeit eingesetzte Kapital an die Personen gebunden, die das Unternehmen besitzen. Diese Verbindungen gehen in beide Richtungen.

Erstens haftet jede Geschäftsinhaberin in vollem Umfang mit ihrem Privatvermögen. Wenn im Unternehmen etwas schiefgeht, muss sie die Verluste solidarisch und mit ihrem Privatvermögen decken. Zweitens können im Falle des Konkurses einer Geschäftsinhaberin ihre Gläubiger auf das Kapital des Unternehmens zugreifen, um ihre Forderungen zu befriedigen. Dadurch gerät das Unternehmen selbst in Gefahr.

Deshalb ist die Beteiligung an so einem Unternehmen ein riskantes Unterfangen. Eine Unternehmerin setzt damit ihr gesamtes finanzielles Vermögen aufs Spiel. Das Risiko steigt, je mehr Investoren und Unternehmer sich zusammenschließen, da sie mit ihrem persönlichen Vermögen für die Handlungen der jeweils anderen haften.

Aufgrund dieser Risiken sind Investitionen in eine Personengesellschaft unflexibel und schwerfällig. Das Ausscheiden oder der Eintritt von Geschäftsinhabern muss mit allen aktuellen Geschäftsinhabern einstimmig ausgehandelt werden. Nur Personen, die sich gegenseitig vertrauen und das Geschäft aktiv überwachen, werden trotz der damit verbundenen Risiken in solche Firmen investieren.

All dies behindert die Fähigkeit solcher Unternehmen, Ressourcen aus vielen verschiedenen Quellen zu bündeln. Dadurch wiederum haben sie Schwierigkeiten, kapitalintensive Produktionsmethoden zu finanzieren und einzusetzen. Die institutionelle Innovation zur Überwindung dieser Einschränkung ist die kapitalgesellschaftliche Rechtsform.

Kapitalgesellschaft: Eine hohe Kapitalintensität ermöglichen

Kapitalgesellschaften haben ihre Wurzeln in den Seefahrerexpeditionen europäischer Kolonialreiche. Zu den ersten großen Kapitalgesellschaften gehörten die berühmten kolonialen Handelsgesellschaften: die Britische Ostindien-Kompanie, die Niederländische Ostindien-Kompanie oder die Hudson's Bay Company.[18]

Im Gegensatz zu Personalgesellschaften sind Kapitalgesellschaften eigenständige juristische Personen. Der Souverän – ursprünglich über eine königliche Charta – erteilt ihnen die Erlaubnis, in eigenem Namen Verträge abzuschließen, Eigentum zu besitzen und Zugang zum Rechtssystem zu erhalten. Mit anderen Worten: Kapitalgesellschaften haben viele der Rechte, die auch natürlichen Personen gewährt werden.

Für die Wirtschaftsordnung entscheidend ist dabei, dass das Gesellschaftsrecht die Eigentumsrechte der Kapitalgesellschaft von jenen der Eigentümer klar trennt.

Diese Trennung wird als *Vermögenspartitionierung* bezeichnet. Sie hat zwei Dimensionen. Erstens können im Falle des Konkurses eines Investors die Gläubiger des Investors nur dessen Anteil an der Kapitalgesellschaft liquidieren. Sie können nicht das Eigentum der Kapitalgesellschaft selbst liquidieren; dieser Aspekt wird in der Literatur als *„Entity Shielding"* bezeichnet. Zweitens können die Gläubiger einer Kapitalgesellschaft im Konkursfall keinen Durchgriff auf das Privatvermögen der Investoren nehmen; dieser Aspekt ist unter dem Begriff *„beschränkte Haftung"* bekannt.[19]

Die Vermögenspartitionierung bildet die Grundlage für den Aufbau eines großen Kapitalstocks. Sie begrenzt die finanziellen Risiken von Investitionen. Das Eigentum an einer Kapitalgesellschaft kann in der Folge auf viele verschiedene Personen verteilt werden, die sich nicht zwangsläufig kennen oder einander vertrauen.

Das Eigentum an einer Kapitalgesellschaft kann daher in standardisierte Anteilscheine (*Aktien*) aufgeteilt werden – manche Kapitalgesellschaften werden deshalb auch als *Aktiengesellschaften* bezeichnet. Anstatt vollständig haftender Geschäftspartner einer Personengesellschaft zu werden, kann ein Investor bei einer Aktiengesellschaft (anonymer) Anteilseigner werden. Als solcher muss er sich nicht an den Geschäftsaktivitäten beteiligen.

Da die finanziellen Risiken zwischen Eigentümern und Kapitalgesellschaft im Voraus abgegrenzt werden, bietet diese Rechtsform den Investoren mehr Flexibilität. Wenn etwa ein Aktionär aus seiner Investition aussteigen will, muss er diesen Schritt nicht mit allen anderen Aktionären abstimmen, und die Kapitalgesellschaft muss auch nicht das Kapital liquidieren, um ihn auszuzahlen. Stattdessen kann er seinen Anteil auf einem *Finanzmarkt* an andere Personen verkaufen. Kurz nach der Gründung der ersten Aktiengesellschaften wurden denn auch

Börsen gegründet, um den Handel mit Aktien und anderen Wertpapieren zu erleichtern und die Kosten für solche Finanztransaktionen zu senken.

Im Gegensatz zur Investition in eine Personengesellschaft stellt die Investition in eine Kapitalgesellschaft keine existenzielle Entscheidung dar. Die Vermögenspartitionierung kombiniert mit Finanzmärkten ermöglicht es, in ein unternehmerisches Vorhaben mit begrenzten Risiken und hoher Flexibilität zu investieren. Mit anderen Worten: Die kapitalgesellschaftliche Rechtsform ermöglicht es, illiquides und nicht fungibles Realkapital in liquides und fungibles Finanzkapital zu transformieren.[20]

Die Bedeutung von Kapitalgesellschaften kann kaum überschätzt werden. Ihre Fähigkeit, Kapital zu akkumulieren und zu transformieren, ermöglicht erst eine kapitalintensive Wirtschaft, wie wir sie heute kennen. Die Quelle dieser Fähigkeit ist die Vermögenspartitionierung, die das Konzept der Eigentumsrechte im Kern verändert. Eigentumsrechte werden nicht mehr einzelnen natürlichen Personen zugeschrieben, sondern juristischen Personen, die mit potenziell Tausenden von Eigentümern verbunden sind.[21] Diese Kollektivierung von Eigentumsrechten hat großen Wohlstand gebracht, wurde aber immer auch wieder von prominenten Anhängern der Marktwirtschaft kritisiert.[22]

Adam Smith war einer dieser Anhänger, die den Kapitalgesellschaften kritisch gegenüberstanden. Er wies darauf hin, dass Kapitalgesellschaften das Wesen der Eigentumsrechte verändern, was zu einer Trennung von Eigentum und Kontrolle führt. Er identifizierte mehrere Probleme, die sich daraus ergeben, insbesondere den Interessenkonflikt zwischen Investoren und der nicht investierten Geschäftsführung. Doch hier endete seine Analyse. Smith war überzeugt, dass diese Problematik letztlich dazu führen würde, dass Kapitalgesellschaften sich nicht durchsetzen – was für ein Irrtum.[23]

Smith hat das transformative Potenzial von Kapitalgesellschaften verkannt. Die Trennung von Eigentum und Kontrolle führt zwar zu

Interessenkonflikten, aber die Vorteile der kapitalgesellschaftlichen Rechtsform überwiegen bei Weitem. Entgegen Smiths Vorhersagen eroberten Kapitalgesellschaften die Welt im Sturm und prägen bis heute die Aktivitäten in der Realwirtschaft – und die kapitalgesellschaftliche Rechtsform sollte auch das Finanzsystem revolutionieren.

2 EINE KAPITALISTISCHE FINANZ-ARCHITEKTUR ENTSTEHT

An einem historischen Tag vor mehr als 300 Jahren wurde das Bankgeschäft mit der Kapitalgesellschaft verschmolzen. König Wilhelm III. verlieh am 27. Juli 1694 der Bank of England eine königliche Charta. Die Auswirkungen davon sind bis zum heutigen Tag zu spüren. Denn diese königliche Charta legte den Grundstein für eine neuartige Finanzarchitektur und prägte damit maßgeblich die heutige Wirtschaftsordnung.

Die Bank, die die Welt veränderte

Heute gilt die Bank of England als eine der ersten modernen Zentralbanken. Zeitgenossen hätten die neue Institution derweil ganz anders beschrieben. Für sie war die Bank of England nur ein weiterer Versuch des englischen Königshauses, sich Geld zu beschaffen. Der klamme

König vergab eine eigenartige Urkunde an wohlhabende Geschäftsleute, um im Gegenzug ein Darlehen zur Finanzierung seines laufenden Krieges gegen Frankreich zu erhalten.[1]

In der Tat hatte die königliche Verwaltung in der Vergangenheit zahllose kreative Geldbeschaffungspläne entwickelt. Doch die Charta für die Bank of England erwies sich als etwas Besonderes. Sie erlaubte es als Gegenleistung für die Gewährung eines Darlehens an die Krone, Bankgeschäfte innerhalb einer kapitalgesellschaftlichen Rechtsform zu tätigen. Was bedeutet das?

Einerseits gab die Bank of England Aktien aus, die dann an der Börse gehandelt werden konnten.[2] Andererseits lockte sie Kunden an, Gold und Silber bei der Bank zu deponieren, und gab Banknoten und andere Einlagebelege aus. Die Bank of England gab dabei nicht nur vollständig mit Gold und Silber gedeckte Einlagebelege aus, sondern betrieb auch Bankgeschäfte: Sie schöpfte Geld aus Kredit.[3]

Warum stellte sich gerade diese Institution als derart bedeutend heraus? Auf den ersten Blick wurden doch lediglich bereits vorhandene Elemente zusammengeführt. Das stimmt zwar, aber die Bank of England hat die Elemente auf eine innovative Weise kombiniert. Sie war die erste Institution, die das Bankgeschäft mit der kapitalgesellschaftlichen Rechtsform verschmolzen hat und dabei auf eine vollständige Unterstützung des Souveräns zählen konnte. Diese Kombination erwies sich als außerordentlich erfolgreich.

Erstens wurde die Bank of England zum zentralen Baustein bei allen Finanzierungsfragen des Souveräns. Sie ermöglichte dem König den Zugang zu mehr Finanzmitteln.[4] Manche halten die Bank of England sogar für einen Schlüsselfaktor für die militärischen Erfolge der Briten im 18. und 19. Jahrhundert.[5]

Zweitens erwies sich die Bank of England auch als volkswirtschaftliche Erfolgsgeschichte. Ihre Aktivitäten kamen der gesamten Wirtschaft zugute. Die Einrichtung als Kapitalgesellschaft mit Unterstützung des Souveräns ermöglichte es der Bank of England, das alte Bankgeschäft im Turbomodus zu betreiben. Wie wir im vorigen Kapitel jedoch gesehen haben, ist die Schöpfung von Geld aus Kredit ein riskantes Unterfangen.

Alte Risiken in neuer Form

Im Falle der neu gegründeten Bank of England dauerte es nicht lange, bis sich diese Risiken offenbarten. Der König nahm in großem Umfang Darlehen bei der Bank auf und erhöhte so das Angebot an Banknoten. Zur gleichen Zeit waren Silbermünzen nach einer Umprägung knapp geworden.[6] Dies verunsicherte die Einleger: Viele tauschten ihre Banknoten in Münzen um, und die Liquiditätsreserven der Bank gingen zur Neige.

Zu allem Überfluss wurden Pläne zur Gründung einer weiteren königlich beurkundeten Bank geschmiedet, welche die privilegierte Stellung der Bank of England gefährdet hätte.[7] In dieser prekären Situation sahen die traditionellen Bankiers – die Goldschmiede – eine Gelegenheit, sich ihres neuen Konkurrenten zu entledigen: Sie organisierten einen Bank Run auf die Bank of England.[8]

Nur zwei Jahre nach ihrer Gründung erlebte die Bank of England bereits ihre erste existenzielle Krise. Wie wir gezeigt haben, kann ein Bank Run eine Bank schnell in die Illiquidität zwingen. Gläubiger können eine illiquide Kapitalgesellschaft, die ihren vertraglichen Verpflichtungen nicht nachkommen kann, in ein Konkursverfahren zwingen.

Die Bank of England war jedoch keine gewöhnliche Kapitalgesellschaft. Sie war für die Finanzierung der Krone zuständig, und die Reichen und Mächtigen waren investiert. Ein Scheitern hätte den Interessen beider geschadet. In der Folge wurden die Regeln, die für normale Kapitalgesellschaften gelten, ausgehebelt. Als es im Sommer 1696 zu einem ersten Bank Run kam, erlaubte der Souverän der Bank of England, den Austausch von Banknoten in Edelmetalle auszusetzen. Die Bank konnte (wenn auch nur vorübergehend) ihre vertraglichen Verpflichtungen verletzen, ohne rechtliche Konsequenzen zu befürchten.[9]

Ohne diese Ausnahmeerlaubnis, die Austauschpflicht von Banknoten auszusetzen, hätte die Bank of England bereits zwei Jahre nach ihrer Gründung liquidiert werden müssen. Sie wäre als ein weiterer gescheiterter Geldbeschaffungsplan des Königs in die Geschichte eingegangen. Die Bank of England hatte jedoch ihren ersten Bank Run mit staatlicher Unterstützung überlebt: Sie war gekommen, um zu bleiben.

Wohlstand gegen Instabilität

Die erfolgreiche Lancierung der Bank of England hat die Finanzarchitektur grundlegend verändert. Der Wandel war so tiefgreifend, dass manche Ökonomen und Historiker diese Ereignisse heute als Finanzrevolution bezeichnen.[10] In der Folge begannen Kapitalgesellschaften zu florieren, und es entwickelte sich ein lebhafter Aktienmarkt. Außerdem kopierten neue Banken das Geschäftsmodell der Bank of England und begannen, in größerem Umfang Banknoten auszugeben.[11]

Im Laufe der Zeit dominierten Kapitalgesellschaften nicht nur die Realwirtschaft, sondern wurden auch zu den wichtigsten Institutionen im Finanzsystem. Es entstand eine *kapitalistische Finanzarchitektur*, in der Geld in einem noch nie da gewesenen Ausmaß geschöpft wurde – eine Herausforderung, an der Alchemisten jahrhundertelang gescheitert waren.[12] Das staatlich gestützte kapitalistische Bankwesen war eine Innovation, die denn auch mit dem Stein der Weisen verglichen wurde.[13]

Und es war eine Innovation, die zu jenen Zeiten hochwillkommen war. Die Geldbasis bestand damals aus Gold und Silber. Diese Edelmetalle waren knapp und mussten mühselig geschürft werden. Das Angebot erhöhte sich entsprechend nur langsam. So konnte es durchaus vorkommen, dass die Wirtschaft schneller wuchs als die Geldmenge. Dies führte zu einem Rückgang des allgemeinen Preisniveaus, das heißt zu einer Deflation. Der Deflationsdruck macht das Halten von Geld im Vergleich zum Verleihen und Investieren attraktiver, was schließlich den Deflationsdruck weiter erhöht und das Wirtschaftswachstum abwürgt.[14]

Eine kapitalistische Finanzarchitektur entschärft dieses Problem. Kapitalgesellschaften können, ausgehend von der bestehenden Geldbasis, die Geldmenge viel stärker erhöhen als vorherige Personengesellschaften. Auf diese Weise half die kapitalgesellschaftliche Rechtsform, der Deflationsfalle zu entkommen. Dies förderte eine höhere Kapitalintensität, die schließlich die Produktivität in der Realwirtschaft und den Wohlstand erhöhte. Dieser Vorteil war jedoch mit einem gravierenden Nachteil verbunden.

Das kapitalistische Bankwesen ist im Grunde ein faustischer Pakt.[15] Es ermöglicht eine Erhöhung der Geldmenge, wenn die Geldbasis starr ist. Dies kurbelt die reale Wirtschaftstätigkeit an, hebt aber auch die Instabilität des Bankwesens auf die systemische Ebene. In einer kapitalistischen Finanzarchitektur münden individuelle Bank Runs in der Regel in eine Bankenpanik, bei der viele Bankgesellschaften auf einmal zusammenbrechen. Die Risiken auf der Ebene der einzelnen Banken werden im gesamten Finanzsystem synchronisiert; das kapitalistische Bankwesen schafft systemische Risiken.

Der Beginn eines Boom-Bust-Zyklus

Der synchrone Aufbau und Ausbruch von systemischen Risiken führt zu einem Boom-Bust-Zyklus in der Realwirtschaft. Im aufsteigenden Teil des Zyklus (Boom) treibt eine Erhöhung der Geldmenge eine wachsende Wirtschaft an. Eine wachsende Geldmenge lässt die Preise steigen, auch die von Vermögenswerten wie Grundstücken, Immobilien oder Aktien.

Vermögenswerte werden oft als Kreditsicherheiten verwendet, und deren steigende Preise erhöhen die Kreditkapazität der Wirtschaft weiter. Da im Bankwesen Geld aus Kredit geschöpft wird, wirkt sich dies wiederum positiv auf die Geldmenge aus. Der Wirtschaftsboom wird weiter angeheizt – ein sich selbst verstärkender Kreislauf ist am Werk.

Irgendwann dreht sich der Kreislauf aber ins Gegenteil. Überschuldete Schuldner stellen fest, dass sie mehr Zinsen für ihre Schulden zahlen, als sie durch das Halten der damit finanzierten Vermögenswerte zu gewinnen erwarten. Sie verkaufen Vermögenswerte, um ihre Darlehen zurückzuzahlen. Das Kreditvolumen schrumpft, die Geldmenge reduziert sich, und die Preise für Vermögenswerte sinken. Der absteigende Teil des Zyklus (Bust) beginnt, und der sich selbst verstärkende Kreislauf wirkt nun in die entgegengesetzte Richtung.

Der Preisverfall von Vermögenswerten mindert auch deren Wert als Sicherheit für Kredite. Dadurch sinkt die Kreditkapazität in der Wirtschaft. Die Kreditwürdigkeit verschlechtert sich, es kommt zu Zahlungsausfällen, und Banken geraten in Liquiditäts- und Solvenzschwierigkeiten. Das führt zu Bank Runs und Bankenpaniken und damit zu einer Verknappung der Geldmenge, was den Druck auf die Vermögenspreise weiter erhöht. Die Wirtschaft rutscht in eine Rezession oder, im schlimmsten Fall, in eine Depression.

Viele Ökonomen haben diesen endogenen Boom-Bust-Zyklus beschrieben.[16] Er ist typisch für eine kapitalistische Finanzarchitektur. Alle berühmten Vermögensblasen, die spektakulär geplatzt sind, entstanden, nachdem die Bank of England eine Finanzrevolution in Gang gesetzt hatte.[17] Auch wenn es dem kapitalistischen Bankwesen gelingt, der Deflationsfalle einer starren Geldbasis zu entkommen, so gilt dies jeweils nur für eine kurze Dauer. In der Krise beginnen die Preise wieder zu fallen, und die Wirtschaft gerät in einen deflationären Abschwung.[18] Die Wirtschaftsgeschichte im Zeitalter des Kapitalismus ist eine Geschichte von „Manien, Paniken und Crashs".[19]

Während die Bank of England bis heute jeden Boom-Bust-Zyklus überstanden hat, gerieten andere frühe, staatlich gestützte Bank-Experimente mit Kapitalgesellschaften außer Kontrolle. Das wohl bekannteste Beispiel für einen solchen Fehlschlag ist die Banque Royale. Sie wurde von John Law im frühen 18. Jahrhundert in Frankreich gegründet. Der Regent von Frankreich unterstützte Laws Plan, weil er den Erfolg der Bank of England kopieren wollte.

Der Start der Banque Royale war vielversprechend und ähnelte dem, was in England geschehen war. Law verhalf der französischen Krone zu neuen Finanzmitteln und kurbelte die stagnierende Wirtschaft mit neuem Geld an. Letztendlich schöpfte er jedoch zu schnell zu viel Geld. Das löste einen Spekulationsrausch aus, der zu einer noch nie da gewesenen Vermögenspreisblase führte. Als die Blase platzte, kollabierte die Banque Royale spektakulär, und eine radikale Währungsreform wurde nötig.[20]

Der Tanz mit dem Teufel

Wenn Bankgesellschaften wie die Banque Royale kollabierten, waren die wirtschaftlichen Folgen tiefgreifend. Zeitgenosen waren sich daher auch des faustischen Paktes und seiner Gefahren sehr wohl bewusst. Immer wieder löste der Zusammenbruch einer Bank eine finanzielle Kettenreaktion aus, die die Stabilität der gesamten Finanzarchitektur bedrohte.

Diese Erfahrung veranlasste die Bank of England schließlich, neben der Staatsfinanzierung eine zweite Aufgabe zu übernehmen: die Sicherung der Finanzstabilität. Einige Wirtschaftswissenschaftler sind der Ansicht, dass die Bank of England diese Rolle bereits nach dem Scheitern der Banque Royale und dem Zusammenbruch der South Sea Company 1720 in London übernahm.[21] Auch nach der Amsterdamer Bankenkrise von 1763 und dem Zusammenbruch der Ayr Bank im Jahr 1772 griff sie stabilisierend ein.[22]

All das macht klar: Das kapitalistische Bankwesen unterlag von Anfang an nicht den Gesetzen der Marktwirtschaft. Bankgesellschaften und ihre Einleger konnten sich stets auf die Bank of England oder den

Souverän verlassen, um eine gewisse Absicherung zu erhalten. Diese Vorgehensweise wurde weitgehend akzeptiert.

Selbst Befürworter einer freien Marktwirtschaft wie Adam Smith forderten Regulierungen und öffentliche Schutzmaßnahmen für das Bankwesen. Smith lobte etwa die Bank of England als die „großartigste Bank Europas“ und als den „großen Motor des Staates“ – und das, obwohl die Bank of England eine staatlich unterstütze Kapitalgesellschaft mit Monopolprivilegien war.[23]

In der ersten Hälfte des 19. Jahrhunderts kam es zu zahlreichen weiteren Episoden, in denen die Bank of England zur Wahrung der Finanzstabilität eingriff.[24] Infolgedessen wurden die Stimmen lauter, die eine Formalisierung dieser Eingriffe forderten. Berühmte Persönlichkeiten aus der Finanzbranche wie Henry Thornton und Walter Bagehot wollten dafür die Bank of England als Kreditgeber letzter Instanz („lender of last resort“) etablieren.[25]

Der *Kreditgeber letzter Instanz* ist ein wichtiges Konzept. Damit wird folgendes Prinzip umschrieben: Banken, die mit Liquiditätsproblemen konfrontiert sind und alle Finanzierungsmöglichkeiten ausgeschöpft haben, sollen mit umfassenden Krediten durch die Zentralbank gestützt werden.[26] Damit kann ein Bank Run verhindert und entsprechend eine Bankenpanik im Keim erstickt werden. Diese Stabilisierungsfunktion gilt heute als eines der entscheidenden Definitionskriterien für eine Zentralbank.

Die Zentralbank der Vereinigten Staaten wurde sogar mit dem primären Ziel gegründet, einen Kreditgeber letzter Instanz zu schaffen. Als die Knickerbocker Trust Company im Jahr 1907 einen Bank Run erlebte, gab es keine Zentralbank, die die finanzielle Stabilität hätte gewährleisten können. Das Ereignis löste eine Bankenpanik aus und veranlasste schließlich Präsident Woodrow Wilson, 1913 das Federal Reserve System (die Fed) zu gründen.[27]

Die Einführung und Formalisierung eines Kreditgebers letzter Instanz veränderte die Anreize für Banken. Da sie sich nun in Krisenzeiten vollständig auf die Hilfe einer Zentralbank verlassen konnten, gingen sie entsprechend größere Risiken ein. Dies ist eine allgemeine und bekannte Nebenwirkung von Versicherungen. Wenn Sie zum Beispiel Ihr Fahrrad gegen Diebstahl versichern, sind Sie eher geneigt, es draußen abzuschließen, als sich jeden Abend die Mühe zu machen, es in die Wohnung zu tragen. Diese Verhaltensänderung wird als *moralisches Risiko („moral hazard")* bezeichnet und spielt eine wichtige Rolle in einer kapitalistischen Finanzarchitektur.[28]

Die Verantwortlichen bei der Bank of England und der Fed waren sich dieser Auswirkungen sehr wohl bewusst. Sie versuchten entsprechend, das moralische Risiko einzudämmen, und begannen Banken zunehmend zu regulieren. Dies ist die andere entscheidende Tätigkeit einer Zentralbank. Das moderne *Zentralbankwesen* kombiniert also die Rolle des Kreditgebers letzter Instanz mit einer regulatorischen Rolle. So sollten sowohl der Aufbau als auch die Materialisierung von systemischen Risiken besser kontrolliert werden – der Tanz mit dem Teufel sollte weniger wild werden.[29]

Mit der Entwicklung des Zentralbankwesens entwickelte sich eine moderne, regulierte und staatlich abgesicherte Finanzarchitektur. Die Bank of England half nicht mehr nur bei der Finanzierung von Staatsschulden und gab Banknoten aus, sondern fungierte auch als Hüterin der Finanzstabilität. Länder auf der ganzen Welt kopierten dieses Modell.

Im Laufe der Zeit scheint diese historische Rolle der Zentralbanken allerdings in Vergessenheit geraten zu sein. Stattdessen machte sich die Überzeugung breit, dass Zentralbanken nur ein Ziel haben: die Wahrung der Preisstabilität. Weshalb hat sich diese Auffassung durchgesetzt? Weil sich im 20. Jahrhundert etwas Wichtiges verändert hat: das Wesen des Geldes.

Die goldenen Fesseln werden gesprengt

Bis zum Beginn des vergangenen Jahrhunderts bestand die Geldbasis aus Gold oder Silber. Die Bank of England war beispielsweise verpflichtet, Banknoten gegen Gold einzutauschen. In normalen Zeiten konnte dieses Konvertibilitätsversprechen eingehalten werden. Das Versprechen wurde jedoch in Krisenzeiten ausgesetzt, um eine Erschöpfung der Reserven zu verhindern.[30]

Bis ins 20. Jahrhundert hinein wurde die Konvertibilität jeweils nur vorübergehend ausgesetzt. Sobald sich die Lage normalisierte, wurde sie wieder in Kraft gesetzt. Die Verbindung zwischen Gold und Geld wurde dadurch zwar geschwächt, aber nicht aufgebrochen. Das kapitalistische Bankwesen blieb dadurch in seiner Geldschöpfungskapazität durch die Höhe der verfügbaren Goldreserven begrenzt. Je weiter sich der Kapitalismus aber entwickelte, desto einschneidender wurden diese goldenen Fesseln.

Zu Adam Smiths Zeiten bewegte sich noch ein großer Teil der Bevölkerung in subsistenzwirtschaftlichen Strukturen und war entsprechend von Finanzkrisen nur am Rande betroffen. Doch im Laufe der Jahre gewannen Kapitalgesellschaften und kapitalintensive Produktionsmethoden an Bedeutung. Im Zuge dessen wurde auch die Kredit- und Geldschöpfung von Bankgesellschaften bedeutender – und damit auch die Folgen von Bankpaniken verheerender.

Nach dem Ersten Weltkrieg folgte auf einen wirtschaftlichen Aufschwung ein besonders starker Einbruch. Trotz Zentralbanken kam es zu einer schweren Finanzkrise, die in der Großen Depression der 1930er-Jahre mündete. Die Realwirtschaft wurde in den Abgrund gerissen. In vielen Ländern kam es zu einem wirtschaftlichen Kollaps, steigender Arbeitslosigkeit, großen sozialen Verwerfungen und politischem Extremismus.[31]

Dieser Zusammenbruch der Finanzarchitektur gefährdete das Überleben des Kapitalismus als Ganzes: Die Zeit von John Maynard

Keynes war gekommen. Keynes erweiterte den Ansatz seiner Vorgänger, sich bei einer kapitalistischen Finanzarchitektur nicht auf die Marktkräfte zu verlassen. Ihm war klar, dass sich der Boom-Bust-Zyklus über die Zeit noch verstärkt hatte. Das 20. Jahrhundert erforderte noch umfassendere Stützungsmaßnahmen als das 19. Jahrhundert.

Keynes plädierte für eine tiefgreifende Neuausrichtung der Wirtschaftspolitik. Um der Fiskal- und Geldpolitik die nötige Durchschlagskraft zu verleihen, forderte er auch die Umstellung auf Fiatgeld – den Goldstandard hatte er bereits vor der Krise als „barbarisches Relikt" bezeichnet.[32] Es wurden verschiedene Maßnahmen zur Überwindung der Weltwirtschaftskrise ergriffen, aber die Verbindung zwischen Geld und Gold aufzubrechen war entscheidend. Dies ermöglichte es den Regierungen und Zentralbanken, die monetäre Kontraktion zu stoppen und den Konjunkturzyklus umzukehren.[33]

Die Konvertibilität wurde wie erwähnt bereits in früheren Episoden zeitweise ausgesetzt, aber diesmal wurde die Verbindung zwischen Geld und Gold dauerhaft gekappt.[34] Die Welt ging endgültig zu Fiatgeld über.[35] Im Jahr 1971 vollendete der damalige US-Präsident Richard Nixon diesen Prozess, als er ankündigte, dass das Fed nicht länger US-Dollar in Gold tauschen würde.[36]

Gegen Ende des 20. Jahrhunderts war das Geld damit endgültig vom Gold entkoppelt. Die Zentralbanken konnten nun nach Belieben Geld schöpfen. Sie selber waren nicht mehr auf das Bankgeschäft, das heißt die Schöpfung von Geld aus Kredit, angewiesen. Dieser Veränderung der Geldbasis zum Trotz blieb das übrige Finanzsystem jedoch unverändert. Die Wirtschaftsordnung war nach wie vor durch eine kapitalistische Finanzarchitektur geprägt.

Der überwiegende Teil der Geldmenge wurde demnach noch immer von Banken aus Kredit geschöpft. Banken schufen damit weiterhin systemische Risiken, die zu Bank Runs und Bankenpaniken führten. Die Fragilität des Finanzsystems und der Boom-Bust-Zyklus kennzeichneten also den Kapitalismus auch unter einem Fiatgeldsystem – der faustische Pakt blieb bestehen. Was sich jedoch änderte, war, dass ein neuer säkularer Trend einsetzte.

Preisstabilität als neue Priorität

Das Aufbrechen der goldenen Fesseln führte zu *Inflation*, das heißt zu steigenden Preisen für Waren und Dienstleistungen auf breiter Front. Der Schuldige wurde schnell ausgemacht. Nachdem sie von ihren goldenen Fesseln befreit worden waren, wurde den Zentralbanken vorgeworfen, zu viel Geld zu schöpfen; mit dem Wechsel zu Fiatgeld konnten sie nun die Wirtschaft überstimulieren.[37]

Die Staatsfinanzierung war historisch gesehen zwar die ursprüngliche Aufgabe der Zentralbanken, aber diese fiel nun in Ungnade. Nach den Inflationsschüben der 1970er-Jahre sollten sie die Regierungen nicht mehr geldpolitisch unterstützen, geschweige denn sie direkt finanzieren. In der Folge wurden die Zentralbanken formal unabhängiger von den Regierungen, und der Funktion der Wahrung der Preisstabilität wurde Priorität eingeräumt.

Verborgen hinter dieser sichtbaren Entwicklung blieben Geld- und Fiskalpolitik jedoch eng verzahnt. Anstatt sich direkt durch Zentralbanken zu finanzieren, erließen Staaten Regulierungen für die Banken, die ihnen Anreize setzten, Staatsschulden zu halten – im Grunde genommen wurden Staatsschulden damit nicht mehr von den Zentralbanken, sondern von Geschäftsbanken monetarisiert.[38]

Obwohl Zentralbanken nur noch für die Preisstabilität zuständig schienen, wurden sie durch die Umstellung auf Fiatgeld nicht von ihren traditionellen Rollen entbunden. Erstens mussten sie noch immer die finanzielle Stabilität sicherstellen. Die Banken schöpften weiterhin den größten Teil des Geldes in der Wirtschaft, und etwaige Bankenpaniken untergruben entsprechend auch die Preisstabilität. Zweitens bedeutete dies, dass die Zentralbanken weiterhin die Staatsfinanzierung sicherstellen mussten. Wenn die Staatsverschuldung nämlich untragbar wurde, gerieten die Banken in Schieflage, was die Finanzstabilität und damit die Preisstabilität untergrub.

Doch all diese Mechanismen waren tief in der Finanzarchitektur verborgen. Und ganz nach dem Motto „Aus den Augen, aus dem Sinn" bildete sich in der zweiten Hälfte des 20. Jahrhunderts ein neuer makroökonomischer Konsens heraus. Dieser Konsens ignorierte die Geschichte des Zentralbankwesens. Viele argumentierten, die Finanzstabilität und die Staatsfinanzen seien für Zentralbanken irrelevant. Stattdessen solle sich eine Zentralbank nur noch um die Preisstabilität kümmern.[39] In diesem intellektuellem Umfeld entwarf die Europäische Union (EU) ihre Währungsunion.[40]

3 DIE ZENTRALBANK, DIE KEINE SEIN SOLLTE

An einem historischen Tag vor mehr als 30 Jahren wurde eine neuartige geldpolitische Institution geschaffen. Am 7. Februar 1992 wurde der Vertrag von Maastricht unterzeichnet, das Gründungsdokument der Europäischen Zentralbank (EZB). Der Name dieser neuen Institution war jedoch unglücklich gewählt, da die Unterzeichner nicht auf die Gründung einer traditionellen Zentralbank abzielten. Die EZB sollte anders sein als das, was sich König Wilhelm III. oder Woodrow Wilson für ihre Zentralbanken ausgedacht hatten.

Anstatt die Finanzierung von Staaten zu unterstützen, wurde der EZB ausdrücklich untersagt, Staatsschulden zu monetarisieren.[1] Außerdem erhielt die EZB kein Mandat zur Sicherung der Finanzstabilität.[2] Diese Besonderheiten spiegelten die Struktur der EU wider: Die Geldpolitik auf der europäischen Ebene sollte institutionell getrennt werden von der Bankenregulierung und der Fiskalpolitik, die auf nationaler Ebene verblieben. Eine unabhängige und auf Preisstabilität ausgerichtete Zentralbank würde nicht nur die Politik zur Haushaltsdisziplin bewegen, sondern auch die Disziplin im Bankensektor fördern. Das zumindest war die Theorie.

Die EZB war damit nicht nur auf den institutionellen Aufbau der EU zugeschnitten, sondern auch Ergebnis des makroökonomischen Konsenses ihrer Zeit. Wie wir in Kapitel 2 gezeigt haben, betrachteten viele Ökonomen im ausgehenden 20. Jahrhundert die Preisstabilität als das Hauptziel einer Zentralbank. Viele vergaßen, dass der vor über 300 Jahren geschlossene faustische Pakt noch immer in Kraft war.

Aber der Teufel hatte es nicht vergessen.

In die traditionelle Rolle gedrängt

Es dauerte nicht lange, bis die Vision der EZB mit der Realität kollidierte. Der erste Schlag kam mit der Finanzkrise von 2008, welche Erinnerungen an die Große Depression wachrief. Es zeigte sich, dass die Finanzarchitektur immer noch die gleichen Schwachstellen aufwies: Eine Vermögenspreisblase platzte, es kam zu einer Bankenpanik, und es folgte eine wirtschaftliche Rezession.[3] Kurz darauf zeigte die Eurokrise von 2010–2012, dass die finanzielle Situation vieler Staaten der Eurozone nicht mehr nachhaltig war.

In der Folge wurde die EZB in die traditionelle Rolle einer Zentralbank gedrängt. Nach dem Fall von Lehman Brothers musste die EZB Maßnahmen ergreifen, um die Finanzstabilität zu sichern.[4] Und während und nach der Eurokrise von 2010–2012 ging sie dazu über, die Finanzierung von Staaten sicherzustellen. Sie versprach vorderhand „whatever it takes", um den Euro zu erhalten. Das führte de facto dazu, dass sie Staatsschulden in großem Umfang kaufte. Genau wie ihre historischen Vorgängerinnen wurde die EZB damit letztlich zum Garanten für die Finanzierung von Staaten sowie zur Hüterin der Finanzstabilität.[5]

Ob die EZB mit diesen Interventionen ihre Kompetenzen überschritten hat, wird bis heute debattiert. Einerseits kann der EZB vorgeworfen werden, dass sie es den Staaten der Eurozone ermöglichte, immer höhere Defizite und Schulden anzuhäufen, was als monetäre Schuldenfinanzierung interpretiert werden kann. Andererseits wurde eine schwere Finanzkrise verhindert, die einen deflationären Schock hätte auslösen können, weshalb die Maßnahmen als im Einklang mit dem Mandat der Preisstabilität stehend interpretiert werden können.[6]

Diese Kontroverse um das Mandat der EZB gewann wieder an Schwung, als im Jahr 2020 die Covid-19-Pandemie begann. Die Ausbreitung des neuartigen Virus und die damit verbundenen Gegenmaßnahmen verursachten Verluste in der Realwirtschaft und einen sprunghaften Anstieg der Staatsausgaben. Wie bei den beiden vorangegangenen Krisen wurde rasch die inhärente Instabilität der Finanzarchitektur ersichtlich.

Diesmal standen die Staatsschulden Italiens im Mittelpunkt der Aufmerksamkeit. Die Finanzlage dieses Mitgliedslands der Eurozone war bereits vor 2020 kritisch gewesen. Zu Beginn der Pandemie wurde dann gerade Italien schwer von dem Virus getroffen, was einen Vertrauensverlust bei den Anlegern auslöste.

Infolgedessen verkauften Anleger italienische Staatsanleihen, und die Zinssätze stiegen an. Ein paar Jahrzehnte zuvor hätte dies vielleicht nicht viel Unruhe verursacht. Angesichts der hohen Verschuldungsquoten in den 2020er-Jahren können steigende Zinsen auf Staatsanleihen jedoch die gesamte Finanzarchitektur ins Wanken bringen – etwas, das die EZB zunächst nicht anerkannte.

Die gegenseitige Abhängigkeit von Staaten und Banken

Am 12. März 2020 erklärte die Präsidentin der EZB, dass die Zinssätze für italienische Staatsanleihen nicht ihr Problem seien. Christine

Lagarde verkündete, dass die EZB nicht dazu da sei, „die Spreads zu schließen".[7] Diese Weigerung der EZB, einzugreifen, ließ die Zinssätze für italienische Staatsanleihen innerhalb weniger Tage von 1,2 auf 2,7 Prozent steigen.[8] Das kam auf den Anleihemärkten einem Erdbeben gleich. Nach dem Mantra „whatever it takes" der vergangenen Jahre waren die Finanzmarktteilnehmer nun schockiert über die mangelnde Bereitschaft der EZB, zu intervenieren.[9]

Bei genauerem Hinsehen stellt man hingegen fest, dass Lagarde eigentlich lediglich auf die Bestimmungen des EZB-Mandats verwiesen hat: Dieses verbietet die monetäre Schuldenfinanzierung.[10] Darüber hinaus schließen die europäischen Verträge eine Rettung eines Mitgliedstaats durch die EZB, eine andere europäischen Institution oder einen anderen Mitgliedstaat aus.[11] Lagarde wollte möglicherweise schlichtweg den Eindruck vermeiden, dass ihre Institution gegen die Gesetze und Grundsätze der EU verstieß.[12]

Warum waren also die Anleger derart schockiert, als Lagarde eigentlich nur wiederholte, was in den europäischen Verträgen steht? Die Antwort liegt, einmal mehr, in der heutigen Finanzarchitektur. Wie wir in Kapitel 2 erwähnt haben, wurden im 20. Jahrhundert Vorschriften erlassen, die den Banken starke Anreize setzen, Staatsanleihen zu halten. Die Banken haben in der Folge langsam, aber stetig die Aufgabe der Staatsfinanzierung von den Zentralbanken übernommen. Das führte zu einer engen gegenseitigen Abhängigkeit von Banken und Staaten.[13]

Diese Abhängigkeit wurde in der Eurokrise von 2010 bis 2012 deutlich. Bei der bisher einzigen Restrukturierung von Staatsschulden in der Eurozone, die Griechenland betraf, erlitten die vier größten griechischen Banken Verluste in Höhe von mehr als 28 Milliarden Euro – mehr als zehn Prozent des griechischen BIPs.[14] Über ein Jahrzehnt später sind die gleichen Probleme in der Eurozone immer noch präsent. Ende 2022 hielten die Banken der Eurozone rund 15 Prozent aller Staatsanleihen im Wert von mehr als 1,5 Billionen Euro.[15] Darüber hinaus werden Staatsschulden bei vielen Finanztransaktionen, zum Beispiel auf den Derivatemärkten, als Sicherheiten verwendet.

Die Finanzarchitektur ist so fragil wie eh und je

In der heutigen Finanzarchitektur ist es also essenziell, den Wert der Staatsschulden zu erhalten, um eine Systemkrise zu vermeiden. Einerseits bedeutet das, dass eine größere Umstrukturierung von Staatsschulden in der Eurozone wenig wahrscheinlich ist. Andererseits darf die EZB die Zinssätze für Staatsschulden nicht zu schnell oder zu stark steigen lassen, da dies den Wert der Staatsschulden verringern würde.

Diese Fragilität steht im Gegensatz zu dem Versprechen, die Stabilität des Finanzsystems nach der Finanzkrise von 2008 und der Eurokrise von 2010–2012 zu stärken. Viele Aufsichtsbehörden und Bankenvertreter erklären bis heute, der europäische Bankensektor sei widerstandsfähiger geworden. So sagte der Vorstandsvorsitzende der Deutschen Bank Anfang 2020, dass die Bilanz der Bank so solide sei wie nie zuvor in seiner 30-jährigen Karriere bei der Bank.[16] Wer diese Bilanz etwas genauer anschaut, findet jedoch wenig Vertrauenerweckendes.

Ende 2019 verfügte die Deutsche Bank über eine Bilanzsumme von rund 1,3 Billionen Euro und ein Eigenkapitalpolster von 56 Milliarden Euro. Das Verhältnis von Eigenkapital zum Gesamtengagement (die ungewichtete Eigenkapitalquote; englisch: „leverage ratio") betrug 4,3 Prozent.[17] Ein Verlust von weniger als 17 Milliarden Euro – ein Rückgang von etwas mehr als einem Prozent des Wertes der Vermögenswerte der Bank – würde dazu führen, dass die ungewichtete Eigenkapitalquote unter die Mindestanforderung von drei Prozent fällt.[18] Die Bank würde die aufsichtsrechtlichen Anforderungen nicht mehr erfüllen, und es müsste eine Rekapitalisierung oder ein Bankeninsolvenzverfahren eingeleitet werden.

Selbst die geringe Zahl, die die Deutsche Bank als Eigenkapital angibt, ist mit Vorsicht zu genießen. Sie basiert auf den buchhalterischen Werten der Bank – und diese festzustellen ist alles andere als einfach. Banken handeln mit komplexen Finanzprodukten und verwalten Derivatebücher von epischem Ausmaß. Wie die eigene Research-Abteilung der Deutschen Bank vor einigen Jahren feststellte: „Much bank reporting has now become so complex it has spiralled out of all control and meaning."[19]

Leider ist die Deutsche Bank kein Einzelfall. Die von den größten Banken in der Eurozone – den globalen systemrelevanten Banken (G-SIBs) – gemeldeten Eigenkapitalquoten liegen in einem ähnlichen Bereich.[20] Wie schnell eine G-SIB, die alle regulatorischen Maßnahmen erfüllt, in Schwierigkeiten geraten kann, hat jüngst die Credit Suisse gezeigt: Die Schweizer Bank wäre im März 2023 zusammengebrochen, wenn die Schweizer Behörden nicht einen notrechtlichen und mit öffentlichen Garantien sekundierten Rettungsplan unterstützt hätten.[21]

Die Finanzarchitektur ist so fragil wie eh und je. Daher überrascht es auch nicht, dass die EZB im März 2020 die Turbulenzen um italienische Staatsanleihen nicht ignorieren konnte. Nur wenige Tage nach der Weigerung der EZB-Präsidentin, die Spreads zu schließen, legte die EZB das Pandemie-Notfallkaufprogramm (englisch: Pandemic Emergency Purchase Programme, PEPP) mit einem Volumen von 750 Milliarden Euro auf. Sie änderte zudem bestehende Programme zum Ankauf von Vermögenswerten, um den fiskalpolitisch herausgeforderten Mitgliedsstaaten der Eurozone die Finanzierung zu erleichtern.[22] Das PEPP wurde im Dezember 2020 auf 1,85 Billionen Euro erweitert.[23]

Mit anderen Worten: Die EZB kaufte Staatsanleihen in einem enormen Umfang, um deren Zinsen niedrig und deren Preise hoch zu halten. In weniger als einem Jahrzehnt hat sie ihren Besitzanteil an den ausstehenden Staatsschulden der Eurozone deutlich erhöht: von weniger als drei Prozent im Jahr 2014 auf mehr als 25 Prozent im Jahr 2022.[24] Die EZB agiert heute also nicht nur als Hüterin der Finanzstabilität, sondern ist auch ein zentraler Finanzier der Staaten – sie erfüllt damit alle historischen Aufgaben einer Zentralbank.

Die EZB in der Zwickmühle

Obwohl die Interventionen der EZB es den Mitgliedstaaten der Eurozone ermöglichten, ihre Finanzierungskosten niedrig zu halten, blieb die Staatsverschuldung hoch. Die durchschnittliche Schuldenquote im Verhältnis zum BIP lag Ende 2022 bei über 90 Prozent und damit weit über der Grenze von 60 Prozent, zu der sich die EU-Mitgliedstaaten einst verpflichtet hatten.[25] Darüber hinaus sind einzelne Länder in einer weitaus schlechteren Verfassung. Italien zum Beispiel erreichte Ende 2022 eine Schuldenquote von rund 145 Prozent des BIPs.[26]

Es ist unwahrscheinlich, dass diese Schuldenquoten in den kommenden Jahren sinken werden, denn auf die Covid-19-Pandemie folgten der Krieg in der Ukraine und eine Energiekrise. Solange die gegenwärtige Situation mit der Staatsverschuldung in der Eurozone anhält, wird die EZB auch nicht in der Lage sein, ihren Bestand an Staatsanleihen deutlich zu reduzieren. Sie wird in der Pflicht bleiben, die Finanzierung der Staaten weiterhin sicherzustellen.

Die EZB dürfte jedoch unter Druck kommen, sollte die Rückkehr der Inflation sich als hartnäckig erweisen. In diesem Fall würden die historischen Aufgaben einer Zentralbank mit dem Mandat der EZB kollidieren, die Preisstabilität zu gewährleisten. Die zentrale Frage ist demnach: Wird die Inflation dauerhaft höher bleiben?

Viele haben höhere Inflationsraten bereits nach der Finanzkrise von 2008 und der Eurokrise von 2010–2012 vorhergesagt. Bislang haben sich alle diese Vorhersagen als falsch erwiesen. Erstens wurde die expansive Geldpolitik der Zentralbanken nach 2008 durch einen Rückgang der Geldmenge im Bankensektor ausgeglichen.[27] Zweitens dominierten in der Realwirtschaft nach wie vor deflationäre Kräfte wie eine günstige demografische Entwicklung und eine sich vertiefende Globalisierung. Drittens wurden die Staatsausgaben nach der Eurokrise etwas zurückgefahren.[28]

Alle diese Faktoren scheinen sich nach Beginn der Covid-19-Pandemie Anfang 2020 ins Gegenteil zu verkehren. Erstens sind alle Geldmengenaggregate gestiegen, da es keine Bankenpanik gab, die eine Verringerung der Geldmenge zur Folge gehabt hätte.[29] Zweitens schwächen sich die realwirtschaftlichen Trends ab, die lange einen starken deflationären Druck auf die Weltwirtschaft ausübten.[30] Drittens gibt es keine Anzeichen dafür, dass die Staaten ihre Ausgaben einschränken werden – im Gegenteil.[31]

Wenn die Geldpolitik in einem sich derart wandelnden makroökonomischen Umfeld und bei dauerhaft höheren Staatsdefiziten expansiv bleibt, sind alle Voraussetzungen für eine dauerhaft höhere Inflation gegeben. Wie hoch kann die Inflation steigen? Viele hoffen auf moderate Inflationsraten über einen kurzen Zeitraum, die die Wirtschaftstätigkeit nicht stören und gleichzeitig die übermäßige Verschuldung abbauen.[32] Diese Hoffnungen könnten allerdings unberechtigt sein. Niemand weiß, wie sich die Inflation genau entwickeln wird, da sie stark von Erwartungen beeinflusst wird, die bekanntermaßen schwer vorherzusagen sind.

Klar ist hingegen: Je höher die Inflation, desto schwieriger wird die Situation für die EZB. In früheren Krisen war sie in der Lage, die traditionellen Aufgaben einer Zentralbank zu erfüllen, ohne die Preisstabilität zu gefährden. Bei dauerhaft steigenden Preisen wird die EZB jedoch vor einem Dilemma stehen. Sie würde die Inflation weiter anheizen, wenn sie den Banken großzügig Kredite zu niedrigen Zinssätzen gewähren würde, um deren Stabilität sicherzustellen. Dasselbe Problem stellt sich, wenn sie ihren Bestand an Staatsschulden weiter ausbaut, um die Finanzierungsbedingungen für die Staaten akzeptabel zu halten. Wenn sie sich von diesen Stabilisierungsmaßnahmen jedoch abkehrt, werden die Staatsschulden untragbar werden und die Finanzarchitektur wird ins Wanken geraten. Die EZB befindet sich in einer Zwickmühle.

Das europäische Projekt steht auf dem Spiel

Monetäre Staatsfinanzierung hat in der Geschichte immer wieder zu steigenden Preisen geführt.[33] In einigen Ländern kam es sogar zu einer galoppierenden Inflation oder zu Hyperinflationsepisoden. Den meisten gelang es, die Inflation wieder auf ein akzeptables Niveau zu bringen. Inflation verstärkt soziale Spannungen und politische Konflikte, bedroht aber in der Regel nicht die Existenz von Staaten oder politischen Institutionen.

In der Eurozone liegen die Dinge jedoch anders. Die EU und der Euro sind nicht so fest verankert wie die Institutionen und Währungen anderer Volkswirtschaften. Der Euro wurde erst 1999 in Umlauf gebracht. Die Eurozone steckt, wenn nicht mehr in den Kinderschuhen, so doch noch in einem sehr jugendlichen Alter. Darüber hinaus sind wichtige andere Aspekte der europäischen Finanzarchitektur – die Fiskalpolitik, Finanzmärkte oder das Bankwesen – nach wie vor auf der nationalen Ebene verankert.

Der Euro ist daher gefährdeter als der Dollar oder der Yuan. Das Risiko ist entsprechend höher, dass die Eurozone aufgrund wirtschaftlicher Probleme und politischer Konflikte auseinanderbricht. Bereits während und nach der Eurokrise von 2010 bis 2012 forderten einige Regierungsvertreter und einflussreiche politische Entscheidungsträger, dass ihre Länder der gemeinsamen Währung den Rücken kehren sollten.[34]

In einem inflationären Umfeld werden solche Spannungen dramatischer ausfallen. Der Konflikt zwischen den fiskalisch stärkeren und schwächeren Mitgliedstaaten wird sich verschärfen. Die Unterstützung für die gemeinsame Währung wird schwieriger aufrechtzuerhalten sein, und einige Länder könnten sich für einen Austritt aus dem Euro entscheiden. Ein solches Auseinanderbrechen der Währungsunion würde letztlich die politische Union untergraben. So verkündete auch während der Eurokrise von 2010 bis 2012 die damalige deutsche Bundeskanzlerin Angela Merkel, dass Europa scheitert, wenn der Euro scheitert.[35]

Die Architekten der Eurozone waren sich dessen bewusst. Das war der Grund, warum sie eine Zentralbank schufen, die sich radikal von ihren historischen Vorgängern unterschied. Aber es genügt nicht, nur das Zentralbankwesen zu ändern und den Rest der Finanzarchitektur unverändert zu lassen.

Viele haben diese Unzulänglichkeit intuitiv verstanden. John Major, ehemaliger Premierminister des Vereinigten Königreichs, stellte einmal fest: „Als der Euro geboren wurde, geschah dies unter den falschen wirtschaftlichen Gegebenheiten."[36]

Er hatte recht. Es ist an der Zeit, die Gegebenheiten zu ändern.

TEIL 2
DIE GESTALTUNG EINER BESSEREN WIRTSCHAFTSORDNUNG

4 DIE ALTEN REZEPTE TAUGEN NICHT MEHR

Europa setzte vor rund drei Jahrzehnten an, mit einer Gemeinschaftswährung eine bessere Finanzarchitektur zu errichten. Dieser Versuch war bisher nicht von Erfolg gekrönt. Die EZB ist zwar eine einzigartige neue Währungsbehörde mit einem klaren auf die Preisstabilität ausgerichteten Mandat, aber der faustische Pakt ist noch immer in Kraft: In der heutigen Finanzarchitektur werden nach wie vor systemische Risiken im großen Stil geschaffen.

Wie wir in Kapitel 3 gezeigt haben, zwang diese Realität die EZB, sich wie eine traditionelle Zentralbank zu verhalten. Sie musste wie ihre historischen Vorgängerinnen die Stabilität sowohl von Regierungen als auch von Banken garantieren. Diese Aufgaben geraten zunehmend in Konflikt mit dem Versprechen der EZB, die Preisstabilität zu gewährleisten – wird dieses Versprechen gebrochen, hat das potenziell verheerende Auswirkungen auf die Zukunft des europäischen Projekts.

In diesem zweiten Teil des Buches skizzieren wir eine Reform der Finanzarchitektur, welche die EZB aus ihrer unmöglichen Situation befreit. Die Änderungen, die wir vorschlagen, gehen jedoch über die Bewältigung der unmittelbaren Herausforderungen in Europa hinaus. Es werden damit die grundlegenden Probleme der heutigen Wirtschaftsordnung angegangen.

Die Vorschläge sind daher nicht nur für die Eurozone relevant. Auch wenn eine Reform der Finanzarchitektur in Europa am drängendsten ist, sind heute alle entwickelten Volkswirtschaften mit den gleichen Problemen konfrontiert. Unsere Vorschläge gelten denn auch für sie, und wir kommen in Kapitel 8 auf die Frage zurück, welche internationale Koordination für eine erfolgreiche Reform erforderlich ist.

Vorderhand wollen wir uns in diesem Kapitel aber der Schlüsselfrage widmen: Was ist das Kernproblem der heutigen Wirtschaftsordnung? Wie wir in Kapitel 2 gezeigt haben, liegt die Antwort auf diese Frage in der derzeitigen Gestaltung der Finanzarchitektur. In einer kapitalistischen Finanzarchitektur werden systemische Risiken geschaffen, die sich von Zeit zu Zeit materialisieren und zu schweren Krisen führen. Am Ende dreht sich damit noch immer alles um den faustischen Pakt, der vor mehr als 300 Jahren geschlossen wurde und für den wir bis heute teuer bezahlen.

Wäre weniger mehr?

Einige Ökonomen haben eine verblüffend einfache Lösung, dem Teufel die Stirn zu bieten. Sie argumentieren, dass er eigentlich nur eine Einbildung ist, die aber wegen der Handlungen der Zentralbanken reale Wirkung entfaltet. Für sie sind die Zentralbanken die Quelle aller finanziellen Instabilität, weil sie immer wieder risikofreudigen Bankgesellschaften zu Hilfe eilen. Die Funktion als Kreditgeber letzter Instanz motiviere also letztlich die Banken dazu, systemische Risiken einzugehen und den Boom-Bust-Zyklus anzuheizen.

Daher, so wird argumentiert, sollten die Zentralbanken abgeschafft werden, und die Staaten sollten sich verpflichten, bei Bankenpaniken nicht mehr einzugreifen. Wenn eine solche Verpflichtung glaubwürdig ist, wissen Banken, dass es in schlechten Zeiten keine Rettung gibt, und sie verhalten sich vorsichtiger. Sie werden in der Folge ein weniger risikoreiches Geschäftsmodell verfolgen und mehr Liquiditätsreserven sowie ein größeres Eigenkapitalpolster vorhalten. In der Folge werden die Boom-Bust-Zyklen weniger ausgeprägt.[1]

Dieser Laissez-faire-Ansatz, der sich auf Marktkräfte stützt, klingt in der Theorie wunderbar, funktioniert aber in der Praxis nicht. No-Bailout-Versprechen wurden in der dreihundertjährigen Geschichte des kapitalistischen Bankwesens immer wieder abgegeben. Und fast ebenso häufig wurden diese Versprechen gebrochen. Ein berühmtes historisches Beispiel ist der englische Bank Charter Act von 1844. Das Parlament versuchte, die Funktion der Bank of England als Kreditgeber letzter Instanz etwas einzuschränken, um damit die Marktkräfte zu stärken. Doch in allen folgenden Finanzkrisen von 1847, 1857 und 1866 wurde das Gesetz ausgesetzt.[2]

Jüngere Beispiele bestätigen dieses Muster. Vor der Finanzkrise von 2008 waren Geldmarktfonds (englisch: Money market mutual funds) in den Vereinigten Staaten explizit von staatlichen Garantien ausgeschlossen. Das Argument war auch hier: Marktdisziplin sollte dazu führen, dass Geldmarktfonds keine zu großen Risiken eingehen. Doch als im Zuge der Finanzkrise 2008 ein Bank Run auf die Geldmarktfonds einsetzte, eilten die Behörden rasch zu Hilfe. Sie sprachen umfassende staatliche Garantien für diese neuen Finanzprodukte aus, obwohl sie sich zuvor verpflichtet hatten, Rettungsmaßnahmen zu unterlassen.[3]

Schließlich veranschaulicht auch die Geschichte der EZB den Trugschluss von No-Bailout-Versprechen. Die neue Währungsinstitution wurde bewusst nicht mit der Wahrung der Finanzstabilität beauftragt. Die politischen Entscheidungsträger glaubten einmal mehr, dass eine solche Verpflichtung zu Marktdisziplin führe. Und einmal mehr wurden sie eines Besseren belehrt. Als eine Finanzkrise einsetzte, handelte die EZB wie ihre historischen Vorgängerinnen: Sie ergriff umfassende Maßnahmen, um den Zusammenbruch der Finanzarchitektur zu verhindern.

Warum sind No-Bailout-Versprechen nicht glaubwürdig? Wegen der systemischen Risiken. Wie wir in Kapitel 2 erörtert haben, ist das Scheitern einer Bankgesellschaft hochgradig ansteckend. In einer kapitalistischen Finanzarchitektur steigert sich ein Bank Run in der Regel zu einer Bankenpanik.[4] Wenn viele Banken auf einmal ausfallen, führt dies zu einer Verknappung von Geld und Kredit, was in einer schmerzhaften Rezession mündet. Menschen, die nichts mit dem anfänglichen Scheitern einer Bank zu tun haben, verlieren ihre Arbeit und damit die Fähigkeit, selbstständig für ihren Lebensunterhalt aufzukommen. In einer solchen Situation sehen sich Regierungen schlicht zur Intervention gezwungen, selbst wenn sie zuvor No-Bailout-Versprechen abgegeben haben.[5]

Die Finanzmarktteilnehmer sind sich dieser Dynamik bewusst, weshalb sie den No-Bailout-Versprechen von vornherein nicht glauben. Sie wissen, dass es in jedem Fall eine implizite Garantie für das kapitalistische Bankwesen gibt. Das wiederum verändert die Anreize zur Risikonahme genauso wie eine ausdrückliche Garantie. No-Bailout-Versprechen werden also nicht dazu führen, dass Bankgesellschaften plötzlich vorsichtig handeln. Vielmehr werden sie weiterhin systemische Risiken eingehen. Auf diese Weise können sie im Aufschwung ihre Gewinne maximieren, während sie die Verluste in der Krise an Regierungen und Zentralbanken weitergeben – Kopf, ich gewinne; Zahl, du verlierst.

Alter Wein in neuen Schläuchen

Die historische Evidenz von No-Bailout-Versprechen ist derart eindeutig, dass die meisten Ökonomen einen solchen Ansatz auch nicht propagieren. Sie wissen, dass man sich im kapitalistischen Bankwesen wegen der systemischen Risiken nicht auf die Marktdisziplin verlassen kann. Staatliche Garantien sind demnach unerlässlich.

Wie wir in Kapitel 2 erörtert haben, führen diese Garantien aber zu einem moralischen Risiko: Derart versicherte Finanzmarktteilnehmer haben einen Anreiz, aus gesellschaftlicher Sicht zu hohe Risiken einzugehen. Deshalb müssen Garantien mit Regulierung begleitet werden. Zwei Arten der Regulierung sind besonders wichtig:

Erstens gibt es *Solvenzanforderungen.* Diese verpflichten etwa in der Form von *Kapitalvorschriften* die Banken zu einem Mindestwert an Eigenkapital im Verhältnis zu ihrer Gesamtbilanz. Das soll einerseits die Probleme des moralischen Risikos mindern und andererseits die Banken im Krisenfall widerstandsfähiger machen.[6]

Zweitens sollten *Liquiditätsanforderungen* sicherstellen, dass die Banken in der Lage sind, auch in einer Krise eine erhöhte Liquiditätsnachfrage eigenständig zu bewältigen. Solche Vorschriften verlangen von Banken, dass sie über einen bestimmten Wert und eine bestimmte Qualität an liquiden Finanzanlagen verfügen, um kurzfristige Verbindlichkeiten bedienen zu können.

Aus Kapitel 2 wissen wir, dass die Kombination einer Politik des Kreditgebers letzter Instanz mit einer solchen Regulierung keine Erfindung der vergangenen Jahrzehnte ist. Dieser Ansatz spiegelt sich bereits in den Ideen von Adam Smith wider. Ökonomen wie Walter Bagehot, Henry Thornton oder Francis Baring haben ihn weiter verfeinert. Auch der heutige Regulierungsrahmen baut noch immer auf einer Kombination von Garantien und Regulierungen auf, er ist aber im Laufe der Zeit sehr viel umfassender geworden.

Seit der Großen Depression der 1930er-Jahre haben Regierungen und Zentralbanken die Garantien ausgebaut. Weltweit wurden sogenannte *Einlagensicherungen* eingeführt, um Bank Runs im Keim zu ersticken.[7] Zusammen mit der Politik des Kreditgebers letzter Instanz schuf dieses neue Instrument ein umfassendes *öffentliches Sicherheitsnetz.* Parallel dazu wurde auch die Regulierung ausgeweitet.

Schließlich begannen die Regierungen, die *Fiskalpolitik* als Instrument zur Dämpfung der Boom-Bust-Zyklen einzusetzen. Die intellektuelle Grundlage für dieses stärkere staatliche Eingreifen schuf John Maynard Keynes. Und einer seiner Schüler entwickelte diesen Ansatz weiter als jeder andere: Hyman Minsky.

Minskys Meisterwerk trägt den treffenden Titel *Stabilizing an Unstable Economy*. Es bietet einen theoretischen Erklärungsansatz für Aufbau und Ausbrechen systemischer Risiken auf den Bilanzen von Kapitalgesellschaften und wie das zu einem endogenen Boom-Bust-Zyklus führt.[8] Um mit einer derart instabilen Ökonomie umzugehen, schlug Minsky eine umfassende antizyklische Fiskal- und Geldpolitik, öffentliche Sicherheitsnetze sowie einen engmaschigen Regulierungsrahmen für das Bankwesen vor.

Während Minsky in der akademischen Welt lange weitgehend unbeachtet blieb, wurden seine politischen Vorschläge von Zentralbanken und Regierungen in aller Welt aufgegriffen. Sie bauten die öffentlichen Sicherheitsnetze stetig aus und griffen in Krisenzeiten mit fiskalischen und monetären Stimuli kräftig ein. Gleichzeitig weiteten sie die Bankenregulierung massiv aus.

Eine im digitalen Zeitalter unmögliche Aufgabe

Der regulatorische Rahmen für das Bankwesen verfolgt im Prinzip zwei Ziele. Erstens sollen die öffentlichen Sicherheitsnetze verhindern, dass es zu einer Bankenpanik kommt. Zweitens soll die Regulierung verhindern, dass Banken wegen des Sicherheitsnetzes übermäßige systemische Risiken eingehen.

Man könnte diesen Rahmen als einen *Zuckerbrot-und-Peitsche-Ansatz* interpretieren: Das Zuckerbrot des öffentlichen Sicherheitsnetzes wird von der Peitsche der regulatorischen Einschränkungen begleitet.

Es ist klar, dass Banken in einem solchen Rahmen versucht sind, sich das Zuckerbrot zu schnappen und der Peitsche auszuweichen. Auch die Aufsichtsbehörden in anderen Industrien sind mit diesem Problem konfrontiert. Doch für die Banken-Aufsichtsbehörden ist die Aufgabe ungleich schwieriger, denn das Bankwesen ist ein rein virtuelles Geschäft. Das Bankgeschäft findet hauptsächlich auf einer Bilanz statt. Im Endeffekt werden Zahlen von einer Position in eine andere umgebucht. Das macht eine effektive Regulierung unglaublich schwer.[9]

Ungeachtet dieser Herausforderung funktionierte der nach der Großen Depression eingeführte Zuckerbrot-und-Peitsche-Ansatz bis in die 1970er-Jahre hinein recht gut. Damals war das Bankwesen allerdings auch noch technologisch stark eingeschränkt: Jede Transaktion musste auf Papier erfasst, bestätigt und abgeglichen werden. Das Bankbuch war einst ein echtes physisches Buch – für viele heute nur noch schwer vorstellbar.

Da Banken an die Technologie „Papier und Stift" gebunden waren, konnten die Dinge nicht zu komplex werden. Die technologischen Zwänge sorgten dafür, dass das Bankgeschäft hauptsächlich auf einer sauber abgetrennten Bilanz stattfand. In diesem Umfeld gelang es den Aufsichtsbehörden, weitgehend den Überblick über die Bankaktivitäten zu behalten. Sie brauchten nur in eine Bank zu gehen und sich die Bücher anzusehen. Dort war alles aufgezeichnet. So konnte verhältnismäßig einfach identifiziert werden, ob Regeln eingehalten oder ob übermäßige Risiken eingegangen wurden.[10]

Mit der Digitalisierung veränderte sich die Situation jedoch grundlegend. Das darf nicht überraschen. Bei der Informationstechnologie (IT) geht es um eine effizientere Verarbeitung von Informationen – und das Bankwesen ist im Kern nichts anderes als die Verarbeitung von Informationen. Da frühere technologische Beschränkungen verschwanden, veränderte die Digitalisierung das Finanzwesen fundamental. Moderne IT ermöglicht es, Finanzkontrakte zu virtualisieren und sie mit hoher Geschwindigkeit sowie zu geringen Kosten über Bilanzen und Jurisdiktionen hinweg zu verschieben.

In der Folge begannen sich sogenannte *Finanzinnovationen* zu verbreiten. Das Konzept wird am besten mit dem Beispiel der *Zweckgesellschaft* (englisch: Special purpose vehicle, SPV) erklärt. Ein SPV ist eine Kapitalgesellschaft, die nichts produziert, keine Dienstleistungen anbietet und keine Mitarbeiter beschäftigt. Es handelt sich vielmehr um die reine Anwendung der kapitalgesellschaftlichen Rechtsform zur Transformation von Finanzkapital.

Eine mittlerweile berühmt-berüchtigte Anwendung dieser SPV ist die Schaffung von *hypothekenbesicherten Wertpapieren* (englisch: mortgage-backed securities, MBS): Illiquide Hypothekenkredite werden auf der Aktivseite der Bilanz gebündelt, um auf der Passivseite liquide MBS auszugeben. Diese neuen Finanzprodukte werden manchmal mit Kredit- oder Liquiditätsgarantien von Finanzinstituten kombiniert; das erhöht das Potenzial zur Kapitaltransformation von den involvierten SPV.

Moderne Informationstechnologien sind für solche Finanzinnovationen unerlässlich. Sie ermöglichen es den Finanzfachleuten, die wirtschaftlichen und rechtlichen Verflechtungen zu verwalten, das heißt die Renditen zu berechnen, die Eigentumsverhältnisse zu verfolgen und die damit verbundenen Risiken zu bestimmen. Mit Papier und Stift wäre das alles nicht möglich.[11]

Diese Finanzinnovationen wurden zunächst von vielen begrüßt. Sie interpretierten die Komplexität als Zeichen für ein ausgereiftes Finanzsystem. Die neue Art des Finanzwesens wurde als effizienter gesehen, und es wurde argumentiert, dass damit auch der Realwirtschaft gedient sei.[12]

Wie wir heute wissen, haben sich die Finanzinnovationen als etwas anderes entpuppt. Sie wurden Teil eines außerordentlich komplexen Netzes von Finanzverträgen und -institutionen, das sich als extrem fragil herausstellte. Im Endeffekt wurden damit über Tausende von

Bilanzen von Kapitalgesellschaften hinweg systemische Risiken geschaffen. Nach der Finanzkrise von 2008 wurde diese vielschichtige Verflechtung von Finanzinnovationen als Schattenbankensektor bezeichnet.[13]

Der Begriff *Schattenbankwesen* bezeichnet jenes Bankwesen, das außerhalb des Blickfelds der Aufsichtsbehörden stattfindet. Das Schattenbankwesen ist nichts grundlegend Neues.[14] Es war nie so, dass das Bankgeschäft, also die Schöpfung von Geld aus Kredit, mit der Institution Bank zusammenfallen musste – diese Tatsache wurde einst auch als *Abgrenzungsproblem der Bankenregulierung* bezeichnet.[15] Etwas hat sich mit der Digitalisierung allerdings geändert: Das Abgrenzungsproblem ist allumfassend geworden.

Systemische Risiken breiten sich überall aus

Die Aufsichtsbehörden waren sich bewusst, dass sich das Bankwesen im Zuge der Digitalisierung zunehmend ausbreitete. Immer wieder versuchten sie, mit den neuesten Finanzinnovationen Schritt zu halten, und ergänzten den Regulierungsrahmen entsprechend. Doch immer, wenn sie ein Schlupfloch stopften, hatten kreative Finanzfachleute bereits ein anderes ausgegraben. In dem Maße, in dem sich das Schattenbankwesen ausbreitete, weitete sich entsprechend auch die Finanzregulierung aus.[16]

Viele behaupten, dass Deregulierung die Hauptursache für die Finanzkrise von 2008 war. Das ist falsch. Die Aufsichtsbehörden bemühten sich nach Kräften, mit dem sich ständig ausbreitenden Schattenbankwesen Schritt zu halten. Sie verbrachten unzählige Stunden mit der Erarbeitung und Implementierung von neuen Vorschriften. Das Regulierungstempo war bereits im Jahrzehnt vor der Krise hoch, und es hat sich seither noch beschleunigt.[17]

Doch alle regulatorischen Bemühungen haben weder die systemischen Risiken gebändigt noch den Boom-Bust-Zyklus in Schach gehalten. Die

Intensität von Boom-Bust-Zyklen bei den Vermögenspreisen hat seit dem Beginn der digitalen Revolution zugenommen.[18] Gleichzeitig sind es heute längst nicht mehr nur traditionelle Banken, die in den Genuss eines (impliziten) öffentlichen Sicherheitsnetzes kommen: Investmentbanken, Versicherungsgesellschaften, Geldmarktfonds oder auch Energieunternehmen wurden alle bereits wegen Sorgen bezüglich systemischer Risiken gerettet.[19]

Interessanterweise sah Minsky diese Entwicklung voraus. Nur wenige Jahre vor seinem Tod 1996 wies er auf die zunehmenden Schwierigkeiten hin, eine kapitalistische Finanzarchitektur in einer digitalen Welt zu stabilisieren. In einer seiner letzten Forschungsarbeiten schrieb er: „Es ist an der Zeit, eine nationale Überprüfung der Struktur des Banken- und Finanzsystems einzuleiten. Die radikalen Veränderungen, die sich derzeit in den Bereichen Technologie, Datenverarbeitung und Kommunikation vollziehen, bedeuten, dass vieles von dem, was wir jetzt haben, überholt sein könnte."[20]

Diese Beobachtung in den 1990er-Jahren war bemerkenswert früh; damals steckten das Internet und der elektronische Handel noch in den Kinderschuhen. Inzwischen sind die Veränderungen der Digitalisierung offensichtlich. IT hat die Mechanismen in unserer kapitalistischen Finanzarchitektur grundlegend verändert. Die Behauptung, dass der heutige regulatorische Rahmen mit ein paar Anpassungen seinen Zweck schon noch erfüllen wird, erinnert an ein Zitat, das oft (fälschlicherweise) Albert Einstein zugeschrieben wird: „Die Definition von Wahnsinn ist, immer wieder das Gleiche zu tun und andere Ergebnisse zu erwarten."[21]

Technologie allein wird es nicht richten

Trotz der Erfahrungen der letzten Jahrzehnte hoffen manche immer noch, dass die Digitalisierung die Probleme im Finanzwesen letztlich von allein lösen wird. Diese Hoffnung ist verständlich. Die Fortschritte in der IT ermöglichen in der Tat neue Ansätze, die traditionellen Aufgaben der Banken zu erfüllen, ohne dabei systemische Risiken zu schaffen.[22]

Aber nur weil etwas überflüssig ist, heißt das nicht, dass es verschwindet. Das kapitalistische Bankwesen ist allgegenwärtig, weil es aus individueller Sicht attraktiv ist. Mit der Möglichkeit zur Schaffung systemischer Risiken wird Freiheit von der Verantwortung getrennt: Im Aufschwung werden die Gewinne privatisiert, während die Verluste im Abschwung sozialisiert werden.

Auch wenn neue Formen des Finanzwesens die Bedürfnisse in der Realwirtschaft ebenso gut, wenn nicht sogar besser befriedigen können, wird das kapitalistische Bankwesen nicht verschwinden. Technologie allein wird nicht dazu führen, dass nach und nach eine resiliente Finanzarchitektur entsteht. Stattdessen werden neue Technologien rasch genutzt werden, um neue Formen des Bankwesens zu entwickeln, so wie es bei den Finanzinnovationen geschehen ist.

Ungeachtet der Lektionen, welche die Wirtschaftsgeschichte bereithält, machen immer wieder Versprechungen die Runde, dass neue Technologien dem fragilen Bankwesen ein Ende bereiten werden. Diese „Dieses Mal ist alles anders"-Hoffnungen kommen in Wellen.[23] Die Welle der bereits diskutierten Finanzinnovationen begann Ende des 20. Jahrhunderts und kulminierte in der Finanzkrise von 2008. Die nächste folgte kurz darauf. Sie wurde mit der Bezeichnung „FinTech" versehen, was für „Finanztechnologie" steht, und die sogenannte Peer-to-Peer-Kreditvergabe war Teil dieser Welle.

Peer-to-Peer-Plattformen sind ursprünglich angetreten, dem alten Geschäftsmodell der Banken mit neuen digitalen Mitteln Konkurrenz zu machen. Durch die direkte digitale Verbindung von Kreditnehmern und Kreditgebern versprachen sie, kosteneffizienter zu sein und keine systemischen Risiken zu schaffen. Eine der ersten Peer-to-Peer-Kreditplattformen in den Vereinigten Staaten war LendingClub. Renaud

Laplanche, der ehemalige CEO von LendingClub, betonte denn auch den dezentralen Charakter des Geschäftsmodells und bezeichnete es als „den kürzestmöglichen Weg zwischen dem Angebot von Kapital ... und der Nachfrage nach Kapital".[24]

Doch der kürzeste Weg erwies sich nicht als der rentabelste. Ein reines Peer-to-Peer-Geschäftsmodell schafft in der Tat keine systemischen Risiken. Es gibt eine Eins-zu-eins-Zuordnung von Kreditgebern zu Kreditnehmern. Erstere tragen die vollen Risiken ihrer Investitionen – sie werden nicht staatlich gerettet, wenn die Dinge schlecht laufen. Im Gegenzug verlangen sie auch mehr Zinsen, als wenn sie ihr Geld bei einer Bank anlegen würden.

Und so kamen die institutionellen Kreditgeber ins Spiel. Sie konnten niedrigere Zinsen verlangen, weil sie die Peer-to-Peer-Kredite als „Rohstoff" für den (Schatten-)Bankensektor verwendeten. Damit wurden die Kredite letztlich so finanziert, dass die Kreditgeber dennoch in den Genuss einer (impliziten) Staatsgarantie kamen. So wandelte sich das ursprüngliche Peer-to-Peer-Kreditmodell und wurde Teil des kapitalistischen Bankwesens. Innerhalb weniger Jahre verdrängten die institutionellen Anleger die Privatanleger aus dem Markt für Peer-to-Peer-Kredite.[25]

LendingClub selbst hat diese Realität anerkannt. Drei Jahre nachdem Laplanche verkündet hatte, dass seine Firma den Mittelsmann ausschalten will, erklärte er: „Die Banken sind auf beiden Seiten des Marktes vertreten."[26] Er kündigte eine strategische Partnerschaft mit Citibank an, die über einen Hedgefonds in von LendingClub vergebene Kredite investierte.[27]

Die Peer-to-Peer-Kreditvergabe mit ihrer Effizienz und Transparenz konnte dem kapitalistischen Bankwesen mit seinem umfassenden öffentlichen Sicherheitsnetz nicht widerstehen. Wie die Finanzinnovationen davor haben es auch FinTech-Anbieter wie LendingClub nicht geschafft, das Finanzwesen zu dezentralisieren. Doch gerade als FinTech aus den Schlagzeilen der Finanzpresse verschwand, rollte die nächste

Welle der Technologie-Euphorie heran: Es war Zeit für Kryptowährungen und „DeFi“ (dezentrales Finanzwesen).[28]

Der eigentliche Zweck der Blockchain-Technologie und von Kryptowährungen besteht wiederum darin, die Abhängigkeit vom Bankwesen zu verringern, das heißt, den Mittelsmann auszuschalten. Die erste Kryptowährung, Bitcoin, war als „Peer-to-Peer-Version von elektronischem Bargeld [gedacht], um Onlinezahlungen direkt von einer Partei zur anderen zu ermöglichen, ohne den Umweg über ein Finanzinstitut“.[29] Der erste Block in der Bitcoin-Blockchain enthält bezeichnenderweise den Text „Kanzler steht vor zweiter Bankenrettung“, der auf eine Schlagzeile der *Times* während der Finanzkrise 2008 verweist.[30]

Die Idee einer dezentralen Buchführung für elektronische Zahlungen wurde in der Folge weiterentwickelt. Bald wurden Blockchain-Technologien für Smart Contracts (intelligente Verträge) verwendet. Smart Contracts ermöglichen das Aufsetzen und die Abwicklung komplexer Finanztransaktionen wie Kredite oder Derivate, ohne dabei die dezentrale Natur der Blockchain aufzugeben.[31]

Wie bei den früheren Finanzinnovationen und FinTech weckte DeFi die Hoffnung, dass es eine transparente, dezentralisierte und widerstandsfähige Finanzarchitektur hervorbringen könnte. Aber auch DeFi war nicht davor gefeit, vom Bankwesen vereinnahmt zu werden – der Teufel hatte sich bald auch in dieses System eingeschlichen.

So findet man etwa das alte kapitalistische Bankwesen in der Form gewisser Stablecoins. Stablecoins versprechen ihren Besitzern in der Regel einen festen Umtauschkurs in eine von einem Staat ausgegebene Währung. Ein bekanntes Beispiel für einen US-Dollar-Stablecoin ist Tether. Das Konvertibilitätsversprechen wird dabei mit den Vermögenswerten einer Kapitalgesellschaft mit demselben Namen gedeckt.

Ursprünglich wurde angenommen, dass die Tether-Gesellschaft für jeden Dollar an Stablecoins, den sie ausgibt, einen Dollar an Bargeld in Reserve halten würde. Im Jahr 2021 gab Tether jedoch bekannt, dass weniger als drei Prozent seiner Stablecoins mit tatsächlichen Liquiditätsreserven unterlegt waren. Der restliche Betrag wurde in verschiedene Arten von Krediten und Finanzanlagen investiert.[32]

Tether nutzt zwar eine neue Finanztechnologie, betreibt aber im Wesentlichen immer noch das alte kapitalistische Bankgeschäft und ist entsprechend denselben Risiken ausgesetzt. Wenn viele Halter von Stablecoins gleichzeitig versuchen würden, diese in Dollar umzutauschen, wäre Tether gezwungen, Finanzanlagen zu verkaufen, um die erforderliche Liquidität aufzubringen. Diese Situation könnte rasch zu Liquiditätsproblemen und schließlich zu einem Bank Run auf den Stablecoin münden.[33] Dessen ungeachtet unterliegt Tether nicht denselben Vorschriften wie eine klassische Bank, da es das Bankgeschäft auf eine neuartige Weise betreibt.[34]

Die Erfahrungen mit Finanzinnovationen, FinTech und DeFi erzählen somit die immer gleiche Geschichte. Wir können also keineswegs darauf hoffen, dass der technologische Fortschritt allein eine bessere Finanzarchitektur schaffen wird. Die Schaffung systemischer Risiken ist aus individueller Sicht schlicht zu attraktiv. Am Ende wird jede neue Finanztechnologie für das kapitalistische Bankwesen genutzt oder von diesem übernommen – und der Regulator wird dabei stets das Nachsehen haben.

5

SYSTEMISCHE RISIKEN IM DIGITALEN ZEITALTER BÄNDIGEN

Die voranschreitende Digitalisierung hat unsere Finanzarchitektur destabilisiert. Als Antwort darauf haben Zentralbanken und Aufsichtsbehörden den Regulierungsrahmen immer wieder erweitert. Die systemischen Risiken wurden damit aber nicht unter Kontrolle gebracht – das haben verschiedene Bankenrettungen 2023 einmal mehr vor Augen geführt.

Es ist Zeit für ein Umdenken. Um eine nachhaltige Lösung zu finden, müssen die systemischen Risiken an der Wurzel gepackt werden. Wie wir in Kapitel 1 gesehen haben, braucht es für das Bankwesen nur eines: eine Bilanz. Um systemische Risiken im digitalen Zeitalter in den Griff zu bekommen, müssen wir deshalb zuerst besser verstehen, wie diese in den Bilanzen entstehen – wir müssen das Kleingedruckte des faustischen Paktes studieren.

Von Dominosteinen und Kettenreaktionen

Zunächst sei darauf hingewiesen, dass sich der Begriff *systemisches Risiko* in diesem Buch immer auf systemische *Finanz*risiken bezieht.[1] Wie wir in Kapitel 2 erörtert haben, bauen sich im kapitalistischen Bankwesen systemische Risiken endogen auf. Sie materialisieren sich, wenn der Aufschwung in eine Krise umschlägt: Es kommt dann zu finanziellen Kettenreaktionen. Diese treiben viele Kapitalgesellschaften auf einmal in die Insolvenz, falls Zentralbanken oder Regierungen nicht eingreifen.

Systemische Risiken sind also mit einem Konzept verbunden, das wir in Kapitel 1 eingeführt haben: der Solvenz. Eine Kapitalgesellschaft ist solvent, wenn sie mehr besitzt, als sie schuldet, das heißt, wenn sie ein positives Eigenkapital aufweist. Eine Kapitalgesellschaft ist hingegen insolvent, wenn sie ihr Eigenkapital vollständig aufgezehrt hat – dies ist typischerweise der Fall, wenn sie durchweg mehr Verluste als Gewinne macht.[2]

Ein positives Eigenkapitalpolster bewahrt eine einzelne Kapitalgesellschaft vor Insolvenz und finanziellen Schwierigkeiten. Es reicht jedoch nicht aus, um die Wirtschaft als Ganzes vor dem Auftürmen systemischer Risiken zu schützen. Das herkömmliche Konzept der Solvenz befasst sich mit der wirtschaftlichen Lebensfähigkeit auf individueller, aber nicht auf systemischer Ebene. Eine Kapitalgesellschaft kann daher heute eine solvente Finanzstruktur betreiben, die dennoch finanzielle Instabilität hervorruft.

Gehen wir ein stilisiertes Beispiel durch, um zu veranschaulichen, wie solvente Kapitalgesellschaften systemische Risiken schaffen können. Dabei gehen wir davon aus, dass Reckn'Less Inc. ein Darlehen an ShakyShack Ltd. vergeben hat. Abbildung 5.1 veranschaulicht diese Ausgangssituation.

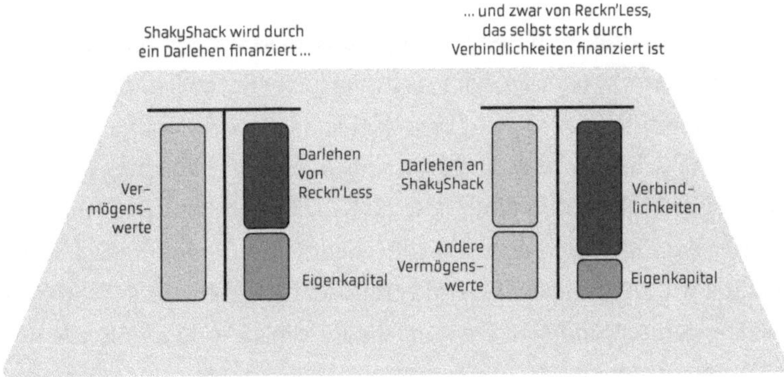

Abbildung 5.1 Entstehung systemischer Risiken (Teil 1)

ShakyShack finanziert seinen Betrieb mit einem Darlehen von Reckn'Less. Reckn'Less ist dabei selbst in hohem Maße durch Schulden finanziert. Dennoch sind beide Unternehmen im traditionellen Sinne solvent.

Nehmen wir nun an, dass die Geschäftsführung von ShakyShack eine Strategie verfolgt, die krachend scheitert. In der Folge kann sie ihren fälligen Verpflichtungen nicht mehr nachkommen und meldet Konkurs an. Dabei schreibt das Unternehmen einen Großteil seiner Vermögenswerte ab und kommt mit seinem Kredit bei Reckn'Less in Verzug. Abbildung 5.2 zeigt diese Situation.

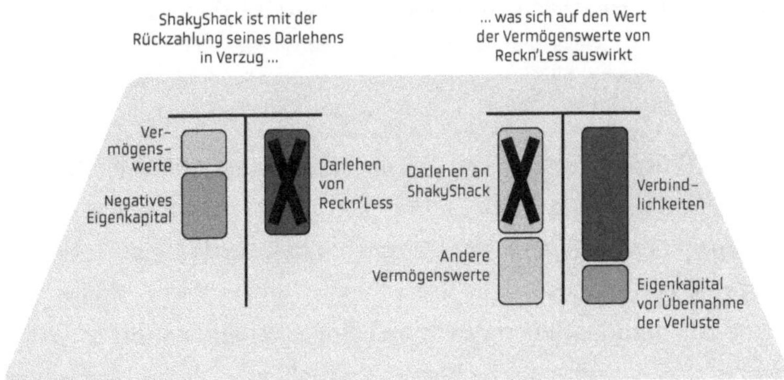

Abbildung 5.2 Entstehung systemischer Risiken (Teil 2)

Die finanzielle Situation von Reckn'Less ist mit jener von ShakyShack verbunden. Das ist nicht ungewöhnlich, da Kredite oder andere Finanzverträge Bilanzen von verschiedenen Wirtschaftsakteuren verbinden.

Gehen wir in unserem Beispiel davon aus, dass aus der Verteilung der Konkursmasse von ShakyShack nichts mehr für Reckn'Less übrig bleibt. Mit anderen Worten: Reckn'Less erleidet einen vollständigen Verlust aus dem Darlehen, das es ShakyShack gewährt hat. Abbildung 5.3 zeigt, wie dieser Verlust dazu führt, dass auch Reckn'Less insolvent wird. Mit negativem Eigenkapital ist das Unternehmen nun in der gleichen Situation wie ShakyShack. Es wird voraussichtlich ebenfalls in Schuldenverzug geraten und so die finanzielle Kettenreaktion an die eigenen Gläubiger weitergeben.

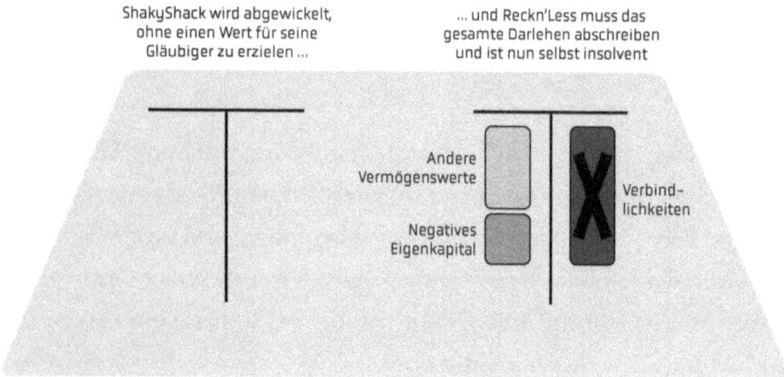

Abbildung 5.3 Entstehung systemischer Risiken (Teil 3)

Das Scheitern von ShakyShack führte zum Scheitern von Reckn'Less, und das kann nun weitere Unternehmen zum Scheitern bringen. Einer Kettenreaktion gleich verursachen also Insolvenzen automatisch weitere Insolvenzen.

Dieses Beispiel veranschaulicht das Wesen systemischer Risiken. Reckn'Less hat ShakyShack ein Darlehen gewährt, das den Wert seines Eigenkapitals übersteigt. Das Unternehmen kann das finanzielle Risiko des Darlehens also nicht selbst tragen. Daher gibt es etwaige Verluste aus dem Darlehen direkt an seine eigenen Gläubiger weiter. Reckn'Less hat systemische Risiken geschaffen.

Bevor ShakyShack in Schwierigkeiten geriet, war Reckn'Less als individuelle Firma solvent. Diese Solvenz war aber eins zu eins an die Solvenz von ShakyShack geknüpft. Der Zahlungsausfall von ShakyShack legte diese systemischen Risiken offen, denn er löste eine finanzielle Kettenreaktion aus, indem Reckn'Less die daraus resultierenden Verluste direkt an seine eigenen Gläubiger weitergab. Die individuelle Solvenz von Reckn'Less reichte also nicht aus, um für finanzielle Stabilität zu sorgen.[3]

Eine gesellschaftsrechtliche Antwort auf systemische Risiken

Um zu verhindern, dass Kapitalgesellschaften systemische Risiken schaffen, muss das Konzept der individuellen Solvenz mit dem Konzept der systemischen Solvenz ergänzt werden. Individuelle Solvenz setzt voraus, dass der Wert der Vermögenswerte größer ist als der Wert der Verbindlichkeiten. Systemische Solvenz komplementiert dieses Prinzip mit einem Blick auf das Gesamtsystem:

Der Wert der realen Vermögenswerte muss größer sein als der Wert der Verbindlichkeiten.

Die einzige Änderung in Bezug auf die individuelle Solvenz besteht darin, dass der Begriff „Vermögenswerte" durch „reale Vermögenswerte" ersetzt wird. Was sind reale Vermögenswerte? Ein *realer Vermögenswert* ist definiert als ein Vermögenswert, der in keiner anderen impliziten oder expliziten Bilanz auftaucht.[4] Zu realen Vermögenswerten gehören alle Eigentumsansprüche an materiellen und immateriellen Gütern; Maschinen und Werkzeuge sind Beispiele für materielle Gegenstände, ein Patent ist ein Beispiel für ein immaterielles Gut. Die physische Existenz ist kein Kriterium dafür, dass ein Vermögenswert real ist. Nur die fehlende Verknüpfung von Bilanzen ist wichtig.

Umgekehrt ist ein *finanzieller Vermögenswert* definiert als ein Vermögenswert, der mindestens zwei Bilanzen miteinander verbindet. Ein finanzieller Vermögenswert erscheint also auf der Passivseite der (impliziten oder expliziten) Bilanz eines anderen Wirtschaftsakteurs. Kredite und Aktien sind etwa finanzielle Vermögenswerte, aber auch

Derivatkontrakte stellen finanzielle Vermögenswerte dar. Geld, das von Bankgesellschaften geschöpft wird, ist ein finanzieller Vermögenswert, Geld, das von Zentralbanken geschaffen wird, hingegen nicht; wir werden dies in Kapitel 7 näher erläutern.

Finanzielle Vermögenswerte haben das Potenzial, finanzielle Schocks automatisch weiterzutragen, da sie die Bilanzen im Finanzsystem miteinander verbinden. Im Gegensatz dazu verbinden reale Vermögenswerte das Finanzsystem mit der Realwirtschaft – sie schaffen keine Verbindungen im Finanzsystem. Daher ist die Unterscheidung zwischen finanziellen und realen Vermögenswerten von entscheidender Bedeutung für das Verständnis und die Eindämmung systemischer Risiken.[5]

Das andere Konzept bei der Definition der systemischen Solvenz ist bereits bekannt: die Verbindlichkeiten. Eine *Verbindlichkeit* ist eine vertragliche Verpflichtung, die in der Vergangenheit eingegangen und noch nicht beglichen wurde. Das Eigenkapital ist das einzige Element auf der Passivseite einer Bilanz, das nicht als Verbindlichkeit angesehen wird. Um diese Gedanken zu illustrieren, stellt Abbildung 5.4 eine systemisch solvente einer systemisch insolventen Bilanz gegenüber.

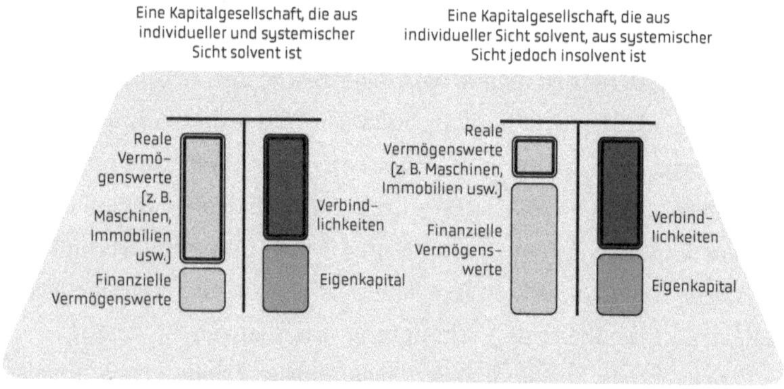

Abbildung 5.4 Das Konzept der systemischen Solvenz

Die Erweiterung des Konzepts der Solvenz um eine systemische Komponente verhindert, dass sich systemische Risiken aufbauen. Eine systemisch solvente Kapitalgesellschaft hat mehr reale Vermögenswerte als Verbindlichkeiten. Als solche ist sie von finanziellen Kettenreaktionen isoliert.

Um das Konzept der systemischen Solvenz etwas besser zu verstehen, kann es wie folgt umformuliert werden: „Der Gesamtwert der finanziellen Vermögenswerte muss kleiner oder gleich dem Wert des Eigenkapitals sein." Eine systemisch solvente Kapitalgesellschaft finanziert also alle finanziellen Vermögenswerte mit Eigenkapital, wodurch eine finanzielle Kettenreaktion verhindert wird.

Eine Analogie kann helfen, diese Idee zu verdeutlichen. Stellen Sie sich vor, dass jede Kapitalgesellschaft ein Dominostein ist. Die Größe des Dominosteins wird durch die Höhe ihrer Verbindlichkeiten bestimmt. Eine systemische Solvenzregel stellt sicher, dass der Abstand zwischen den einzelnen Dominosteinen so groß ist, dass, wenn einer fällt, er keinen anderen umwerfen kann.

Eine systemische Solvenzregel verhindert somit die Entstehung systemischer Risiken. Finanzielle Kettenreaktionen, die Kapitalgesellschaften in die Insolvenz treiben, wird es nicht mehr geben. Natürlich können Kapitalgesellschaften immer noch zahlungsunfähig werden, und die daraus resultierenden Verluste werden an Gläubiger und Anleger weitergegeben. Diese Verluste werden jedoch nicht automatisch zu weiteren Insolvenzen führen. Stattdessen werden die finanziellen Folgeeffekte langsam abklingen – das Finanzsystem wird dynamisch stabil.

Obwohl eine systemische Solvenzregel einen endogenen Aufbau systemischer Risiken in der Finanzarchitektur verhindert, kann sie nicht verhindern, dass sich *reale systemische Risiken* materialisieren. So können zum Beispiel ein Blackout, eine Pandemie oder ein Krieg den Wert der realen Vermögenswerte vieler Unternehmen gleichzeitig verringern. Wie heute können also reale systemische Risiken eine große Zahl an Unternehmen auf einmal in die Insolvenz treiben.

Nichtsdestotrotz mildert eine systemische Solvenzregel die Auswirkungen realer systemischer Risiken, da sie Zweitrundeneffekte verhindert. Eine Finanzarchitektur mit systemischer Solvenz kann die Erholung der Realwirtschaft unterstützen. Eine solche Finanzarchitektur absorbiert den exogenen Schock, anstatt zusätzlich eine Finanzkrise auszulösen und damit den Schaden zu vergrößern.[6]

An dieser Stelle ist eine Bemerkung zum Konzept der systemischen Solvenz angebracht. Wir haben auf den vorhergehenden Seiten eine vereinfachte Version der systemischen Solvenzregel vorgestellt. Diese muss verallgemeinert werden, um auch komplexere Finanzverträge wie Derivate und Versicherungen zu berücksichtigen. Wir verzichten an dieser Stelle darauf und verweisen den interessierten Leser auf eine detaillierte Beschreibung der „allgemeinen systemischen Solvenzregel" in unserem ersten Buch.[7]

Stabilisierung der heutigen Finanzarchitektur

Systemische Solvenz verhindert den endogenen Aufbau systemischer Risiken. Wie soll nun das neue Konzept eingeführt werden?

Auf operativer Ebene ist das einfach. Kapitalgesellschaften erstellen bereits heute alle Informationen, die zur Bestimmung der systemischen Solvenz erforderlich sind. Sie machen das im Rahmen der gesetzlich vorgeschriebenen Buchführung. Die Bestimmung der systemischen Solvenz kann auf der Grundlage dieser bestehenden Berichterstattung erfolgen.

Auf gesamtwirtschaftlicher Ebene sollte die systemische Solvenz schrittweise eingeführt werden, um Schocks zu vermeiden. Erinnern Sie sich an Kapitel 4, in dem beschrieben wurde, wie IT systemische Risiken in jeden Winkel der Finanzarchitektur getrieben hat. Mit einer schrittweisen Einführung der systemischen Solvenz können diese aufgebauten Risiken kontrolliert abgebaut werden.

In einem ersten Schritt sollten alle Kapitalgesellschaften ihre systemische Solvenz berechnen und feststellen, ob sie systemisch solvent oder insolvent sind. Einige werden systemisch solvent sein, andere nicht.[8] Von denjenigen, die es nicht sind, werden einige als Banken reguliert sein. Damit resultiert eine Einteilung in drei verschiedene Gruppen, die in Abbildung 5.5 veranschaulicht wird.

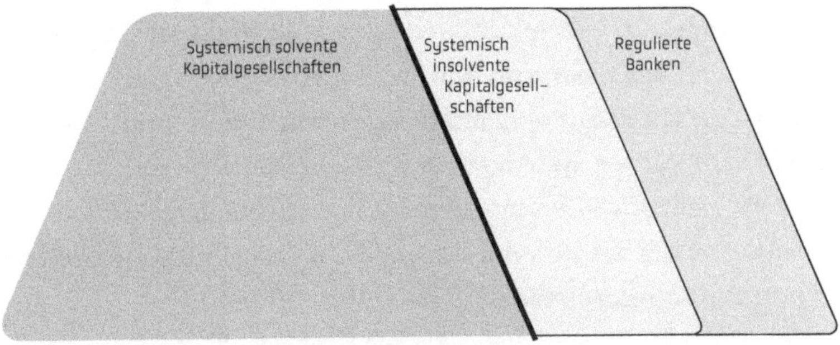

Abbildung 5.5 Wie die systemische Solvenz die heutige Finanzarchitektur unterteilt

Das Konzept der systemischen Solvenz zieht eine klare Grenze zwischen systemisch solventen und insolventen Kapitalgesellschaften.

In einem zweiten Schritt wird die systemische Solvenz für alle Kapitalgesellschaften mit Ausnahme der regulierten Banken vorgeschrieben. Dafür sollte eine großzügige Übergangsfrist für bereits bestehende Kapitalgesellschaften eingeräumt werden. Falls diese nämlich noch nicht systemisch solvent sind, brauchen sie Zeit, um ihre Bilanzstrukturen anzupassen. In diesem Fall kann grob zwischen zwei Arten von Kapitalgesellschaften unterschieden werden.

Unter die erste Art fallen systemisch insolvente Kapitalgesellschaften, die in der Realwirtschaft tätig sind. Diese werden die systemische Solvenz wahrscheinlich mit geringfügigen Veränderungen bei ihrer Finanzierung erreichen. Die daraus resultierende gesamtwirtschaftliche Schuldenreduktion wird keinen Schaden anrichten, sondern dürfte sogar positive Auswirkungen haben.[9]

Unter die zweite Art fallen systemisch insolvente Kapitalgesellschaften, die hauptsächlich im Finanzwesen tätig sind. Sie sind stark verschuldet und finanzieren so große Mengen an finanziellen Vermögenswerten.

Obwohl sie nicht als Banken reguliert werden, tragen viele von ihnen wesentlich zur Entstehung von systemischen Risiken bei – viele von diesen Kapitalgesellschaften können als Teil des Schattenbankensektors bezeichnet werden.

Der Umgang mit dieser zweiten Art von Kapitalgesellschaften erfordert einen anderen Ansatz. Müssten sie in der gesetzten Übergangsfrist alle gleichzeitig ihre Bilanzen restrukturieren, könnten sich die darauf verborgenen systemischen Risiken materialisieren. Die Folge wäre ein Kollaps von Vermögenspreisen und eine mögliche schwere Finanzkrise. Um das zu verhindern, braucht es den dritten und letzten Schritt der Transformation.

Im dritten Schritt wird dieser Art von Kapitalgesellschaften gestattet, über die Übergangsfrist hinaus systemisch insolvent zu bleiben. Allerdings müssen sie dafür eine Lizenz beantragen. Da von diesen Kapitalgesellschaften erhebliche Systemrisiken ausgehen, müssen sie der gleichen aufsichtsrechtlichen Kontrolle unterworfen werden wie die Banken.

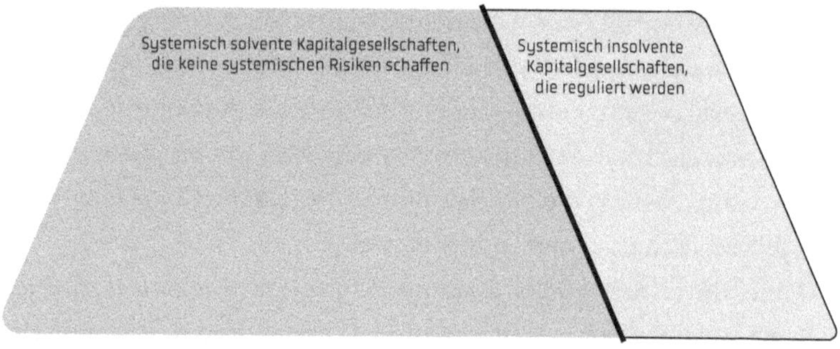

Abbildung 5.6 Mit einer systemischen Solvenzregel wird das Abgrenzungsproblem der Bankenregulierung gelöst

Nach Ablauf der Frist sind alle Gesellschaften entweder systemisch solvent oder unterliegen einer Regulierung.

Das führt dazu, dass am Ende der Übergangsfrist eine zweiteilige Finanzarchitektur resultiert. Auf der einen Seite sind alle Gesellschaften systemisch solvent und schaffen keine systemischen Risiken. Auf der anderen Seite wird jede systemisch insolvente Gesellschaft, die eine Lizenz von den Aufsichtsbehörden erhält, einer spezifischen Regulierung unterstellt und erhält gleichzeitig explizit Zugang zum öffentlichen Sicherheitsnetz. Abbildung 5.6 veranschaulicht dies.

Diese Einteilung hat nichts damit zu tun, wie eine Kapitalgesellschaft sich nach außen bezeichnet. Wenn eine Kapitalgesellschaft systemisch insolvent ist, unterliegt sie der Regulierung des systemischen Risikos, unabhängig davon, ob es sich um eine Versicherungsgesellschaft, eine Investmentbank, eine Zweckgesellschaft oder einen Energiehändler handelt.

Die systemische Solvenzregel löst das Abgrenzungsproblem der Bankenregulierung. Damit wird der alte Regulierungsansatz von Zuckerbrot und Peitsche wieder an Effektivität gewinnen. Das explizite öffentliche Sicherheitsnetz wird einerseits das Ausbrechen systemischer Risiken verhindern. Andererseits werden die Vorschriften, welche das moralische Risiko eindämmen sollen, das wegen des öffentlichen Sicherheitsnetzes entsteht, nicht mehr umgangen werden können. Die wichtigste Ausweichstrategie, Risiken in unregulierte Zweckgesellschaften auszulagern, wird nicht mehr zur Verfügung stehen.

Einführung einer FinTech-Lizenz

Die Stabilisierung des Status quo ist nur der Anfang. Um einen Wandel zu einer besseren Finanzarchitektur zu ermöglichen, müssen jene Finanzinstitute sich behaupten können, die keine systemischen Risiken schaffen. Zu diesem Zweck sollte eine neue FinTech-Lizenz eingeführt werden.

Wie würde sich eine FinTech-Lizenz von einer Banklizenz unterscheiden? Vorderhand darf im Gegensatz zu einem Bankinstitut ein FinTech-Institut keine systemischen Risiken schaffen. Es muss jederzeit systemisch solvent sein. Es wird deshalb auch keinen Zugang zum öffentlichen Sicherheitsnetz benötigen. Folglich sind zugelassene FinTech-Institute auch von jeglichen Regulierungen systemischer Risiken ausgenommen – ohne Zuckerbrot braucht es auch keine Peitsche.

Alles andere wird gleich behandelt wie bei den Banken. Demnach gelten etwa alle Finanzvorschriften, die nicht auf systemische Risiken abzielen, wie etwa Maßnahmen gegen Geldwäsche oder Betrug, auch für FinTech-Institute. Darüber hinaus erhalten die FinTech-Institute Zugang zu den Clearingdiensten der Zentralbank. Sie sollten die Möglichkeit haben, Gelder direkt bei den Zentralbanken zu halten und Zahlungen über diese abzuwickeln.[10]

Schließlich dürfen lizenzierte FinTech-Institute das gleiche Spektrum an Finanzdienstleistungen anbieten wie Banken. Um welche Finanzdienstleistungen handelt es sich? Im Grunde genommen alles, was das Bankwesen heute bietet. Schauen wir uns dafür kurz die drei lehrbuchmäßigen Funktionen von Banken genauer an.

Erstens beurteilen Banken die Kreditwürdigkeit potenzieller Kreditnehmer (*Informationsasymmetrien*). Zweitens aggregieren Banken die vergleichsweise geringen Ersparnisse der einzelnen Haushalte zu großen Krediten für potenzielle Hausbesitzer oder Unternehmer (*Bündelung und Risikodiversifikation*). Drittens werden zwar diese Kredite langfristig vergeben, weil die Kreditnehmer eine stabile Finanzierung benötigen, aber gleichzeitig ermöglichen die Banken den Haushalten, bei Bedarf sofort auf ihre Ersparnisse zuzugreifen (*Liquiditätsbereitstellung/Fristentransformation*).[11]

Einst war das kapitalistische Bankwesen für die Erfüllung einiger dieser Funktionen nützlich. Dank IT können diese Funktionen heute aber auch alternativ gewährleistet werden.

Die erste Funktion, die Bewältigung von *Informationsasymmetrien*, war für das Bankwesen noch nie einzigartig. Viele Finanzdienstleister zählen seit Langem die Identifizierung und Überwachung von Risiken zu ihrem Kerngeschäft, so Beispiel Versicherungsgesellschaften, Ratingagenturen oder Investmentfonds. Darüber hinaus sind in den letzten Jahren neue Modelle zur Überwindung von Informationsasymmetrien zwischen Kreditnehmern und Kreditgebern entstanden, wie etwa Peer-to-Peer-Kreditplattformen. Bei all diesen Modellen werden keine systemischen Risiken geschaffen, sondern Kredite werden entweder durch Eigenkapital finanziert oder direkt bei Investoren platziert.[12]

Auch die zweite Funktion, die *Bündelung und Risikodiversifikation*, ist seit jeher nicht nur im Bankwesen zu finden. Investmentfonds oder Unternehmensanleihen werden schon seit Langem zur Bündelung von Finanzmitteln und zur Diversifizierung eingesetzt.[13] Die Digitalisierung hat diese Möglichkeiten erweitert. Peer-to-Peer-Kredite oder Crowdfunding-Plattformen bieten Anlegern weitere Möglichkeiten zur Diversifizierung. Umgekehrt können Kreditnehmer diese Plattformen nutzen, um kleinere Beiträge von vielen Anlegern für große Investitionen zu bündeln. Neue Aggregatoren verringern zudem den Aufwand für Haushalte und Unternehmen im Umgang mit diesen verschiedenen neuen Dienstleistern.

Schließlich hat die Digitalisierung auch Alternativen für die dritte Funktion geschaffen, bei der früher Banken eine wichtige Rolle spielten: die *Liquiditätsbereitstellung*. Wie wir in Teil I gesehen haben, wandeln Banken langfristige und illiquide Kredite in kurzfristige, liquide Kundeneinlagen um. Die Bereitstellung dieser vertraglichen Liquidität ist die Kernfunktion des Bankwesens; sie ist auch die Essenz des faustischen Paktes, das heißt der Schöpfung von Geld aus Kredit zum Preis systemischer Risiken.

Die Banken nutzen dabei ihre Bilanzen, um Liquidität bereitzustellen; sie fungieren also als Market-Maker für Kredit und Geld. Im digitalen Zeitalter können jedoch echte Märkte diese Liquidität bereitstellen. Die Transaktionskosten auf Finanzmärkten sind in den letzten Jahrzehnten drastisch gesunken. Elektronische Marktplätze bieten Liquidität auf eine bequeme, schnelle und günstige Art. Sie ermöglichen es, Vermögenswerte effizient zu verkaufen, wenn Liquiditätsbedarf besteht. Auf die weitreichenden makroökonomischen Auswirkungen einer Umstellung von vertraglicher Liquidität zu Marktliquidität gehen wir im nächsten Kapitel im Detail ein.[14]

Alle Funktionen, die Banken wahrnehmen, können also auch von FinTech-Instituten erfüllt werden. Durch die Einführung einer FinTech-Lizenz wird die Finanzarchitektur um eine dritte Kategorie erweitert. FinTech-Institute bieten die gleichen Finanzdienstleistungen an wie regulierte Banken, sind aber systemisch solvent. Abbildung 5.7 veranschaulicht dies.

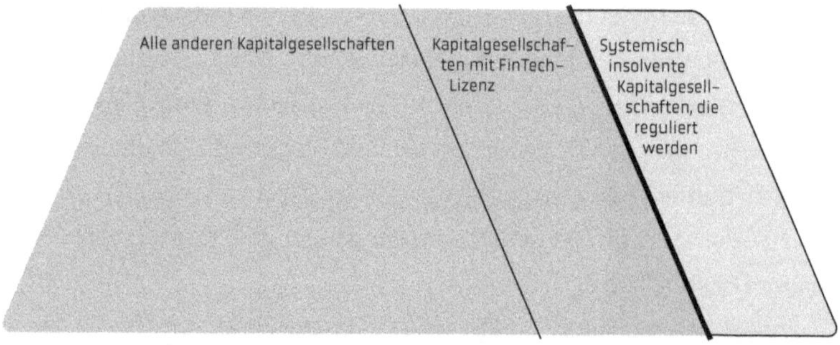

Abbildung 5.7 Die Finanzarchitektur mit systemischer Solvenz und einer FinTech-Lizenz

Durch die Einführung einer FinTech-Lizenz wird ein neuer Finanzsektor entstehen, der keine systemischen Risiken schafft.

Die Nutzung von Finanzdienstleistungen, die von FinTech-Instituten angeboten werden, wird so einfach und bequem sein wie die Nutzung von Finanzdienstleistungen regulierter Banken. Obwohl die „Verdrahtung" im Backend anders ist, wird die „Schnittstelle" des Frontends kaum davon betroffen sein. Um das zu veranschaulichen, greifen wir das stilisierte Beispiel des Bankwesens aus Kapitel 1 ein letztes Mal auf.

Ist das Leben nicht schön?

Julia ist noch immer als Händlerin von Gewürzen und Kaffeebohnen tätig. In der Vergangenheit war Alex ihr Bankier. Er bot Zahlungs- und Kreditdienste an, damit sie ihr Geschäft ausbauen konnte. Nach der Einführung einer systemischen Solvenzregel beschließt Alex, sein Geschäftsmodell zu überarbeiten und ein lizenziertes FinTech-Institut zu betreiben.

Anstelle eines Einlagenkontos bietet er ein Depot an, ähnlich wie es viele Finanzinstitute bereits heute für ihre Kunden tun, um deren Wertpapiere zu verwalten. Der zentrale Unterschied zwischen einem Depot und einem Einlagenkonto besteht darin, dass ein Depot keine Verbindlichkeit auf der Bilanz von Alex' Gesellschaft darstellt. Damit kehrt er in gewisser Hinsicht zu der traditionellen Art der Buchführung zurück, bevor er seine Bilanz einführte (siehe Kapitel 1).

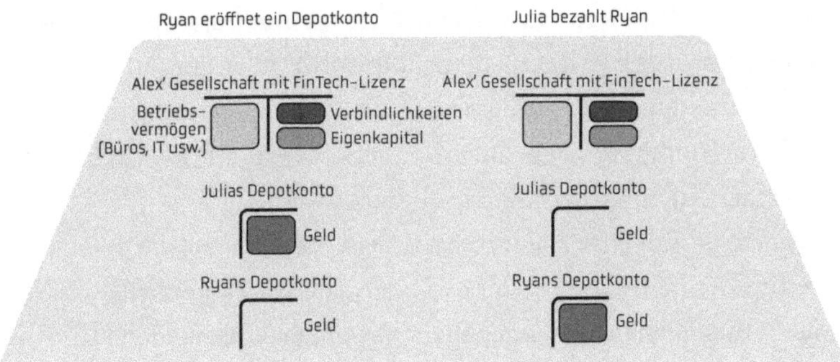

Abbildung 5.8 Zahlungsdienste ohne Bankwesen

Alex bietet Julia und Ryan Depotkonten und Zahlungsdienste an. Die Depotkonten sind von Alex' Bilanz getrennt.

Bei den Zahlungsdienstleistungen betrifft diese Umstellung auf Depotkonten nur das Backend. Als Endkundin wird Julia keinerlei Unterschied bemerken. Angenommen, sie kauft weiterhin Kaffeebohnen von Ryan, und Ryan eröffnet ein Depot bei Alex. Julia kann über ihr Smartphone eine Überweisung veranlassen, um Ryan zu bezahlen, so wie sie es getan hat, als Alex noch Bankier war. Für solche Zahlungsdienstleistungen war das Bankwesen nie notwendig. Das Einzige, was benötigt wird, sind Geschäftsbücher, in denen Transaktionen festgehalten werden können. Abbildung 5.8 veranschaulicht die entsprechenden buchhalterischen Veränderungen bei Zahlungen mit Depotkonten.

Werfen wir nun einen Blick auf die Kreditvergabe. Julia braucht schließlich Alex nicht nur wegen seiner Zahlungsdienste, sondern auch um ihre Geschäfte zu finanzieren. Erinnern Sie sich, dass Alex in Kapitel 1 zunächst sein eigenes Vermögen einsetzte, um Kreditdienstleistungen anzubieten. Dies wäre immer noch möglich, da eine solche Kreditvergabe nicht gegen die systemische Solvenzregel verstößt. Genau wie im ursprünglichen Beispiel könnte das jedoch schnell die Kreditvergabekapazität von Alex übersteigen.

Als Bankier erweiterte Alex seine Bilanz, um das Darlehen trotzdem zu gewähren. Er schöpfte Geld aus Kredit und setzte sich damit dem Risiko eines Bank Runs aus. Als FinTech-Institut unter einer systemischen Solvenzregel ist das nicht mehr möglich. Allerdings ist wiederum kein Bankwesen notwendig, um Julias Geschäfte zu finanzieren. Anstatt Geld und Kredit auf seiner Bilanz zu schöpfen, greift Alex auf den Finanzmarkt zu, um das Darlehen zu finanzieren.

Zunächst holt Alex alle Informationen von Julia ein, die potenzielle Kreditgeber benötigen. In der analogen Zeit waren persönliches Vertrauen und langjährige Geschäftsbeziehungen entscheidend für Kreditentscheidungen. Im 21. Jahrhundert nutzen Finanzinstitute hingegen quantitative Credit-Scoring-Modelle, um das Kreditrisiko potenzieller Kreditnehmer zu bestimmen. Anstatt die so erhobenen Informationen jedoch in ein internes System einzugeben, übermittelt Alex diese anonymisiert an mehrere Investmentfonds und Peer-to-Peer-Kreditplattformen.[15]

Diese Plattformen bewerten Julias Kreditwürdigkeit und den Wert etwaiger Kreditsicherheiten. Auf der Grundlage dieser Informationen berechnen und unterbreiten sie ein Angebot für ein Darlehen. Alex präsentiert Julia die besten Angebote im persönlichen Gespräch. Sie besprechen die Optionen und entscheiden sich für eine der Varianten.

Nehmen wir an, dass in diesem Fall eine Peer-to-Peer-Kreditplattform das beste Angebot gemacht hat. Julia nimmt dieses an, indem sie auf das entsprechende Icon auf dem Bildschirm tippt. Abbildung 5.9 veranschaulicht diese Situation, einschließlich der Bilanz von Julia (von der angenommen wird, dass sie einige reale Vermögenswerte und bisher keine Schulden hat).

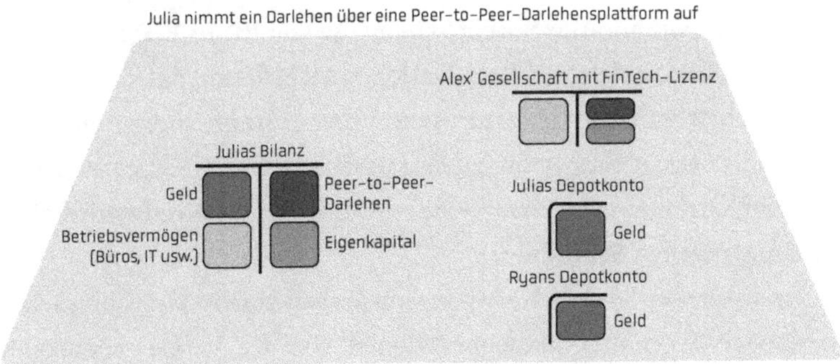

Abbildung 5.9 Kreditvergabe ohne Bankwesen

Alex vermittelt Julia ein Darlehen. Eine Peer-to-Peer-Kreditplattform setzt das Darlehen auf und überweist das aufgenommene Geld auf Julias Depotkonto bei Alex.

Dank der Digitalisierung hat sich das Frontend bei der Kreditvergabe nicht verändert; Julia interagiert noch immer mit der gleichen Schnittstelle: Sie füllt weiterhin mit Alex einen Kreditantrag aus und erhält ein Angebot. Die Verkabelung im Backend ist hingegen anders. Alex hat das Darlehen nicht durch eine Ausweitung seiner Bilanz gewährt, sondern auf den Service einer Peer-to-Peer-Kreditplattform zurückgegriffen. Wer genau aber hat das Darlehen schließlich gewährt?

Um diese Frage zu beantworten, wenden wir uns Ryan zu. Ryan ist nicht wirklich an finanziellen Angelegenheiten interessiert und möchte, dass Alex sich darum kümmert. Einmal im Jahr setzen sich Alex und

Ryan zusammen, um Ryans finanzielle Situation und Bedürfnisse zu besprechen. Es stellt sich heraus, dass Ryan derzeit keine Schulden hat und mehr einnimmt, als er ausgibt. Daher empfiehlt Alex Ryan, einen Teil seines Geldes zu investieren, um bessere Renditen zu erzielen.

Früher hätte Alex die Ersparnisse von Ryan eventuell auf ein Einlagenkonto sowie eine Festgeldanlage mit einem höheren Zinssatz aufgeteilt. Jetzt lässt Alex einen Teil von Ryans Geld auf seinem Depotkonto und investiert den anderen Teil in verschiedene Finanzanlagen wie Peer-to-Peer-Kredite, Investmentfonds, Unternehmensanleihen und Aktien.

Nehmen wir an, Alex möchte einen Teil von Ryans Ersparnissen in ein Portfolio von Peer-to-Peer-Darlehen investieren, das von Nathan ausgegeben wurde. Alex fragt sich, ob er Nathan vertrauen kann. Schließlich erhält Nathan für jeden abgeschlossenen Kredit eine Gebühr und achtet daher möglicherweise zu wenig auf die Kreditwürdigkeit von potenziellen Schuldnern.

Im Laufe der Jahre hat Nathan sich jedoch eine Reputation für zuverlässige Geschäftspraktiken erarbeitet. Auf den Vergleichsportalen für Peer-to-Peer-Kreditplattformen wird er durchwegs hoch bewertet. Seine Plattform ist daher auch bei kreditwürdigen Personen und Unternehmen sehr beliebt. Denn Nathans guter Ruf schlägt sich in niedrigeren Finanzierungskosten für die Kreditnehmer nieder, auch wenn Nathan für seine vertieften Kreditprüfungen vergleichsweise hohe Gebühren verlangt.

Nathan hat also einen wertvollen Ruf zu verlieren. Es liegt deshalb in seinem Interesse, bei der Prüfung von Kreditanträgen exakt vorzugehen. Er wird auf lange Sicht mehr Geld verdienen, wenn er die hohen Standards aufrechterhält und seinen Ruf wahrt, als wenn er seine Standards senkt und kurzfristig mehr Geschäft generiert.[16]

Nathans Reputation überzeugt Alex, einen Teil von Ryans Ersparnissen in ein von Nathan zusammengestelltes Portfolio an Peer-to-Peer-Darlehen zu investieren. Für dieses stilisierte Beispiel nehmen wir an, dass Julia ihr Darlehen via Nathans Plattform erhalten hat und dieses im Portfolio enthalten ist, in das Ryans Ersparnisse nun teilweise investiert werden. Ryan finanziert also einen (winzigen) Teil von Julias Kredit. Abbildung 5.10 veranschaulicht diese Idee, einschließlich der Bilanz von Ryan (von dem wir wiederum annehmen, dass er keine Schulden hat). Beachten Sie, wie die Depotkonten das Finanzvermögen und die Geldbestände auf der Aktivseite von Julias und Ryans Bilanzen spiegeln.

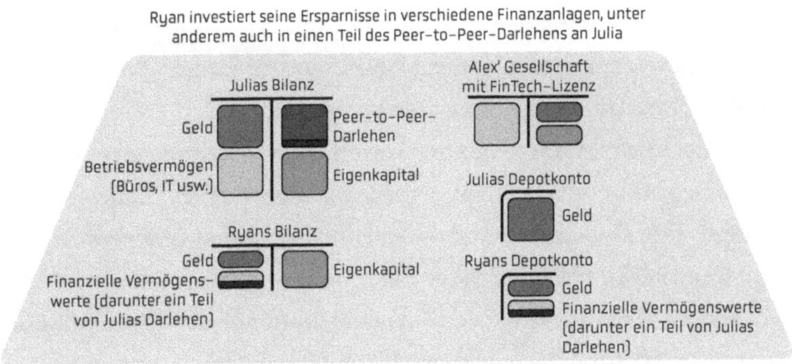

Abbildung 5.10 Geldanlage und Finanzberatung ohne Bankwesen

Alex hilft Ryan bei der Vermögensverwaltung. Ein kleiner Teil davon wird in Julias Peer-to-Peer-Darlehen investiert, das von Nathan vergeben wurde. In diesem Beispiel ist kein Finanzintermediär (weder Alex noch Nathan) eine Gegenpartei bei der Kreditvergabe. Die Kredite werden von Finanzdienstleistern vermittelt, aber dezentral finanziert.

Um Ryans Liquidität und Investitionen automatisiert zu verwalten, hat Alex einen Handelsalgorithmus programmiert. Sobald Ryan Geld erhält, durchforsten diese Handelsalgorithmen die Finanzmärkte nach geeigneten Kaufgelegenheiten, die zu Ryans finanziellen Präferenzen passen.

Diese Handelsalgorithmen berücksichtigen auch Ryans Ausgabeverhalten. Entsprechend optimieren sie seinen Liquiditätsbestand, indem sie die Transaktionskosten, die beim Kauf und Verkauf von Finanzanlagen für Zahlungen anfallen, gegen die entgangene Rendite auf Bargeldpositionen abwägen. Auf Ryans Depotkonto befindet sich so immer genügend Geld, um Ausgaben für alltägliche Einkäufe zu decken. Manchmal hat Ryan jedoch größere Ausgaben zu tätigen, für Dinge wie Urlaub oder neue Möbel. Was passiert in diesem Fall?

Wenn der Geldbestand auf dem Depotkonto für einen Kauf in einem Laden nicht ausreicht, verkaufen die Handelsalgorithmen automatisch Finanzanlagen, um die erforderlichen Mittel aufzubringen. Das Geld aus dem Verkauf von Finanzanlagen wird dann auf Ryans Depotkonto überwiesen und der entsprechende Betrag auf das Depotkonto des Ladenbesitzers transferiert. All diese Schritte erfolgen in wenigen Sekunden. Ryan bemerkt keinen Unterschied zu früher, als er ebenfalls mit dem Smartphone an der Kasse bezahlt hat.

In einer Welt mit systemischer Solvenz werden Millionen von Menschen Depotkonten wie Ryan haben. Sie alle werden Finanzanlagen ebenfalls mit ähnlichen Handelsalgorithmen kaufen und verkaufen – etwa wenn sie ihr Gehalt erhalten oder wenn sie größere Anschaffungen tätigen. Darüber hinaus werden Finanzinstitutionen auf diesen Märkten aktiv werden, um Arbitragemöglichkeiten zu nutzen. Sie suchen nach Finanzinstrumenten mit hohen Spannen zwischen Kauf- und Verkaufspreisen, und erzielen so Market-Maker-Gewinne. Infolgedessen wird sich eine hohe Marktliquidität entwickeln, und die Transaktionskosten werden entsprechend niedrig sein.

Schließlich stellt Alex fest, dass seine Kunden nicht nur an finanziellen Risiken und Renditen interessiert sind, sondern auch an den nicht finanziellen Auswirkungen ihrer Investitionen. Deshalb entwickelt er in seiner App eine Funktion, mit der Kunden wie Ryan genau sehen können, in welche Arten von Finanzanlagen sie investiert sind oder wie die geografische oder branchenspezifische Verteilung ihres Portfolios aussieht.

Angesichts dieser Funktionalität fragt Ryan Alex, ob die Handelsalgorithmen so angepasst werden können, dass diese gemäß seinen nicht finanziellen Präferenzen investieren. Für Alex ist der Kunde selbstverständlich König. Er entwickelt deshalb eine Funktion in der App, mit der seine Kunden ihre Investitionsentscheidungen an ihren nicht finanziellen Präferenzen ausrichten können. Ryan interessiert sich besonders für den Tierschutz. Er stellt daher die Algorithmen so ein, dass sein Vermögen vorzugsweise in Unternehmen investiert wird, die zertifizierte Standards im Umgang mit Tieren erfüllen

Zusammenfassend lässt sich sagen, dass Ryans Beziehung zu Alex ähnlich ist wie in den alten Tagen. Ryan kann seinen Zahlungsverkehr ebenso bequem wie früher abwickeln. Seine Ersparnisse bringen abzüglich der Gebühren, die Alex für seine Dienste berechnet, eine positive Rendite. Ryan geht nur geringe und gut diversifizierte Risiken ein und bleibt liquide, damit er große und unerwartete Ausgaben ohne hohe Transaktionskosten bewältigen kann.

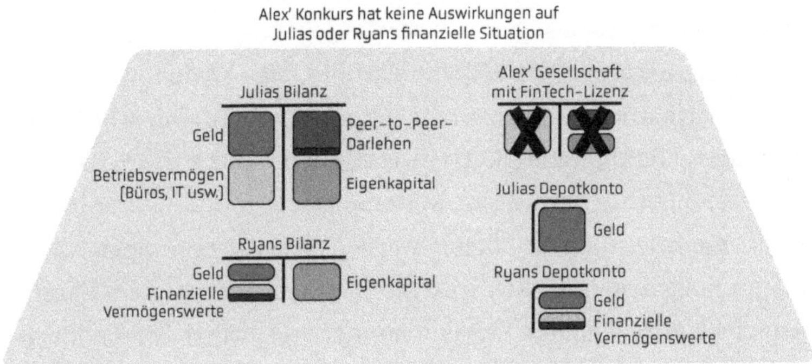

Abbildung 5.11 Depotkonten sind vor dem Konkurs von Finanzdienstleistern geschützt

Julias und Ryans Depotkonten sind insolvenzgeschützt. Wenn Alex in Konkurs geht, haben seine Gläubiger keinen Zugriff auf das Vermögen seiner Kunden. Der Konkurs von Alex wirkt sich daher nicht auf die Bilanzen von Julia und Ryan aus. Alex hat sogar Vorkehrungen getroffen, damit seine Kunden im Falle seiner Insolvenz sofort auf ihre Depots zugreifen können.

Einiges ist sogar wesentlich besser als früher. Ryan leitet seine Ersparnisse nun gezielt in jene Bereiche der Realwirtschaft, die seinen nicht finanziellen Investitionspräferenzen entsprechen. Und sowohl Ryan als auch Julia müssen sich keine Sorgen mehr über systemische Risiken machen. Erinnern Sie sich an Kapitel 1, als Ryan einen Teil seines eingezahlten Geldes durch einen Bank Run verlor. Jetzt verwahrt Alex das Geld und die finanziellen Vermögenswerte von Ryan außerhalb seiner Bilanz. Alex hat sogar Vorkehrungen getroffen, dass Ryan sofort auf sein Depot zugreifen kann, falls Alex nicht in der Lage sein sollte, den Betrieb fortzuführen.[17] Abbildung 5.11 veranschaulicht diese Idee.

Natürlich ist all das nur ein vereinfachtes Beispiel, um sich einen systemisch solventen Finanzsektor konkret vorstellen zu können. Welche Finanztechnologien nach der Einführung einer FinTech-Lizenz tatsächlich zum Einsatz kommen werden, ist völlig offen. So könnten Finanzinstitute etwa für die Depotführung statt auf eine zentrale Buchführung auf Blockchain-Anwendungen zurückgreifen. Außerdem bevorzugen Finanzberater und Verbraucher möglicherweise andere Investitionsansätze als Peer-to-Peer-Darlehen.

Am Ende werden Marktkräfte darüber entscheiden, wie sich ein systemisch solventer Finanzsektor ausgestalten wird. Der Wettbewerb und der technologische Fortschritt werden dafür sorgen, dass sich FinTech-Institute permanent weiterentwickeln und immer bessere Finanzdienstleistungen anbieten werden. Wie dieser neue Finanzsektor im Einzelnen aussehen wird, können wir nur erahnen. Eines ist jedoch klar: Im digitalen Zeitalter können alle finanziellen Bedürfnisse bedient werden, ohne auf das kapitalistische Bankwesen mit den damit verbundenen systemischen Risiken zurückgreifen zu müssen.

6 EIN PLÄDOYER FÜR EINE MARKTBASIERTE FINANZARCHITEKTUR

Nach der Einführung einer systemischen Solvenzregel und einer FinTech-Lizenz wird der Finanzsektor zweigeteilt sein. Im systemisch solventen Teil werden keine systemischen Risiken mehr geschaffen. Das Problem systemischer Risiken ist auf den systemisch insolventen Teil beschränkt, der staatlich abgesichert und reguliert ist. Das wirft eine wichtige Frage auf: Wie soll die Regulierung systemischer Risiken in dieser neuen Situation gestaltet werden?

Die Antwort auf diese Frage ist wichtig. Wenn systemische Risiken nicht besser gehandhabt werden als heute, wird ein endogener Boom-Bust-Zyklus weiterhin zu Finanzkrisen führen. Zudem wäre der Wettbewerb im Finanzsektor verzerrt. Der Grund dafür: Ein öffentliches Sicherheitsnetz, das regulatorisch nicht optimal begleitet wird, kommt einer Subventionierung des systemisch insolventen Finanzsektors gleich.

Ein Spiel mit gezinkten Karten

Wie wir in Kapitel 4 gesehen haben, hat sich die Digitalisierung im Finanzsektor anders ausgewirkt als in anderen Branchen. Der Grund dafür liegt in der Schaffung systemischer Risiken mit den damit verbundenen (impliziten) staatlichen Garantien. Vor allem große Bankgesellschaften konnten sich auf die kontinuierliche Unterstützung durch Regierungen und Zentralbanken verlassen. Öffentliche Sicherheitsnetze haben ihren Namen nicht umsonst: Die Sicherheit, die sie den etablierten Bankgesellschaften bieten, wird mit öffentlichen Geldern bezahlt.

Der Vermögenstransfer durch diese öffentlichen Sicherheitsnetze ist erheblich. Schauen wir uns zum Beispiel die Kosten der letzten Bankenrettungen in Europa an. Die EZB hat den Umfang der nach der Finanzkrise von 2008 ergriffenen finanziellen Unterstützungsmaßnahmen geschätzt. Sie berechnete die Kosten auf 5,1 Prozent des BIPs der Eurozone, was im Jahr 2022 etwa 680 Milliarden Euro ausmachen würde; für einige Länder wie etwa Irland lagen die relativen Kosten weit höher.[1]

Diese Kosten sind derweil nur ein Teil der Geschichte. Da Investoren und Einleger in guten Zeiten mit Rettungsaktionen rechnen, verlangen sie bei der Kreditvergabe an Bankgesellschaften niedrigere Zinsen. Daher kommen Bankgesellschaften in den Genuss niedrigerer Finanzierungskosten als andere Unternehmen in der Wirtschaft – sie werden mit dem öffentlichen Sicherheitsnetz de facto subventioniert. Wie verschiedene Forscher berechnet haben, spielt diese „Too big to fail"-Subvention gerade für große Banken eine große Rolle.[2]

Eine solche Subventionierung ist darauf zurückzuführen, dass der derzeitige Regulierungsrahmen das Eingehen systemischer Risiken nicht unter Kontrolle hält. Das ist nicht nur kostspielig für die öffentliche Hand, sondern schadet auch dem Wettbewerb. Diese Probleme werden mit einer systemischen Solvenzregel und der im vorhergehenden Kapitel vorgeschlagenen Zweiteilung des Finanzsektors noch nicht verschwinden. Wenn der Staat aber weiterhin systemisch insolvente Kapitalgesellschaften subventioniert, werden es neue Institute mit FinTech-Lizenz schwer haben – beim Spiel mit gezinkten Karten hilft auch Können nicht weiter.

Um einen echten Wettbewerb im Finanzsektor zu ermöglichen, muss die Vorzugsbehandlung von Bankgesellschaften beendet werden. Diese Forderung ist nicht neu. Nach der Finanzkrise von 2008 haben sich Politiker aller Couleur für dieses Ziel eingesetzt. Und auch Zentralbanken und Aufsichtsbehörden forderten strengere Vorschriften, um die Kosten der öffentlichen Sicherheitsnetze zu internalisieren. Diese Vorschläge wurden am Ende jedoch verwässert. Zentral dabei war das Argument, dass strengere Regeln systemische Risiken in den Schattenbankensektor drängen würden.[3]

Dieses Argument gilt nicht mehr, denn mit einer systemischen Solvenzregel wird das Abgrenzungsproblem der Bankenregulierung gelöst. Wie wir im vorhergehenden Kapitel gezeigt haben, ist eine Verschiebung der systemischen Risiken in einen Schattenbankensektor nicht mehr möglich. Damit kann die Politik endlich ihr Versprechen einlösen: keine öffentliche Subventionierung von privaten Banken.

Gleich lange Spieße für gleich riskante Geschäfte

Nach der Einführung einer systemischen Solvenzregel und einer FinTech-Lizenz sollten die Aufsichtsbehörden und Zentralbanken den regulatorischen Rahmen in dreierlei Hinsicht stärken.

Erstens sollten die bestehenden Solvenz- und Liquiditätsanforderungen angepasst werden, um die Wahrscheinlichkeit zu verringern, dass Bankgesellschaften im Krisenfall öffentliche Gelder benötigen. Der zentrale Baustein eines stärkeren Regulierungsrahmens sind höhere Eigenkapitalquoten, das heißt strengere Kapitalanforderungen für alle systemisch insolventen Kapitalgesellschaften. Viele politische Entscheidungsträger, Aufsichtsbehörden und Wissenschaftler argumentieren bereits heute in diese Richtung.[4]

Zweitens: Eine solche Anpassung des Regulierungsrahmens wird die Wahrscheinlichkeit von Rettungsaktionen verringern, aber diese können weiterhin nicht ausgeschlossen werden. Es wird also weiterhin ein öffentliches Sicherheitsnetz brauchen, und dieses wird von Zeit zu Zeit zu Kosten für die Gesellschaft führen. Zudem ist auch die Aufrechterhaltung eines umfassenden Regulierungsrahmens für systemisch insolvente Kapitalgesellschaften kostspielig. Für all diese Kosten, die der Gesellschaft wegen systemischer Risiken entstehen, sollten die Verursacher entsprechend aufkommen.[5]

Drittens sollten die Aufsichtsbehörden an besseren Sanierungs- und Abwicklungsmechanismen für systemisch insolvente Kapitalgesellschaften arbeiten. Damit können die Kosten für Rettungsmaßnahmen weiter gesenkt werden. Solche Mechanismen zielen darauf ab, den Schaden zu begrenzen, der durch die Materialisierung systemischer Risiken entsteht. Scheiternde Institute sollten auf geordnete Weise saniert oder abgewickelt werden können, anstatt gerettet oder in andere Institute zwangsfusioniert zu werden.[6]

Eine systemische Solvenzregel löst das Abgrenzungsproblem der Bankregulierung. Damit wird es wesentlich einfacher, systemisch insolvente Kapitalgesellschaften zu regulieren. Das Schaffen systemischer Risiken muss entsprechend nicht mehr subventioniert werden. In der Folge wird sich der Wettbewerb im Finanzsektor intensivieren, was die Qualität der Finanzdienstleistungen verbessern und ihre Kosten senken wird.

Für die Gesellschaft ist das eine gute Nachricht, für einige der bestehenden Bankgesellschaften jedoch weniger. Das wirft schließlich eine wichtige Frage auf.

Ist das Bankwesen dann noch wettbewerbsfähig?

Wer im Wettbewerb um Finanzdienstleistungen bestehen wird, sollen am Ende die Kunden entscheiden. Sie werden jene Finanzinstitute wählen, die ihre finanziellen Bedürfnisse am besten bedienen. Banken können frei entscheiden, welches Geschäftsmodell sie künftig verfolgen möchten. Wenn Bankgesellschaften weiterhin in der Lage sind, das Bankgeschäft ohne öffentliche Subventionen profitabel zu betreiben und damit Einleger und Kreditnehmer anzuziehen, werden sie auch weiterhin Erfolg haben.

Einige Ökonomen sind davon fest überzeugt. Für sie bietet das Bankwesen einen einzigartigen wirtschaftlichen Mehrwert. Sie sind der Meinung, dass Banken Kreditbeziehungen unterhalten, die andere Finanzinstitute nicht aufbauen können, insbesondere zu kleinen und mittleren Unternehmen. Solche Kredite seien individualisiert und informationsintensiv, sie würden daher nicht ohne Weiteres auf den Märkten gehandelt. Das Bankwesen sei unerlässlich, um solche Kredite zu vergeben und gleichzeitig für Liquidität zu sorgen.[7]

Gerade im digitalen Zeitalter steht dieses Argument jedoch auf wackligen Füßen. Kredite an kleine und mittlere Unternehmen sowie an Haushalte werden heutzutage in der Regel auf der Grundlage quantitativer Credit-Scoring-Modelle und nicht auf der Grundlage persönlichen Vertrauens vergeben. Solche Kredite können auf den Finanzmärkten gehandelt werden und werden es auch, was das Argument der einzigartigen Liquiditätsbereitstellung durch Banken untergräbt.[8]

Es überrascht deshalb nicht, dass viele Ökonomen mittlerweile die Nützlichkeit des Bankwesens infrage stellen. Manche sind der Meinung, es sei im digitalen Zeitalter ein überholtes Geschäftsmodell. Bereits 2012 stellte etwa der Chefvolkswirt der Bank of England fest: „Der Mittelsmann des Bankwesens könnte mit der Zeit zu einem überflüssigen Glied in der Kette werden. Wo Musik und Medien vorangegangen sind, könnte das Finanzwesen folgen. Ein Informationsnetz, verknüpft durch eine gemeinsame Sprache, macht ein Modell des Finanzwesens ohne Intermediäre zu einer realistischeren Möglichkeit."[9]

Über das vergangene Jahrzehnt hat diese Meinung an Gewicht zugelegt. Christine Lagarde stellte beispielsweise 2017 fest, dass neue Finanzmodelle das alte Bankgeschäft ablösen.[10] Und 2019 hat der ehemalige Gouverneur der spanischen Zentralbank ein Buch mit dem vielsagenden Titel *Adiós a los Bancos* publiziert.[11]

Das Ende des Bankwesens, wie wir es heute kennen, ist tatsächlich wahrscheinlich, wenn Bankgesellschaften künftig für die Kosten der von ihnen geschaffenen systemischen Risiken aufkommen müssen und einem fairen Wettbewerb ausgesetzt werden. Ohne Anpassungen am Geschäftsmodell werden einige Bankgesellschaften Mühe bekunden, trotz Versiegen öffentlicher Subventionen weiterhin profitabel zu wirtschaften. Wie in anderen Branchen, die von technologischen Veränderungen transformiert wurden, werden einige etablierte Unternehmen nicht überleben. Dies gilt insbesondere für Europa, das auch schon als „gemütlichster Ort für Zombie-Banken" tituliert wurde.[12] Dieser Befund wirft eine weitere wichtige Frage auf.

Gibt es einen Grund, das Bankwesen speziell zu schützen?

Es dürfte nicht überraschen, dass so manche Vertreter von Bankgesellschaften diese Frage mit einem klaren Ja beantworten würden. Sie betrachten ihr Geschäft als unverzichtbar für den Wohlstand der gesamten Gesellschaft – oder um es mit den Worten eines ehemaligen Goldman-Sachs-CEOs zu sagen: Die Banken vollbringen „Gottes Werk".[13] Daher plädieren gewisse Ökonomen dafür, dass Bankgesellschaften jetzt und in Zukunft einen speziellen Schutz verdienen. Banken benötigen demnach weiterhin längere Spieße.[14]

Allerdings sind die unerwünschten Nebeneffekte – systemische Risiken, Boom-Bust-Zyklen, Finanzkrisen – derart offensichtlich, dass sie selbst von den meisten Befürwortern des Bankwesens nicht abgestritten werden.[15] Sie stimmen deshalb in der Regel darin überein, dass öffentliche Sicherheitsnetze mit gewissen Regulierungen wie Kapital- oder Liquiditätsanforderungen einhergehen müssen, um das Eingehen exzessiver Risiken einzudämmen.

Dessen ungeachtet argumentieren viele Vertreter der Bankgesellschaften vehement dagegen, durch zu strenge Anforderungen die Kosten systemischer Risiken vollständig zu internalisieren. Solche Einschränkungen würden die Fähigkeit des Bankwesens beeinträchtigen, Kredite zu vergeben und damit das Wirtschaftswachstum anzukurbeln. Aus dieser Sicht sind systemische Risiken, Boom-Bust-Zyklen und Rettungsaktionen mit öffentlichen Geldern der unvermeidliche Preis, den die Gesellschaft für den Wohlstand zahlen muss.[16]

Dieses Argument hat Tradition. Es hat die politische Debatte zur Bankenregulierung in den letzten 300 Jahren geprägt. Vertreter von Bankgesellschaften bezeichnen die Regulierung systemischer Risiken in der Regel als einen Eingriff in den Markt. Sie behaupten daher, es müsse zwischen Markt und Finanzstabilität abgewogen werden. Einerseits führe zu wenig Regulierung zu „entfesselten Märkten", was zu Instabilität und zu schweren Krisen führt. Andererseits würde zu viel Regulierung „die Marktdynamik ersticken", was das Wachstum abwürgt und Wohlstand vernichtet.

Falls dieses Argument richtig wäre, könnte es zwar weiterhin sinnvoll sein, eine systemische Solvenzregel einzuführen, um einen ausufernden Schattenbankensektor zu verhindern. Regulierte Bankgesellschaften sollten aber weiterhin bevorzugt behandelt werden. Die Regulierung sollte also nicht so streng sein, dass alle Kosten der systemischen Risiken internalisiert werden. Folglich würde – und sollte – eine öffentliche Subventionierung des Bankwesens weiterhin beibehalten werden. Der daraus resultierende Wettbewerbsvorteil gegenüber

Finanzinstituten, die keine systemischen Risiken schaffen, wäre somit eine gute Sache.

Dieses Argument klingt nicht nur falsch, es ist auch falsch. Es legt ein tief verwurzeltes, fehlgeleitetes Verständnis der heutigen Wirtschaftsordnung offen. Wie in der Einleitung erwähnt, geht es im Kapitalismus nicht um Märkte, sondern um Kapitalgesellschaften. Systemische Risiken waren nie ein Problem der Marktwirtschaft; nicht Märkte, sondern Kapitalgesellschaften schaffen systemische Risiken.

Von Kapitalgesellschaften und Märkten

Der Kapitalismus ist eine Wirtschaftsordnung, in der das meiste Kapital von Kapitalgesellschaften verwaltet wird. Viele Kapitalgesellschaften sind zwar in eine Marktwirtschaft eingebettet, aber die Unterscheidung zwischen Märkten und Kapitalgesellschaften bleibt wichtig.[17] Auf der einen Seite sind Märkte durch individuelle Eigentumsrechte und das Recht charakterisiert, diese frei zu tauschen. Auf der anderen Seite sind Kapitalgesellschaften durch eine Kollektivierung von Eigentumsrechten charakterisiert.

Während es Märkte und Eigentumsrechte schon seit Jahrtausenden gibt, hat sich die kapitalgesellschaftliche Rechtsform erst vor ein paar Jahrhunderten durchgesetzt. Wie wir in Kapitel 1 gezeigt haben, ist die kapitalgesellschaftliche Rechtsform selbst ein Markteingriff. Sie verändert die Struktur der Eigentumsrechte und schwächt deren personengebundenen Charakter – ein Merkmal, das Ökonomen von Adam Smith bis Joseph Schumpeter immer wieder kritisiert haben.

Im Großen und Ganzen hat sich die kapitalgesellschaftliche Rechtsform dennoch als nützliche Marktintervention erwiesen. Sie erlaubte es, Herausforderungen bei der Kapitalakkumulation zu überwinden und dadurch kapitalintensivere Produktionsmethoden zu ermöglichen. Sie hatte jedoch einen Makel: Eine Kapitalgesellschaft kann systemische

Risiken eingehen, und wenn sich diese materialisieren, wirkt sich das negativ auf unbeteiligte Dritte aus – das sind die finanziellen Kettenreaktionen, die wir in Kapitel 5 beschrieben haben.

Dieser Makel hat den Kapitalismus seit seinen Anfängen verfolgt. Wie wir in Kapitel 4 gezeigt haben, wurden die daraus resultierenden Probleme im Laufe der Zeit immer gravierender. Es müssen immer einschneidendere Maßnahmen ergriffen werden, um die ausufernden systemischen Risiken zu bewältigen. Das Zentralbankwesen wurde deshalb weiterentwickelt, die Regulierung massiv ausgebaut und das öffentliche Sicherheitsnetz nach jeder größeren Finanzkrise erweitert.

Das Ziel war dabei stets dasselbe: Die systemischen Risiken mussten unter Kontrolle gebracht werden, damit der Boom-Bust-Zyklus nicht außer Kontrolle gerät. Mit der Digitalisierung hat dieser Ansatz, die von Kapitalgesellschaften geschaffenen systemischen Risiken zu bändigen, jedoch sein Ende erreicht. Durch Finanzinnovationen wanderten die systemischen Risiken in jeden Winkel des Finanzsystems. Damit wurde die Verzerrung des ursprünglichen Markteingriffs allumfassend.

Unsere Vorschläge dürfen daher nicht als Eingriff in die Marktwirtschaft interpretiert werden. Die Einführung einer systemischen Solvenzregel ist vielmehr eine überfällige Reform der kapitalgesellschaftlichen Rechtsform. Es handelt sich demnach gerade nicht um einen Markteingriff, sondern um die Korrektur eines bestehenden und zunehmend problematischen Markteingriffs.

Wenn es um systemische Risiken geht, gibt es also keinen prinzipiellen Konflikt zwischen Markt und Finanzstabilität. Im Gegenteil, die systemische Solvenz bringt den Kapitalismus wieder in Einklang mit den Prinzipien der Marktwirtschaft. In der heutigen Wirtschaftsordnung haftet die Gesellschaft als Ganzes, wenn Kapitalgesellschaften systemische Risiken eingehen. Die systemische Solvenz beendet diese Verletzung der Eigentumsrechte unbeteiligter Dritter, lässt jedoch weiterhin die Kollektivierung der Eigentumsrechte von realwirtschaftlichen Vermögenswerten zu.

Wer die Regulierung systemischer Risiken als eine Einschränkung der Marktwirtschaft darstellt, lockt daher auf eine falsche Fährte. Die Frage, die sich uns eigentlich stellt, ist: Wollen wir den Kapitalismus einschränken, damit dieser wieder mit marktwirtschaftlichen Prinzipien im Einklang ist? Wenn das kapitalistische Bankwesen verschwindet, wird das in der Tat das Potenzial zur Transformation von Finanzkapital reduzieren. Insbesondere werden Kapitalgesellschaften nicht mehr Geld aus Kredit schöpfen können. Wird es also immer noch genug Geld und Kredit geben, um eine spezialisierte und kapitalintensive Wirtschaft zu betreiben?

Wenden wir uns zunächst dem Geld zu. Vor etwa 300 Jahren war das Geld rund um Edelmetalle organisiert. Das begrenzte Angebot an diesen Metallen hatte zur Folge, dass das Wachstum der Geldmenge nicht mit dem steigenden Angebot an Waren und Dienstleistungen Schritt halten konnte. Wann immer die Wirtschaft schneller wuchs als die Geldbasis, gerieten die Preise unter Druck und erstickten den Aufschwung. Durch diese Geldknappheit geriet die Gesellschaft immer wieder in eine Deflationsfalle (siehe Kapitel 2).

Es ist kein Wunder, dass die Menschen damals nach Kräften neue Möglichkeiten suchten, die Geldknappheit zu überwinden. Viele setzten ihre Hoffnung in die Alchemie. Eher unerwartet fanden am Ende Anwälte und Bankiers den Stein der Weisen: die Bank of England, die das Bankgeschäft mit der kapitalgesellschaftlichen Rechtsform vereinte. Von nun an konnte die Geldmenge in einem noch nie da gewesenen Umfang ausgeweitet werden. Das kapitalistische Bankwesen schuf zwar systemische Risiken, ermöglichte aber auch einen ökonomischeren Umgang mit den knappen Edelmetallen.

Im 21. Jahrhundert besteht dafür jedoch gar kein Bedarf mehr. Die Welt ist schon vor langer Zeit zu Fiatgeld übergegangen. Die Geldmenge kann seitdem Hand in Hand mit einer wachsenden Wirtschaft ausgeweitet werden, ohne dabei systemische Risiken zu schaffen. Im heutigen Fiatgeldsystem kann das Geldangebot losgelöst von knappen

Edelmetallen oder Rohstoffen organisiert werden; in Kapitel 7 werden wir verschiedene Möglichkeiten dazu diskutieren.

Die unsichtbare Hand schlägt zurück

Die Sicherstellung einer optimalen Geldversorgung ist also kein Grund, am kapitalistischen Bankwesen festzuhalten. Wie aber sieht es mit der Kreditversorgung aus? Hier sind andere Mechanismen am Werk. Wie in Kapitel 1 beschrieben, wird ein Kredit für die aufgeschobene Abgeltung einer Tauschtransaktion genutzt. Damit wird der Handel mit Gütern und Dienstleistungen über einen längeren Zeitraum erleichtert.

Ohne einen systemische Risiken schaffenden und mit öffentlichen Geldern subventionierten Bankensektor werden die Kreditbedingungen in der Wirtschaft vollständig von Marktkräften bestimmt. Kredit wird nicht mehr auf den Bilanzen von Kapitalgesellschaften geschaffen, sondern auf Märkten vermittelt. Schuldner und Gläubiger werden sich dezentral über einen zeitlichen Austausch von Geld zu einem bestimmten Zins einigen. Die Zinssätze werden sich so einstellen, dass Angebot und Nachfrage nach Kredit zu einem Gleichgewicht finden.[18]

Mit anderen Worten: Das Ende des kapitalistischen Bankwesens wird mit dem Beginn eines echten Kreditmarkts einhergehen. Es wird eine *marktbasierte Finanzarchitektur* entstehen. Kann aber ein derart organisiertes Finanzsystem genügend Kredite bereitstellen, um eine kapitalintensive Realwirtschaft zu unterstützen? Einige dürften dies verneinen. Sie würden argumentieren, dass sich das Kreditangebot verringern und entsprechend die Zinssätze steigen werden. In der Folge werde die Wirtschaft weniger Kredite aufnehmen, die Investitionen würden sinken und die Realwirtschaft schrumpfen.

Dieses Argument verdeutlicht einmal mehr das Spannungsverhältnis zwischen dem kapitalistischen Bankwesen und den Marktmechanismen. Es besagt implizit, dass auf einem echten Finanzmarkt das

Kreditangebot zu gering ausfalle. Deshalb brauche es ein kapitalistisches Bankwesen, das systemische Risiken schafft und dadurch das Kreditangebot erhöht. Indem der Staat genau das richtige Verhältnis zwischen öffentlichen Garantien und Regulierung findet, kann das Kreditangebot auf die optimale Höhe hochgetrieben werden.

Nur, warum sollte das der Fall sein? Die Wirtschaftsgeschichte sollte uns diesem Argument gegenüber misstrauisch machen. Der Ausbau des öffentlichen Sicherheitsnetzes im 20. Jahrhundert fiel mit einer dramatischen Ausweitung der Kreditvergabe der Banken zusammen. Noch im 19. Jahrhundert vergaben die Banken kaum langfristige Kredite – dennoch war dies eine Zeit der rasanten Entwicklung der Realwirtschaft.[19]

Auch aus theoretischer Sicht gibt es wenig Grund zu der Annahme, dass eine Aufblähung des Kreditangebots durch die Schaffung systemischer Risiken, kombiniert mit Staatsgarantien und Regulierungen, wohlfahrtssteigernd sein sollte. Im Gegenteil, starke ökonomische Argumente sprechen für eine marktbasierte Finanzarchitektur. Einige der einflussreichsten Modelle der Wirtschaftswissenschaften zeigen, dass eine solche dezentrale Kreditvermittlung über Märkte wünschenswert ist.

Eine Blaupause, keine Landkarte

Verschiedene Wirtschaftswissenschafter haben Smiths Konzept der unsichtbaren Hand verfeinert und weiterentwickelt. Ihre Modelle berücksichtigen nicht nur Produktion, Konsum und Handel, sondern auch Investitionsentscheidungen. Indem diese Ökonomen die Ressourcenallokation über die Zeit und unter Unsicherheit modellierten, leiteten sie eine Theorie des allgemeinen Gleichgewichts her.[20]

Dieses allgemeine Gleichgewichtsmodell hat viel von der theoretischen Eleganz und Schönheit der ursprünglichen Idee der unsichtbaren Hand. Dennoch sind diese Modelle in Ungnade gefallen, weil viele Ökonomen versucht haben, mit ihnen die heutigen Volkswirtschaften zu erklären – etwas, wofür das allgemeine Gleichgewichtsmodell nicht ausgelegt ist. In diesen Modellen fehlt schlicht das Schlüsselelement der heutigen Wirtschaftsordnung: die kapitalistische Finanzarchitektur.[21]

Stattdessen beruht das allgemeine Gleichgewichtsmodell auf der Idee einer marktbasierten Finanzarchitektur. Ähnlich wie die Ideen von Smith sollten diese Modelle nicht deskriptiv, sondern normativ verstanden werden – sie sind eine Blaupause, keine Landkarte. Das allgemeine Gleichgewichtsmodell postuliert, dass die Realwirtschaft ein effizientes Gleichgewicht findet, wenn die Ressourcenallokation über eine freie und dezentrale Entscheidungsfindung erfolgt.

Daher könnten die Befürworter des kapitalistischen Bankwesens zwar recht damit haben, dass in einer Welt mit einer marktbasierten Finanzarchitektur die Gesamtverschuldung niedriger und die Zinssätze höher sind. Allerdings sagen weder das Zinsniveau noch die Höhe der Verschuldung für sich allein genommen etwas über die volkswirtschaftliche Qualität einer Finanzarchitektur aus. Vielmehr sollte im Zentrum einer solchen Beurteilung die Fähigkeit einer Finanzarchitektur stehen, Wohlstand in der Realwirtschaft zu schaffen.

Wie in Kapitel 1 erläutert, besteht der Zweck eines Finanzsystems darin, die Aktivitäten in der Realwirtschaft zu koordinieren. Das wichtigste Instrument zur Koordination sind die Preise. Wenn es um die Kapitalallokation geht, sind die wichtigsten Preise die Zinssätze.

Mit einer marktbasierten Finanzarchitektur bestimmen die Entscheidungen unzähliger Wirtschaftsakteure den Preis für Kredit, indem sie Darlehen anbieten und nachfragen. Damit werden Zinssätze wieder zu richtigen Preisen. Die Allokation von Ressourcen über die Zeit hinweg wird durch eine dezentrale Entscheidungsfindung gesteuert. Es gibt allen Grund zur Annahme, dass eine solche marktbasierte Allokation die realwirtschaftlichen Bedürfnisse besser spiegelt als die

Allokation durch ein kapitalistisches Bankwesen, das systemische Risiken schafft und deswegen staatlich abgesichert und reguliert ist.

Natürlich wird es auch mit einer marktbasierten Finanzarchitektur Wirtschaftskrisen geben. Die Welt verändert sich auf unvorhersehbare Weise. Naturkatastrophen, soziale Verwerfungen oder neue Technologien bringen die Wirtschaft aus dem Gleichgewicht. Allerdings sind endogene Boom-Bust-Zyklen dann kein Thema mehr, und die exogenen Schocks werden durch den Finanzsektor nicht mehr verstärkt. Stattdessen federt eine marktbasierte Finanzarchitektur den Schock ab, indem sie die entsprechenden Verluste effizient alloziert, ohne eine finanzielle Kettenreaktion auszulösen.[22]

In einer marktbasierten Finanzarchitektur passen sich die Preise bei realwirtschaftlichen Veränderungen schnell an, und die Wirtschaft bewegt sich entsprechend rasch in ein neues Gleichgewicht. In der heutigen kapitalistischen Finanzarchitektur sind die Preise jedoch wegen der Schaffung systemischer Risiken systematisch verzerrt. In einem Aufschwung wird übermäßig viel Geld und Kredit geschöpft, in einem Abschwung wird übermäßig viel Geld und Kredit vernichtet. Die Preise passen sich entsprechend nicht optimal an, sondern weisen übermäßige Schwankungen auf.

Das hat schwerwiegende volkswirtschaftliche Folgen, da Preise die Investitionen in der Realwirtschaft bestimmen. Wenn Angebot und Nachfrage durch Preise falsch wiedergegeben werden, führt das zu falschen Entscheidungen mit einer entsprechenden Verschwendung von Rohstoffen, Energie und Arbeit. Während eines Aufschwungs werden etwa Häuser und Infrastruktur gebaut, für die es gar keinen Bedarf gibt.[23] Wenn die Wirtschaft in einen Abschwung gerät, werden die Aktivitäten in der Realwirtschaft übermäßig zurückgefahren und Produktionspotenzial bleibt brach liegen, was sich in der Regel durch Massenarbeitslosigkeit äußert.[24]

Im Gegensatz dazu werden die Preise in einer marktbasierten Finanzarchitektur sowohl Knappheit als auch Überfluss in der Realwirtschaft besser wiedergeben. Preise werden nicht mehr durch Aufbau und Materialisierung systemischer Risiken sowie die damit verbundenen staatlichen Eingriffe verzerrt. In der Folge setzen dezentral organisierte Wirtschaftsakteure wertvolle Ressourcen effizienter ein. Damit wird das Kapital in der Realwirtschaft am Ende so eingesetzt, dass es nachhaltig den Wohlstand maximiert.[25]

7 EINE NEUE GELDPOLITIK FÜR EINE NEUE WIRTSCHAFTSORDNUNG

Eine systemische Solvenzregel ermöglicht es den Aufsichtsbehörden, die Kontrolle über systemische Risiken wiederzuerlangen. Sie können dadurch die Subventionierung des kapitalistischen Bankwesens abschaffen, und es wird eine marktbasierte Finanzarchitektur entstehen. Das wird sich auf die Geldpolitik auswirken, da die Zentralbanken einst unvermeidliche Aufgaben nicht mehr wahrnehmen müssen.

Erstens werden die Zentralbanken nicht mehr dazu gezwungen sein, Kapitalgesellschaften zu retten. Mit systemischer Solvenz bedroht der Ausfall einer einzelnen Kapitalgesellschaft nicht mehr die gesamte Finanzstabilität. Zweitens werden die Zentralbanken nicht mehr dazu gezwungen sein, die Finanzierung von Staaten sicherzustellen. Mit systemischer Solvenz wird die wechselseitige Abhängigkeit zwischen Staaten und dem Bankwesen beendet, und die Umstrukturierung von Staatsschulden wird wieder zu einer gangbaren Option.[1]

In einer marktbasierten Finanzarchitektur muss eine Zentralbank also nicht mehr die Solvenz von Staaten und Kapitalgesellschaften garantieren – diese beiden traditionellen Rollen können Zentralbanken ablegen. Das wiederum schafft neue Möglichkeiten bei der Gestaltung der Geldpolitik. Bevor wir die unterschiedlichen geldpolitischen Systeme präsentieren, wollen wir jedoch etwas festhalten, das für jedes System gilt.

Auch ohne kapitalistisches Bankwesen kann – und wird wohl auch – das Finanzsystem zweistufig gestaltet werden. Die Geldpolitik determiniert an sich nicht, wie das Zahlungssystem funktioniert. Finanzdienstleister können weiterhin Transaktionen in der Realwirtschaft in ihrer Buchhaltung abbilden, ohne systemische Risiken zu schaffen, wie wir in den Kapiteln 1 und 5 anhand von Beispielen gezeigt haben.[2]

Welche geldpolitischen Systeme gibt es nun also? Wir beginnen zuerst mit jener Form, die nicht mehr infrage kommt: dem System der indirekten Geldpolitik. In der Tat hat diese Art der Geldpolitik schon vor einigen Jahrzehnten ihre Wirksamkeit eingebüßt.

Indirekte Geldpolitik funktioniert nicht mehr

Im 20. Jahrhundert versuchten die Zentralbanken primär, die Geldmenge indirekt zu steuern. Sie kontrollierten nur die Geldbasis unmittelbar. Das kapitalistische Bankwesen vervielfachte dann diese Basis, indem es Geld aus Kredit schöpfte; die Geldbasis wird deshalb auch als *Außengeld* bezeichnet, während das von (Schatten-)Banken geschöpfte Geld als *Innengeld* bezeichnet wird.[3]

Je mehr sich der Kapitalismus weiterentwickelte, desto wichtiger wurde das Innengeld. Sein Anteil an der gesamten Geldmenge wurde immer größer. Daher waren die Zentralbanken in erster Linie damit beschäftigt, die Innengeldschöpfung unter Berücksichtigung verschiedener *Transmissionsmechanismen* zu beeinflussen. Vor allem in der zweiten Hälfte des 20. Jahrhunderts gewann diese *indirekte Geldpolitik* an Bedeutung.[4]

Schon in der Theorie war jedoch bei Weitem nicht klar, wie groß der Einfluss der Zentralbanken tatsächlich war. Ihr Einfluss auf die Geldmenge war indirekt, verworren und verzögert – ebenso der Effekt auf die Preise. Schließlich mussten sich die Zentralbanken zu Beginn des 21. Jahrhunderts die Unwirksamkeit ihrer indirekten Geldpolitik eingestehen.

Im Vorfeld der Finanzkrise von 2008 konnten die Zentralbanken die Geld- und Kreditausweitung kaum noch beeinflussen.[5] Als dann die Krise ausbrach, konnten sich die Zentralbanken nicht mehr nur auf die indirekte Geldpolitik verlassen, um das Geld- und Kreditangebot zu stabilisieren. Es war Zeit für die sogenannte quantitative Lockerung.

Quantitative Lockerung beschreibt eine Geldpolitik, bei der die Zentralbanken durch den Ankauf von Wertpapieren direkt Außengeld schöpfen; zu einem großen Teil kauften sie Staatsschulden. In den letzten Jahren haben die Zentralbanken in der ganzen Welt auf dieses geldpolitische System zurückgegriffen.

Einige Beobachter haben die quantitative Lockerung als unkonventionelle Geldpolitik bezeichnet.[6] In Tat und Wahrheit wurde aber die Bank of England einst gegründet, um genau diese Art von Geldpolitik zu betreiben. Sie finanzierte ein Darlehen an König Wilhelm III. durch die Ausgabe von Banknoten und Einlagen, das heißt durch eine direkte Erhöhung der Geldmenge. 300 Jahre später scheint also das Zentralbankwesen wieder dort angelangt zu sein, wo es einst begonnen hat.

Die quantitative Lockerung ist somit alles andere als unkonventionell. Man sollte sie eher als ursprüngliche Geldpolitik bezeichnen. Und sie bleibt auch in einer marktbasierten Finanzarchitektur ein mögliches geldpolitisches System.

Quantitative Lockerung ist immer noch möglich

Einige mögen argumentieren, dass quantitative Lockerung gegen die systemische Solvenz verstößt: Die Zentralbanken erwerben Vermögenswerte auf der Aktivseite ihrer Bilanz, indem sie Geld auf der Passivseite erschaffen. Dagegen sprechen allerdings zwei Argumente. Erstens ist eine Zentralbank auf institutioneller Ebene keine private Kapitalgesellschaft. Vielmehr ist sie eine staatliche Währungsbehörde und unterliegt als solche nicht einer systemischen Solvenzregel.

Zweitens sollten die Zentralbanken das von ihnen geschöpfte Geld auf konzeptioneller Ebene nicht als buchhalterische Verbindlichkeit behandeln. Dass sie dies immer noch tun, hat historische Gründe. Das Zentralbankwesen entwickelte sich in einer Zeit des Warengelds, als das Geld noch an Edelmetall gebunden war. Die Inhaber einer Banknote hatten früher das Recht, in eine Filiale der Zentralbank zu gehen und den sofortigen Umtausch in physisches Gold oder Silber zu verlangen. Das von den Zentralbanken ausgegebene Geld war also eine echte Verbindlichkeit.[7]

Wie wir in Kapitel 2 erörtert haben, lösten die Zentralbanken im Laufe des 20. Jahrhunderts die Bindung des Geldes an Edelmetalle auf. Sie gingen zu Fiatgeld über. Heute sind Zentralbanken nicht mehr dazu verpflichtet, Banknoten in irgendetwas anderes als eine andere Banknote zu tauschen. Daher sollte Fiatgeld nicht als Verbindlichkeit der Zentralbank betrachtet werden.[8]

Folglich steht die quantitative Lockerung sowohl aus institutioneller als auch aus konzeptioneller Sicht im Einklang mit der systemischen Solvenz. In einer marktbasierten Finanzarchitektur könnte eine Zentralbank also immer noch neues Geld in Umlauf bringen, indem sie Wertpapiere kauft. Wenn sie die Geldmenge im Umlauf verringern muss, um einem etwaigen Inflationsdruck entgegenzuwirken, könnte sie diese Vermögenswerte wieder verkaufen.

Eine solche Geldpolitik hat Vorteile. Erstens ist quantitative Lockerung bekannt und etabliert; ohne Innengeld werden die Auswirkungen auf die Preise zudem direkter sein als heute. Zweitens kann eine Zentralbank so die Menge des in der Wirtschaft zirkulierenden Geldes schnell anpassen. Sie kann Finanzanlagen kaufen und verkaufen, wann immer sie es für notwendig hält.

Dieses geldpolitische System hat jedoch auch Nachteile. Erstens wirkt sich quantitative Lockerung in erster Linie auf die Preise von Wertpapieren und anderen Vermögenswerten aus. Aus volkswirtschaftlicher Sicht ist jedoch das Preissystem als Ganzes wichtig – sowohl die Vermögens- als auch die Verbraucherpreise. Die Auswirkungen der quantitativen Lockerung auf die Verbraucherpreise werden immer noch indirekt sein und Verzögerungen aufweisen; es dürfte weiterhin zu Verzerrungen bei der monetären Transmission kommen.

Zweitens erfordert die quantitative Lockerung, dass eine Zentralbank entscheidet, was sie kauft und verkauft. Sie erhöht unweigerlich die Preise jener Wertpapiere, die in den Bereich ihrer Kaufprogramme fallen. Für die Emittenten führt dies zu einem Finanzierungsvorteil. Die Geldpolitik führt damit de facto zu einer öffentlichen Subvention ausgewählter Kreise. Quantitative Lockerung hat reale Umverteilungseffekte. Infolgedessen wird die Zentralbank dem Druck von Interessengruppen und Regierungen ausgesetzt sein.[9]

Die quantitative Lockerung ist zwar vertraut und flexibel, führt aber zwangsläufig wieder zu Zielkonflikten in der Geldpolitik. Eine Zentralbank muss ihr Ziel der Preisstabilität mit den Forderungen nach günstigen Finanzierungskonditionen verschiedener Interessengruppen in Einklang bringen. Wenn der Druck dieser Gruppen zu groß wird, kann sich eine Zentralbank gezwungen sehen, Kompromisse bei der Preisstabilität einzugehen. Für die Eurozone ist dieses Problem besonders problematisch, wie wir in Kapitel 3 gesehen haben.

Glücklicherweise haben wir in einer marktbasierten Finanzarchitektur noch weitere geldpolitische Optionen. Wenden wir uns als

Nächstes einem Entwurf zu, der vorderhand überraschend scheint, aber seit Jahrhunderten Befürworter findet.

Auf Geldpolitik ganz verzichten

Einige Ökonomen argumentieren, dass die einzige vernünftige Geldpolitik darin besteht, überhaupt keine Geldpolitik zu betreiben. Weder Zentralbanken noch Staaten sollten bei der Geldschöpfung und -verwaltung eine Rolle spielen. Alle wären frei, Geld zu emittieren und zu verwenden. Ein freier Wettbewerb solle darüber entscheiden, welches Geld am Ende genutzt wird.

Viele Befürworter dieses Ansatzes prognostizieren, dass sich eine Form von Warengeld durchsetzen wird. Das bedeutet nicht, dass die Menschen im Alltag wieder mit Gold und Silber Geschäfte tätigen würden. Stattdessen werden, wie wir bereits erwähnt haben, Finanzinstitute entstehen, die Zahlungsdienstleistungen anbieten. Diese werden das Warengeld physisch halten und dagegen (digitale) Einlagenbelege ausstellen, die als Tauschmittel verwendet werden können.[10]

Auf Geldpolitik zu verzichten bringt den Vorteil, dass damit gerade das Politische außen vor gelassen wird. Das bietet einen guten Schutz vor Inflation. Geld kann nicht einfach aus dem Nichts geschöpft werden. Stattdessen müssen Arbeit und Ressourcen zur Geldschöpfung investiert werden, beispielsweise um Edelmetalle wie Gold und Silber zu schürfen. Die physikalischen Gesetze der Natur schränken die Geldschöpfung glaubwürdig ein.

Allerdings gibt es wiederum auch erhebliche Nachteile. Erstens werden bei jeder Form von Warengeld reale Ressourcen verbraucht – der oben erwähnte Vorteil gegenüber Fiatgeld ist teuer erkauft. Zweitens ist das Geldangebot stark unelastisch, da Geld schwer zu schöpfen ist. Wenn die Realwirtschaft schneller wächst als die Geldbasis, kann sich deflationärer Druck aufbauen. Im Gegenzug wird das

Horten von Geld attraktiver, was den deflationären Druck weiter verstärkt. Wie wir in Kapitel 2 gesehen haben, waren gerade diese Probleme der Grund dafür, weshalb das kapitalistische Bankwesen überhaupt ins Leben gerufen wurde.

Eine Dezentralisierung der Geldpolitik dank Technologie

Die bisher vorgestellten geldpolitischen Systeme gibt es schon seit Langem. Warengeld existiert seit Tausenden von Jahren, und das Zentralbankwesen wird seit Jahrhunderten praktiziert. In jüngerer Zeit haben sich hingegen auch neue Geldformen entwickelt. Die Digitalisierung hat Kryptowährungen hervorgebracht.

Das bekannteste Beispiel ist der Bitcoin, eine Währung, die auf einem digitalen und dezentralen Buchführungssystem (englisch: Distributed Ledger) basiert – einer sogenannten Blockchain. Die Nutzer investieren Rechenressourcen, um Transaktionen zu verifizieren, und erhalten dafür Bitcoin. In Anspielung auf das historische Warengeld wird dieser Prozess als Mining bezeichnet. Das Mining ist so konzipiert, dass für die dezentralen Akteure ein Anreiz besteht, Transaktionen wahrheitsgemäß nachzuführen.[11]

Interessanterweise weisen Kryptowährungen sowohl Elemente von Waren- als auch von Fiatgeld auf. Auf der einen Seite gibt es bei Kryptowährungen, ähnlich wie bei Warengeld, in der Regel keine zentralisierte Institution, die für die Emission oder Verwaltung der Währung zuständig ist. Vielmehr schöpfen dezentrale Akteure neues Geld, indem sie reale Ressourcen in Form von Rechenleistung aufwenden oder geldwerte Einsätze vornehmen.

Auf der anderen Seite werden Kryptowährungen, ähnlich wie Fiatgeld, von Menschen geschaffen und verwaltet. Deshalb sind sie immer durch eine Form von Geldpolitik gekennzeichnet. Es werden Regeln aufgestellt, wie das einer Blockchain zugrunde liegende Protokoll geändert werden kann, das bestimmt, wie und wie viel Geld geschöpft wird. Die Entscheidungsbefugnis darüber ist zwar in der Regel dezentralisiert, aber einige Kryptowährungen weisen auch eine stärker zentralisierte Organisation auf.[12]

Je nach Protokoll wird das eine oder das andere Merkmal hervorgehoben. Bitcoin ist zum Beispiel eher dem Warengeld angelehnt: Eine simple und dezentralisierte Organisation schafft Vertrauen, dass die Gesamtgeldmenge tatsächlich begrenzt ist. Dieser Vorteil des Warengelds geht mit den bekannten Nachteilen einher. Die Geldpolitik ist starr, was zu potenziell problematischen deflationären Tendenzen führt, und reale Ressourcen in Form von Energie werden verbraucht, um Bitcoin zu erhalten.

Andere Kryptowährungen bieten mehr Flexibilität und vermeiden diese Probleme, aber sie stoßen dann wiederum auf ähnliche Probleme wie Fiatgeld.[13] Je flexibler und zentralisierter die Verwaltung einer Kryptowährung ist, desto höher ist das Risiko, dass Interessengruppen die Geldschöpfung für ihre Zwecke missbrauchen. Genau wie bei Fiatgeld kann dies zu inflationären Tendenzen führen.

Bei einem auf Kryptowährungen basierenden geldpolitischen System muss also zwischen den Vor- und Nachteilen von Fiat- und Warengeld abgewogen werden.[14] Darüber hinaus weisen der Betrieb von Distributed Ledgers und die Abwicklung von Zahlungen über sie Probleme der Skalierbarkeit auf.[15] Die zugrunde liegende Technologie entwickelt sich jedoch schnell weiter, und weitere Fortschritte könnten die damit verbundenen Probleme mildern sowie die Skalierbarkeit verbessern.

Ein Vorschlag für eine neue Geldpolitik

Alle bisher diskutierten geldpolitischen Systeme haben Nachteile, teilweise schwerwiegende. Das wirft die Frage auf, ob es eine neue und bessere Organisationsform gibt. Eine Antwort auf diese Frage haben wir in unserem Buch *Das Ende der Banken* skizziert.

Wir sprachen uns dabei für eine öffentliche Währungsbehörde und für Fiatgeld aus.[16] Um der Gefahr zu begegnen, dass die Geldpolitik zum Vorteil bestimmter Interessengruppen missbraucht wird, soll die Währungsbehörde nur zwei Instrumente zur Hand haben: erstens einen direkten Geldtransfer an die Bürger, um neu geschöpftes Geld in Umlauf zu bringen; zweitens eine Liquiditätsabgabe auf Geldbestände, um Geld aus dem Umlauf zu nehmen und Geldhortung zu verhindern. Lassen Sie uns diese beiden Instrumente etwas genauer vorstellen, um ihre einzigartigen Vorteile aufzuzeigen.

Erstens: Der *direkte Geldtransfer* stellt einen sehr kleinen Betrag dar, der jeder Bürgerin und jedem Bürger in einem bestimmten Intervall überwiesen wird. Diese können dann frei entscheiden, wie sie das neu geschöpfte Geld verwenden wollen. Sie können es entweder sparen und investieren oder es für den Konsum verwenden. Diese Art der Geldschöpfung wirkt sich somit direkt auf das allgemeine Preisniveau aus – es gibt keine Verzerrung von Vermögens- und Verbraucherpreisen. Zudem ist der direkte Geldtransfer eine faire Art, neues Geld zu schöpfen, da keine bestimmte Interessengruppe begünstigt wird.[17]

Zweitens wird kontinuierlich eine *Liquiditätsabgabe* in Form eines geringen Prozentsatzes auf alle Geldbestände erhoben. Sie stabilisiert die Geldnachfrage und damit die Umlaufgeschwindigkeit des Geldes. Zudem beseitigt sie die Untergrenze der nominalen Zinsen von null (englisch: Zero Lower Bound). Damit bewahrt sie die Wirtschaft davor, in eine Liquiditätsfalle zu geraten; viele Ökonomen haben denn auch schon früher ein solches Instrument gefordert. Eine Liquiditätsabgabe spielt eine ähnliche Rolle wie die positiven Zielbänder der Inflation, die Zentralbanken im heutigen System verfolgen.[18]

Für die operative Umsetzung dieses neuartigen geldpolitischen Systems ist das Geld idealerweise vollständig digitalisiert. Das kann über verschiedene technische Wege geschehen. Einerseits könnte das

Geld bei einer öffentlichen Geldbehörde in einem zentralen elektronischen Buchführungssystem organisiert werden, wie es heute der Fall ist.[19] Andererseits könnte auch ein Distributed Ledger aufgesetzt werden, dessen Protokoll die beiden oben skizzierten Instrumente institutionalisiert.[20]

Natürlich bringt auch ein solches System Nachteile mit sich. Die schwierigste Frage ist, wie der Datenschutz bei vollständig digitalisiertem Geld sichergestellt werden kann. Jede Transaktion würde schließlich einen digitalen Fußabdruck hinterlassen und könnte zurückverfolgt werden.[21]

Wie bereits erwähnt, dürfte jedoch auch in diesem geldpolitischen System eine Ebene privater Zahlungsdienstleistungen entstehen. Das würde einen gewissen Schutz der Privatsphäre bieten. Dabei könnten nach wie vor physische Einlagebelege (eine Art Banknoten) privat ausgestellt werden, ohne dass die systemische Solvenz verletzt wird.[22] Schließlich könnte der technologische Fortschritt dazu führen, dass digitales Geld dereinst den gleichen Grad an Privatsphäre bieten könnte wie heute das physische Bargeld.[23]

Ein weiterer Nachteil eines solchen geldpolitischen Systems ist, dass politischer Druck immer noch zu einer übermäßigen Geldschöpfung führen könnte. Ein direkter Geldtransfer an alle Bürger kann zwar nicht von bestimmten Interessengruppen vereinnahmt werden, aber Politiker könnten die Währungsbehörde unter Druck setzen, mit einer erhöhten Geldschöpfung die Wirtschaft zu stimulieren, um damit die Unterstützung der Wähler zu gewinnen. Eine solche Politik wäre jedoch mit den neuen transparenten Instrumenten nicht nur leicht zu durchschauen, sondern auch kurzsichtig. Ein direkter Geldtransfer wirkt unmittelbar, und eine Ausweitung der Geldschöpfung über Gebühr würde sich daher rasch in höherer Inflation niederschlagen.

Schließlich könnten die beiden vorgeschlagenen geldpolitischen Instrumente in Zeiten wirtschaftlicher Turbulenzen als zu unflexibel empfunden werden. In der heutigen Wirtschaftsordnung kommt es zu starken Ausschlägen der Wirtschaftsentwicklung. Diesen wird jeweils nicht nur mit fiskalischen Maßnahmen begegnet, sondern auch mit umfassenden geldpolitischen Interventionen. Wie im vorhergehenden Kapitel dargelegt, dürfte es allerdings in einer neuen Wirtschaftsordnung mit einer marktbasierten Finanzarchitektur zu weitaus geringeren konjunkturellen Schwankungen kommen. Antizyklische Geldpolitik ist entsprechend nicht mehr im gleichen Umfang gefragt. Sie könnte sich sogar als kontraproduktiv erweisen, da sie die Wirtschaft vom optimalen Pfad in ein neues Gleichgewicht abbringen könnte.

Geldpolitik und gesellschaftliche Präferenzen

Im Prinzip könnten bereits heute alle vorgestellten geldpolitischen Systeme implementiert werden. In einer kapitalistischen Finanzarchitektur ist jedoch die Entscheidung für oder gegen ein System letztlich irrelevant. Wie wir im Zusammenhang mit dem Vertrag von Maastricht gesehen haben, übersteuern Ex-post-Entscheidungen zur Wahrung der Finanzstabilität immer die Ex-ante-Entscheidungen zur Geldpolitik.

In einer marktbasierten Finanzarchitektur ist die Wahl des geldpolitischen Systems hingegen von zentraler Bedeutung. Sie ist sogar derart bedeutend, dass sie am Ende nicht nur durch wirtschaftliche, sondern auch durch politische Überlegungen bestimmt werden wird.

Jene auf der rechten Seite des politischen Spektrums dürften in der Regel eine Form von Warengeld oder eine nicht kompromittierbare Kryptowährung befürworten. Damit sollen staatliche Eingriffe in die Geldpolitik möglichst unterbunden werden. Jene auf der linken Seite dürften derweil einer Form der quantitativen Lockerung den Vorzug geben. Das würde eine staatliche Steuerung der Geldpolitik und damit der Wirtschaft ermöglichen.

Das von uns skizzierte geldpolitische System steht außerhalb dieses klassischen Konflikts. Einerseits ist das Geld zwar staatlich organisiert, und die beiden Instrumente des direkten Geldtransfers an die Bürger sowie die Liquiditätsabgabe sind egalitär gestaltet. Anderseits gewähren aber diese Instrumente der öffentlichen Währungsbehörde keine zentrale Kontrolle über wirtschaftliche Allokationsentscheide; sie kann lediglich festlegen, wie viel Geld wie schnell in der Wirtschaft zirkulieren soll.

Ein solches geldpolitisches System zusammen mit einer marktbasierten Finanzarchitektur passt besonders gut zum Aufbau der Eurozone. Damit kann der europäische Föderalismus gewahrt werden; keine Einschränkungen der fiskalischen Unabhängigkeit der Mitgliedstaaten oder der Regionen sind notwendig. Das deshalb, weil No-Bailout-Verpflichtungen glaubwürdig sind. Weder nationale Regierungen noch Interessengruppen haben einen privilegierten Zugang zur Geldpolitik. Außerdem werden strukturelle Ungleichgewichte in der Eurozone nicht verstärkt, sondern vermindert, da es zu einer gleichmäßigen Geldschöpfung via Bürgerinnen und Bürger sowie zu einer Entnahme von Geld aus dem Umlauf proportional zum Geldbestand kommt.

8 EINSTEHEN FÜR EINE LIBERALE INTERNATIONALE ORDNUNG

In den Kapiteln 5 und 6 haben wir einen dreistufigen Ansatz für den Übergang zu einer marktbasierten Finanzarchitektur vorgestellt, und in Kapitel 7 haben wir verschiedene geldpolitische Konzepte präsentiert. Was wir noch nicht erörtert haben, sind die internationalen Implikationen eines solchen Vorgehens. Eine letzte Frage ist also noch zu beantworten: Besteht ein Bedarf an internationaler Koordination, und wenn ja, in welcher Form?

Welche internationale Kooperation notwendig ist

Das kapitalistische Bankwesen ist seit Jahrhunderten ein globales Geschäft. Das hat das Leben der Aufsichtsbehörden besonders seit dem Aufkommen der Digitalisierung erschwert. Sie mussten zunehmend mit Finanzinnovationen zurechtkommen, mit denen nationale

Regulierungen umgangen werden. Komplexe Unternehmensstrukturen über Jurisdiktionen hinweg forderten die Regulatoren heraus. Sie reagierten auf diese *internationale Regulierungsarbitrage* mit der Gründung verschiedener internationaler Organisationen zur Koordinierung der Bankenregulierung.[1]

Auch bei der Umsetzung des in den Kapiteln 5 und 6 vorgeschlagenen dreistufigen Ansatzes wird eine internationale Koordination erforderlich sein. Sobald ein Land oder Wirtschaftsraum eine systemische Solvenzregel im Alleingang implementieren würde, käme es zu internationaler Regulierungsarbitrage. Aus demselben Grund tun sich die einzelnen Länder bereits heute schwer damit, strengere Vorschriften für systemische Risiken einzuführen.

Der Umfang der notwendigen globalen Koordination ist jedoch begrenzt. Internationale Regulierungsarbitrage ist nur über Länder hinweg möglich, die einen wirksamen Schutz der Eigentumsrechte und einen fairen Zugang zum Rechtssystem bieten.[2] Mit der jüngsten Entkopplung geopolitischer Blöcke haben sich die Möglichkeiten für internationale Regulierungsarbitrage verringert.[3] Regulierungsarbitrage ist nicht über Länder möglich, die sich in jeweils anderen geopolitischen Blöcken befinden. Hier wären die wirtschaftlichen und politischen Risiken schlicht zu hoch.

Zwischen Ländern im selben Block, die ihre Finanzmärkte füreinander geöffnet haben, ist allerdings eine internationale Regulierungsarbitrage weiterhin möglich. Würde Europa beispielsweise im Alleingang die Transformation hin zu einer marktbasierten Finanzarchitektur in Angriff nehmen, könnte die dafür notwendige systemische Solvenzregel über Tochtergesellschaften in anderen liberalen Demokratien umgangen werden. Der Übergang zu einer marktbasierten Finanzarchitektur erfordert somit eine Einigung in der liberalen Welt – es ist Zeit für „Bretton Woods 2.0“.

Auf diesem Weg zu einer besseren Wirtschaftsordnung sollten die Vereinigten Staaten und die Europäische Union gemeinsam Pionierarbeit leisten. Dafür werden keine neuen internationalen Institutionen benötigt. Die alten Bretton-Woods-Organisationen und die bestehenden globalen Aufsichtsbehörden für die Bankenregulierung können diese neue Aufgabe bewältigen. Während heute die internationale Koordination zur Bewältigung systemischer Risiken durch Migration in den Schattenbankensektor untergraben wird, wird sie in einer Welt mit systemischer Solvenz viel einfacher sein.[4]

Sobald die beiden führenden Wirtschaftsräume den Grundstein für eine marktbasierte Finanzarchitektur gelegt haben, sollten sie andere liberale Demokratien einladen, sich ihnen anzuschließen. Gleichzeitig sollten sie Vorkehrungen treffen, um internationale Regulierungsarbitrage über Jurisdiktionen zu verhindern, die sich nicht anschließen. Wie wichtig das sein wird, bleibt jedoch abzuwarten, da die Teilnahme an einem Bretton-Woods-2.0-Abkommen attraktiv sein wird.

Erstens können alle Mitglieder volle Souveränität in Bezug auf die Gestaltung ihrer Geldpolitik behalten; das derzeitige System frei schwankender Wechselkurse kann in einer marktbasierten Finanzarchitektur aufrechterhalten werden.[5] Zweitens werden die Länder, die Bretton Woods 2.0 beitreten, nicht mehr unter endogenen Boom-Bust-Zyklen leiden und folglich kostspielige öffentliche Sicherheitsnetze abschaffen können. Drittens werden Haushalte und Unternehmen aufgrund des intensivierten Wettbewerbs von besseren Finanzdienstleistungen profitieren. So wie die erste Finanzrevolution vor 300 Jahren England einen wirtschaftlichen, politischen und kulturellen Vorsprung verschaffte, wird Bretton Woods 2.0 den Teilnehmerländern im 21. Jahrhundert einen Vorsprung verschaffen.

Den Prinzipien der Aufklärung verpflichtet

Während liberale Demokratien von der Teilnahme an Bretton Woods 2.0 stark profitieren werden, werden autokratische Regimes weniger begeistert sein. Die Schaffung einer marktbasierten Finanzarchitektur wird die Rechenschaftspflicht des Staates den Bürgern gegenüber stärken. Das wird die Macht der Regierungen einschränken; am Ende geht es bei einer Wirtschaftsordnung um mehr als nur um Wirtschaft.

Die Grundsätze der Marktwirtschaft – Freiheit und Eigentumsrechte – waren nie bloße Konzepte, um Wirtschaftswachstum zu erzielen. Tatsächlich war und ist die Marktwirtschaft immer auch ein Mittel der aufklärerischen Emanzipation. Sie ist ein wichtiges Bollwerk, um autoritäre Machtansprüche abzuwehren.

Nicht ohne Grund war Adam Smith in erster Linie Moralphilosoph und wurde nur nebenbei zum Ökonomen. Indem er aufzeigte, dass sich der Wohlstand einer Gesellschaft maximieren lässt, wenn Menschen frei interagieren, brachte er die Aufklärung ein großes Stück voran. Die Idee der unsichtbaren Hand legitimiert individuelle Freiheit. Die Marktwirtschaft ist damit Eckpfeiler einer demokratischen, freien, offenen Gesellschaft, genauso wie faire Wahlen und die Gewaltenteilung.

Die emanzipatorische Kraft der Marktwirtschaft steht im Gegensatz zum Kapitalismus. Die Verwaltung von Kapital durch Kapitalgesellschaften hatte nie den Anspruch, die individuelle Freiheit zu legitimieren. Ganz im Gegenteil: Kapitalgesellschaften waren ursprünglich ein Gemeinschaftsprojekt der Mächtigen, um ihre Interessen durchzusetzen. Man denke nur an die East India Trading Company, die den Handel monopolisierte und Länder mit Gewalt kolonisierte. Kein Wunder, dass Verfechter des freien Marktes wie Adam Smith diesen neuen Institutionen kritisch gegenüberstanden.[6]

Dessen ungeachtet ermöglichte die kapitalgesellschaftliche Rechtsform eine neuartige Kapitaltransformation. Diese einzigartige Funktion brachte einen großen Vorteil mit sich: Kapitalgesellschaften ermöglichten die Entwicklung einer kapitalintensiven Wirtschaft. Der Kapitalismus hat damit Wohlstand in einem nie da gewesenen Ausmaß geschaffen. Die Kapitalgesellschaften wurden trotz ihrer autoritären Wurzeln zu einem nützlichen Element unserer Wirtschaftsordnung.

Lange Zeit blieb die Funktion der Kapitaltransformation weitgehend mit den Prinzipien einer Marktwirtschaft vereinbar. Die meisten Kapitalgesellschaften, die in der Realwirtschaft tätig sind, waren und sind noch immer dem Wettbewerb ausgesetzt. Wenn sie zu wenig Wert schaffen, scheitern sie und stellen ihr Geschäft ein. Solange dies der Fall ist, bleibt der Kapitalismus in der Marktwirtschaft verankert.

Es gibt allerdings auch Kapitalgesellschaften, die sich seit jeher außerhalb des Einflussbereichs der Marktkräfte befinden: die Banken. Die Bank of England beispielsweise existierte nur zwei Jahre, bevor sie zum ersten Mal gegen ihre vertraglichen Verpflichtungen verstieß. Sie bediente ausstehende Verbindlichkeiten nicht, ohne dass das rechtliche Konsequenzen hatte.

Den Weg zur Knechtschaft verlassen

Die Anomalie des kapitalistischen Bankwesens innerhalb einer Marktwirtschaft hatte Vor- und Nachteile, vor allem aber hielten sich die negativen Auswirkungen in Grenzen. Das hat sich über die vergangenen Jahrzehnte geändert. Die Digitalisierung hat dazu geführt, dass das Problem der systemischen Risiken allumfassend geworden ist. Heute können nicht nur Banken, sondern auch Versicherungsgesellschaften, Investmentfonds, Energiekonzerne oder andere Kapitalgesellschaften systemische Risiken in großem Ausmaß schaffen.

Hand in Hand damit nehmen auch die staatlichen Eingriffe zur Stabilisierung der heutigen Wirtschaftsordnung immer größere Ausmaße an. Wenn sich dieser Trend nicht umkehrt, werden die Kapitalgesellschaften zurück zu ihren Ursprüngen finden. Die Macht der Kapitalgesellschaft wird wieder mit der Macht des Staates verschmelzen. Am Ende dieses Prozesses steht eine Wirtschaftsordnung, die von einem Konglomerat aus staatlichen und privaten Interessen geprägt ist.[7] Der Kapitalismus wird sich nach und nach von der Marktwirtschaft lösen, da immer mehr Kapitalgesellschaften keinem Wettbewerb mehr ausgesetzt sein werden.[8]

Das ist eine düstere Aussicht. Wie sehr wir uns auch idealistisch einer freien und demokratischen Gesellschaft verpflichtet fühlen, bei ihrer Verteidigung sind die materialistischen Kräfte im Hintergrund essenziell. Die derzeitige Wirtschaftsordnung bedarf zur Stabilisierung ständiger staatlicher Eingriffe. Die Prinzipien der Marktwirtschaft werden dabei immer wieder verletzt. Dadurch werden die persönlichen Freiheits- und Eigentumsrechte langsam, aber stetig untergraben, und die Gesellschaft treibt mehr und mehr in eine autoritäre Richtung.[9]

Die Schaffung einer marktbasierten Finanzarchitektur ist daher nicht in erster Linie ein wirtschaftliches, sondern ein politisches Projekt. Den Kapitalismus mit den Prinzipien der Marktwirtschaft in Einklang zu bringen ist zentrale Voraussetzung für eine freie, offene und demokratische Gesellschaft. Es ist ein weiterer wichtiger Schritt im stets unvollendeten Projekt der Aufklärung.

SCHLUSS-BEMERKUNG

Über die vergangenen Jahrzehnte mussten immer wieder Kapitalgesellschaften gerettet werden. Gleichzeitig haben die Bilanzen der Zentralbanken bisher ungeahnte Größen erreicht. Die fiskal- und geldpolitischen Interventionen wurden sowohl umfassender als auch unbeholfener. All diese Maßnahmen haben die bisherige Wirtschaftsordnung zwar aufrechterhalten, aber sie fordern ihren politischen Tribut. Die Stabilisierung der Wirtschaft wird über kurz oder lang die Gesellschaft destabilisieren.

Nicht nur Vertreter der politischen Extreme weisen mittlerweile darauf hin, dass unsere Finanzarchitektur instabil und ungerecht geworden ist. Die wachsende Unzufriedenheit hat bisher allerdings noch nicht zu praktikablen Reformvorschlägen geführt. Den bisherigen Erfahrungen zum Trotz erklären einige Experten, dass am regulatorischen Rahmen nur noch ein klein wenig geschraubt werden müsse, dann werde alles gut. Andere wiederum suchen ihr Heil in großen ideologischen Würfen, um eine bessere Gesellschaft zu schaffen –

manchmal mit nationalistischem, manchmal mit sozialistischem Einschlag.

Diese politische Gemengelage weckt Erinnerungen an den Beginn des vergangenen Jahrhunderts. Damals führte das Festhalten an einer überholten Wirtschaftspolitik dazu, dass in Teilen der Welt nicht nur die Wirtschaftsordnung, sondern letztlich auch die Gesellschaftsordnung zusammenbrach. Die Demagogen, die dann die Oberhand gewannen, führten die Gesellschaft auf direktem Weg in den Abgrund. Angesichts dieser historischen Erfahrung ist klar: Die Geschichte darf sich nicht wiederholen.

Dass sich die Geschichte nicht einmal reimt, dazu soll dieses Buch einen Beitrag leisten. Es ist Zeit, sich von falschen Vorstellungen über den Kapitalismus und die Marktwirtschaft zu lösen. Das ist nicht einfach. Im Laufe der Arbeit an diesem Buch begannen wir, mit einer von Keynes' Beobachtungen zu sympathisieren: Die eigentliche Schwierigkeit besteht nicht darin, neue Ideen zu verstehen, sondern darin, den alten zu entkommen.

Wir hoffen, dass wir mit unseren neuen Ideen durchdringen konnten. Unser Vorschlag mag auf den ersten Blick radikal scheinen. Doch die vergangenen Jahrzehnte haben gezeigt, dass Stabilität und Funktionalität unserer Wirtschaftsordnung erodieren. Indem wir den Status quo infrage stellen, wollen wir nicht zu einer Revolution aufrufen – im Gegenteil. Es braucht gerade tiefgreifende wirtschaftliche Reformen wie auf den vorhergehenden Seiten skizziert, um soziale Verwerfungen zu vermeiden.

Denn wer nichts verändern will, wird am Ende auch das verlieren, was er bewahren möchte.

LITERATUR

Aaronson, S. (2009). Quantum Copy-Protection and Quantum Money. *2009 24th Annual IEEE Conference on Computational Complexity*, S. 229-42. https://doi.org/10.1109/CCC.2009.42

Abadi, J., und Brunnermeier, M. K. (2022). *Blockchain Economics* (FRB of Philadelphia Working Paper No. 22-15). Federal Reserve Bank of Philadelphia. https://papers.ssrn.com/abstract=4100197

Abidi, N., und Miquel-Flores, I. (2018). *Who Benefits from the Corporate QE? A Regression Discontinuity Design Approach* (ECB Working Paper No. 2145). European Central Bank. https://papers.ssrn.com/abstract=3165372

Acharya, V., Drechsler, I., und Schnabl, P. (2014). A Pyrrhic Victory? Bank Bailouts and Sovereign Credit Risk. *Journal of Finance, 69*(6), 2689–2739. https://doi.org/10.1111/jofi.12206

Acharya, V. V., Eufinger, C., und Hirsch, C. (2019). Whatever it Takes: The Real Effects of Unconventional Monetary Policy. *Review of Financial Studies, 32*(9), 3366–3411. https://doi.org/10.1093/rfs/hhz005

Acharya, V. V., und Öncü, T. S. (2010). The Repurchase Agreement (Repo) Market. In V. V. Acharya, T. F. Cooley, M. P. Richardson, und I. Walter (Hrsg.), *Regulating Wall Street: The Dodd-Frank Act and the New Architecture of Global Finance* (S. 319–50). Wiley.

Acharya, V. V., und Yorulmazer, T. (2007). Too Many to Fail–An Analysis of Time-Inconsistency in Bank Closure Policies. *Journal of Financial Intermediation, 16*(1), 1–31. https://doi.org/10.1016/j.jfi.2006.06.001

Adam-Smith-Institut. (2022). *About the ASI.* Adam Smith Institute. https://www.adamsmith.org/about-the-asi

Admati, A. R., DeMarzo, P. M., Hellwig, M. F., und Pfleiderer, P. C. (2011). Fallacies, Irrelevant Facts, and Myths in the Discussion of Capital Regulation: Why Bank Equity Is Not Expensive (Stanford GSB Research Paper No. 2063). Stanford University Graduate School of Business. https://papers.ssrn.com/sol3/papers.cfm?abstract_id=2349739

Admati, A. R., und Hellwig, M. F. (2013). *The Bankers' New Clothes: What's Wrong with Banking and What to Do about It.* Princeton University Press. https://www.jstor.org/stable/j.ctt1r2dn0

Adrian, T., und Ashcraft, A. B. (2016). Shadow Banking: A Review of the Literature. In G. Jones (Hrsg.), *Banking Crises: Perspectives from The New Palgrave Dictionary* (S. 282–315). Palgrave Macmillan. https://doi.org/10.1057/9781137553799_29

LITERATUR

Alchian, A. A., und Demsetz, H. (1972). Production, Information Costs, and Economic Organization. *American Economic Review, 62*(5), 777–95. https://www.jstor.org/stable/1815199

Alesina, A., und Summers, L. H. (1993). Central Bank Independence and Macroeconomic Performance: Some Comparative Evidence. *Journal of Money, Credit and Banking, 25*(2), 151–62. https://doi.org/10.2307/2077833

Aliber, R. Z., und Kindleberger, C. P. (mit Solow, R. M.) (2011). *Manias, Panics and Crashes: A History of Financial Crises* (6. Aufl.). Palgrave Macmillan.

Allais, M. (1953). *Traité d'économie pure.* CNRS.

Allais, M. (1962). The Influence of the Capital-Output Ratio on Real National Income. *Econometrica, 30*(4): 700–728. https://doi.org/10.2307/1909321

Allen, R. C. (2009). *The British Industrial Revolution in Global Perspective.* Cambridge University Press. https://doi.org/10.1017/CBO9780511816680.

Alloway, T. (2010, 12. März). The Genesis of Repo 105. *Financial Times Alphaville.* https://www.ft.com/content/a27d1ca1-1816-3238-bead-cec71313a181

Almenberg, J., Andersson, M., Buncic, D., Cella, C., Giordani, P., Grodecka, A., Roszbach, K., und Söderberg, G. (2017). *Appropriate Capital Ratios in Major Swedish Banks–New Perspectives* (Sveriges Riksbank Staff Memo). Sveriges Riksbank. https://www.riksbank.se/globalassets/media/rapporter/staff-memo/engelska/2017/staff_memo_170519_eng.pdf

Altavilla, C., Pagano, M., und Simonelli, S. (2017). Bank Exposures and Sovereign Stress Transmission. *Review of Finance, 21*(6), 2109–39. https://doi.org/10.1093/rof/rfx038

Andréadès, A. M. (1966). *History of the Bank of England 1640–1903* (4. Aufl.). Frank Cass.

Andrews, D., und Petroulakis, F. (2019). *Breaking the Shackles: Zombie Firms, Weak Banks and Depressed Restructuring in Europe* (ECB Working Paper No. 2019/2240). European Central Bank. https://papers.ssrn.com/abstract=3334840

Aparicio Fenoll, A. (2010). *High-School Dropouts and Transitory Labor Market Shocks: The Case of the Spanish Housing Boom* (IZA Discussion Paper No. 5139). Institute of Labor Economics. https://doi.org/10.2139/ssrn.1663179

Pfeil, K. J., und Debreu, G. (1954). Existence of an Equilibrium for a Competitive Economy. *Econometrica, 22*(3), 265–90. https://doi.org/10.2307/1907353

Pfeil, K. J., und Hahn, F. (1971). *General Competitive Analysis.* Holden-Day.

Arslanalp, S., und Henry, P. B. (2005). Is Debt Relief Efficient? *Journal of Finance, 60*(2), 1017–51. https://www.jstor.org/stable/3694775

Atack, J., und Neal, L. (2009). *The Origins and Development of Financial Markets and Institutions from the Seventeenth Century to the Present.* Cambridge University Press. https://doi.org/10.1017/CBO9780511757419

Auer, R. (2019). *Beyond the Doomsday Economics of "Proof-of-Work" in Cryptocurrencies* (BIS Working Paper No. 765). Bank for International Settlements. https://www.bis.org/publ/work765.htm

Auer, R., Cornello, G., und Frost, J. (2020). *Rise of the Central Bank Digital Currencies: Drivers, Approaches and Technologies* (BIS Working Paper No. 880). Bank for International Settlements. https://www.bis.org/publ/work880.htm

Avgouleas, E., und Goodhart, C. (2015). Critical Reflections on Bank Bail-Ins. *Journal of Financial Regulation, 1*(1): 3–29. https://doi.org/10.1093/jfr/fju009

Bagehot, W. (1873). *Lombard Street: A Description of the Money Market.* Henry S. King.

Baker, D., und McArthur, T. (2009). *The Value of the "Too Big to Fail" Big Bank Subsidy* (CEPR Issue Brief). Centre for Economic Policy Research. https://www.files.ethz.ch/isn/106829/2009-09_The-Value-Of-The-Too-Big-To-Fail.pdf

Bank von England. (2015, April 19). *Exchanging Banknotes for Gold.* https://www.bankofengland.co.uk/freedom-of-information/2015/9-april-2015

Bank von England. (2020, 23. Oktober). *Details of the Bank of England Loan to the Government in 1694.* https://www.bankofengland.co.uk/freedom-of-information/2020/details-of-the-bank-of-england-loan-to-the-government-in-1694

BCBS (Basel Committee on Banking Supervision). (2017). *The Regulatory Treatment of Sovereign Exposures.* (Discussion Paper). Bank for International Settlements. https://www.bis.org/bcbs/publ/d425.htm

BCBS (Basel Committee on Banking Supervision). (2022, 21. November). *Global Systemically Important Banks: Assessment Methodology and the Additional Loss Absorbency Requirement.* Bank for International Settlements. https://www.bis.org/bcbs/gsib/

Beck, T., Radev, D., und Schnabel, I. (2020). *Bank Resolution Regimes and Systemic Risks* (CEPR Discussion Paper No. DP14724). Centre for Economic Policy Research. https://papers.ssrn.com/sol3/papers.cfm?abstract_id=3603954

Bellofiore, R. (2014). The Socialization of Investment, from Keynes to Minsky and Beyond (Levy Economics Institute Working Paper Collection No. 822). Levy Economics Institute. https://www.levyinstitute.org/publications/the-socialization-of-investment-from-keynes-to-minsky-and-beyond

Berentsen, A., und Schär, F. (2017). *Bitcoin, Blockchain und Kryptoassets.* Books on Demand.

Berentsen, A., und Schär, F. (2019). Stablecoins: The Quest for a Low Volatility Cryptocurrency. In A. Fatas (Hrsg.), *The Economics of FinTech and Digital Currencies* (S. 65–75). CEPR.

Berg, T. O., Carstensen, K., Horn, G. A., Lamla, M. J., Schnabl, G., Sturm, J.-E., und von Weizsäcker, C. C. (2012). Funktionswandel der EZB? *Wirtschaftsdienst, 92*(2), 79–94.

Berger, A. N., und Frame, W. S. (2007). Small Business Credit Scoring and Credit Availability. *Journal of Small Business Management, 45*(1), 5–22. https://doi.org/10.1111/j.1540-627X.2007.00195.x

Berger, A. N., und Udell, G. F. (2002). Small Business Credit Availability and Relationship Lending: The Importance of Bank Organisational Structure. *Economic Journal, 112*(477), F32–53. https://doi.org/10.1111/1468-0297.00682

Berle, A. A., und Means, G. C. (1933). *The Modern Corporation and Private Property.* Transaction.

Bernanke, B. S. (2002, November 22). *Deflation—Making Sure "It" Doesn't Happen Here* [transcript]. Remarks by Governor Ben S. Bernanke before the National Economists Club, Washington, DC. http://www.federalreserve.gov/boarddocs/speeches/2002/20021121/.

Bernanke, B. S., und Gertler, M. (1989). Agency Costs, Net Worth, and Business Fluctuations. *American Economic Review, 79*(1), 14–31. https://www.jstor.org/stable/1804770

Bernanke, B. S., Gertler, M., und Gilchrist, S. (1996). The Financial Accelerator and the Flight to Quality. *Review of Economics and Statistics, 78*(1), 1–15. https://doi.org/10.2307/2109844

Bernanke, B. S., und Harold, J. (1991). The Gold Standard, Deflation, and Financial Crisis in the Great Depression: An International Comparison. In R. G. Hubbard (Hrsg.), *Financial Markets and Financial Crises* (S. 33–68). University of Chicago Press.

Berndt, A., Duffie, D., und Zhu, Y. (2022). *The Decline of Too Big to Fail* (SSRN Scholarly Paper No. 3497897). https://doi.org/10.2139/ssrn.3497897

Bitcoin Wiki. (2021, 14. März). Genesis Block. https://en.bitcoin.it/wiki/Genesis_block#cite_note-block-1

Blanchard, O. (2020, 24. April). High Inflation is Unlikely but Not Impossible in Advanced Economies. Peterson Institute for International Economics (PIIE). https://www.piie.com/blogs/realtime-economic-issues-watch/high-inflation-unlikely-not-impossible-advanced-economies

Block, F. (2018, 16. Mai). To Reform Capitalism, Look to Marx. *Institute for New Economic Thinking.* https://www.ineteconomics.org/perspectives/blog/to-reform-capitalism-look-to-marx

Bloomberg Businessweek. (2022, 28. Dezember). China's $1.3 Trillion Housing Crackdown Leaves Few Winners. Bloomberg.com. https://www.bloomberg.com/news/articles/2022-12-28/-1-3-trillion-china-housing-crackdown-hasn-t-fixed-unaffordable-property-market

Böhm, F. (1961). Demokratie und ökonomische Macht. In: Institut für ausländisches und internationales Wirtschaftsrecht (Hrsg.), *Kartelle und Monopole im modernen Recht:* Beiträge zum übernationalen und nationalen europäischen und amerikanischen Recht (S. 1–24). C. F. Müller.

Boissay, F., Cornelli, G., Doerr, S., und Frost, J. (2022). *Blockchain Scalability and the Fragmentation of Crypto* (BIS Bulletin No. 56). Bank for International Settlements. https://ideas.repec.org/p/bis/bisblt/56.html

Bonner, C. (2016). Preferential Regulatory Treatment and Banks' Demand for Government Bonds. *Journal of Money, Credit and Banking, 48*(6), 1195–21. https://doi.org/10.1111/jmcb.12331

Bordo, M. D. (1983). Some Aspects of the Monetary Economics of Richard Cantillon. *Journal of Monetary Economics, 12*(2), 235–58. https://doi.org/10.1016/0304-3932(83)90002-8

Bordo, M. D., und Levy, M. D. (2020). *Do Enlarged Fiscal Deficits Cause Inflation: The Historical Record* (NBER Working Paper No. 28195). National Bureau of Economic Research. https://doi.org/10.3386/w28195

Borensztein, E., und Panizza, U. (2009). The Costs of Sovereign Default. *IMF Staff Papers, 56*(4), 683–741. https://www.jstor.org/stable/40377829

Boyer, P. C., und Kempf, H. (2020). Regulierungsarbitrage und die Effizienz der Bankenregulierung. *Journal of Financial Intermediation, 41*, 100765. https://doi.org/10.1016/j.jfi.2017.09.002

Braudel, F. (1983). *The Wheels of Commerce: Civilization and Capitalism, 15th–18th Century: Vol. II.* Übers. S. Reynolds. William Collins Sons.

Brewer, E., und Jagtiani, J. (2013). How Much Did Banks Pay to Become Too-Big-to-Fail and to Become Systemically Important? *Journal of Finanical Services Research, 43*(1), 1–35. https://doi.org/10.1007/s10693-011-0119-6

Brinkman, J. A. (2006). The Use of Occupation Names as Patronyms in the Kassite Period: A Forerunner of Neo-Babylonian Ancestral Names? In A. Guinan, M. de J. Ellis, Ferrara, S. Freedman, M. Rutz, L. Sassmannshausen, S. Tinney, und M. Waters (Hrsg.), If a Man Builds a Joyful House: *Assyriological Studies in Honor of Erle Verdun Leichty* (S. 23–43). Brill. https://doi.org/10.1163/9789047408239_007

Broz, J. L. (1998). The Origins of Central Banking: Solutions to the Free-Rider Problem. *International Organization, 52*(2), 231–68. https://www.jstor.org/stable/2601275

Broz, J. L., und Grossman, R. S. (2004). Bezahlen für das Privileg: The Political Economy of Bank of England Charters, 1694–1844. *Explorations in Economic History, 41*(1), 48–72. https://doi.org/10.1016/j.eeh.2003.08.002

Brozović Rončević, D. (2004). What Do Names Tell Us about our Former Occupations? *Collegium Antropologicum, 28*(1), 161–70.

Brunetti, A., und Foellmi, R. (2021). *Wenn eine geldpolitische Nebensache zur politischen Hauptsache wird: Das riesige Vermögen der Schweizerischen Nationalbank* (Economics Working Paper Series No. 2021-01). Universität St. Gallen, Fakultät für Wirtschafts- und Politikwissenschaften. https://econpapers.repec.org/paper/usgeconwp/2021_3a01.htm

Brunnermeier, M. K. (2009). Deciphering the Liquidity and Credit Crunch 2007–2008. *Journal of Economic Perspectives, 23*(1), 77–100. https://doi.org/10.1257/jep.23.1.77

Brunnermeier, M. K., Garicano, L., Lane, P. R., Pagano, M., Reis, R., Santos, T., Thesmar, D., Van Nieuwerburgh, S., und Vayanos, D. (2016). The Sovereign-Bank Diabolic Loop and ESBies. *American Economic Review, 106*(5), 508–12. https://doi.org/10.1257/aer.p20161107

Brunsden, J. (2019, 6. Januar). Eurozone Is Learning to Deal with Failed Banks, Regulator Says. *Financial Times.* https://www.ft.com/content/9816d9d6-04fc-11e9-9d01-cd-4d49afbbe3

Bryant, J. (1980). A Model of Reserves, Bank Runs, and Deposit Insurance. *Journal of Banking and Finance, 4*(4), 335–44. https://doi.org/10.1016/0378-4266(80)90012-6

Buchak, G., Matvos, G., Piskorski, T., und Seru, A. (2018). Fintech, Regulatory Arbitrage, and the Rise of Shadow Banks. *Journal of Financial Economics, 130*(3), 453–83. https://doi.org/10.1016/j.jfineco.2018.03.011

Budish, E. (2018). *The Economic Limits of Bitcoin and the Blockchain* (NBER Working Paper No. 24717). National Bureau of Economic Research. https://doi.org/10.3386/w24717

Buiter, W. H. (2003). *Helicopter Money: Irredeemable Fiat Money and the Liquidity Trap* (NBER Working Paper No. 10163). National Bureau of Economic Research. http://www.nber.org/papers/w10163

Buiter, W. H. (2009, 6. März). The Unfortunate Uselessness of Most "State of the Art" Academic Monetary Economics. *VoxEU.org.* https://cepr.org/voxeu/columns/unfortunate-uselessness-most-state-art-academic-monetary-economics

Buiter, W. H., und Panigirtzoglou, N. (2003). Overcoming the Zero Bound on Nominal Interest Rates with Negative Interest on Currency: Gesell's Solution. *Economic Journal, 113*(490), 723–46. https://doi.org/10.1111/1468-0297.t01-1-00162

Buser, S. A., Chen, A. H., und Kane, E. J. (1981). Federal Deposit Insurance, Regulatory Policy, and Optimal Bank Capital. *Journal of Finance, 36*(1), 51–60. https://doi.org/10.2307/2327463

Butler, H. N. (1989). The Contractual Theory of the Corporation. *George Mason University Law Review, 11*(4), 99–123.

Calomiris, C. W., und Chen, S. (2022). The Spread of Deposit Insurance and the Global Rise in Bank Asset Risk since the 1970s. *Journal of Financial Intermediation, 49*, 1–16. https://doi.org/10.1016/j.jfi.2020.100881

Calomiris, C. W., Flandreau, M., und Laeven, L. (2016). Political Foundations of the Lender of Last Resort: A Global Historical Narrative. *Journal of Financial Intermediation, 28*, 48–65. https://doi.org/10.1016/j.jfi.2016.09.002

Calomiris, C. W., und Kahn, C. M. (1991). The Role of Demandable Debt in Structuring Optimal Banking Arrangements. *American Economic Review, 81*(3), 497–513. https://www.jstor.org/stable/2006515

Cantillon, R. (2010). *An Essay on Economic Theory*. Trans C. Saucier, hrsg. v. M. Thornton. Ludwig von Mises Institute. https://mises.org/library/essay-economic-theory-0 (Die Originalausgabe wurde 1755 veröffentlicht).

Carlson, M. A. (2013). *Lessons from the Historical Use of Reserve Requirements in the United States to Promote Bank Liquidity* (Finance and Economics Discussion Series 2013-11). Board of Governors of the Federal Reserve System. https://www.federalreserve.gov/pubs/feds/2013/201311/201311pap.pdf

Carrasco, E. R. (2010). *The Global Financial Crisis and the Financial Stability Forum: The Awakening and Transformation of an International Body* (University of Iowa Legal Studies Research Paper No. 10-06). University of Iowa. https://papers.ssrn.com/abstract=1543508

Casu, B., Girardone, C., und Molyneux, P. (2015). *Introduction to Banking* (2. Aufl.). Pearson.

Cetorelli, N., und Traina, J. (2021). Resolving "Too Big to Fail." *Journal of Financial Services Research, 60*(1), 1–23. https://doi.org/10.1007/s10693-021-00352-1

Chafuen, A. (2013, 1. Mai). The Sad Decline of the Word "Capitalism." *Forbes*. https://www.forbes.com/sites/alejandrochafuen/2013/05/01/the-sad-decline-of-the-word-capitalism/?sh=5fdc93aaa712

Chari, V. V., und Kehoe, P. J. (2013). *Bailouts, Time Inconsistency, and Optimal Regulation* (NBER Working Paper No. 19192). National Bureau of Economic Research. http://www.nber.org/papers/w19192

Chemla, G., und Hennessy, C. A. (2014). Skin in the Game and Moral Hazard. *Journal of Finance, 69*(4), 1597–1641. https://www.jstor.org/stable/43611198

Chen, Y., und Bellavitis, C. (2020). Blockchain Disruption and Decentralized Finance: The Rise of Decentralized Business Models. *Journal of Business Venturing Insights, 13*, e00151. https://doi.org/10.1016/j.jbvi.2019.e00151

Choudhary, M. A. S., und Parai, A. K. (1991). Budget Deficit and Inflation: The Peruvian Experience. *Applied Economics, 23*(6), 1117–21. https://doi.org/10.1080/00036849100000015

Clapham, S. J. (1944). *The Bank of England: A History, Volume I 1694–1797*. Cambridge University Press.

Clarida, R., Galí, J., und Gertler, M. (2000). Monetary Policy Rules and Macroeconomic Stability: Evidence and Some Theory. *Quarterly Journal of Economics, 115*(1), 147–80. https://doi.org/10.1162/003355300554692

Coase, R. H. (1937). The Nature of the Firm. *Economica, 4*(16), 386–405. https://doi.org/10.1111/j.1468-0335.1937.tb00002.x

Cochran, J. P., und Call, S. T. (2000). Freies Bankwesen und Kreditschöpfung: Implications for Business Cycle Theory. *Quarterly Journal of Austrian Economics, 3*(3), 35–50. https://doi.org/10.1007/s12113-000-1019-z

Cochrane, J. H. (2014). Towards a Run-free Finanical System. In M. N. Baily und J. B. Taylor (Hrsg.), *Across the Great Divide: New Perspectives on the Financial Crisis*. Hoover Institution Press.

Cooper, R., und Nikolov, K. (2018). *Staatsverschuldung und Fragilität der Banken: The Spreading of Strategic Uncertainty* (ECB Working Paper No. 2195). European Central Bank. https://papers.ssrn.com/abstract=3284429

Cox, J. (2018, 12. September). Bernanke, Paulson and Geithner Say They Bailed Out Wall Street to Help Main Street. *CNBC*. https://www.cnbc.com/2018/09/12/bernanke-paulson-and-geithner-say-they-bailed-out-wall-street-to-help-main-street.html

Crabbe, L. (1989). The International Gold Standard and US Monetary Policy from World War I to the New Deal. *Federal Reserve Bulletin, 75*, 423–40.

Dalio, R. (2021). *Principles for Dealing with the Changing World Order: Why Nations Succeed and Fail*. Avid Reader Press/Simon and Schuster.

Damodaran, A. (2023, Januar). *Debt Fundamentals by Sector (US)*. https://pages.stern.nyu.edu/~adamodar/New_Home_Page/datafile/dbtfund.html

Dari-Mattiacci, G., Gelderblom, O., Jonker, J., und Perotti, E. C. (2017). The Emergence of the Corporate Form. *Journal of Law, Economics, and Organization, 33*(2), 193–236. https://doi.org/10.1093/jleo/ewx002

Davidson, S., Filippi, P. D., und Potts, J. (2018). Blockchains and the Economic Institutions of Capitalism. *Journal of Institutional Economics, 14*(4), 639–58. https://doi.org/10.1017/S1744137417000200

Davoudi, L., McKenna, C., und Olegario, R. (2018). The Historical Role of the Corporation in Society. *Journal of the British Academy*, 6(s1), 17–47. https://doi.org/10.5871/jba/006s1.017

Daye, W., Xiao, J., und Song, Y. (2017). *Marketplace Lending Securitization Tracker Q4 2016*. PeerIQ. https://www.peeriq.com/wp-content/uploads/2019/01/PeerIQ-MPL-Securitization-Tracker_2016-Q4.pdf

de Jong, A., Kabir, R., und Nguyen, T. T. (2008). Capital Structure around the World: The Roles of Firm- and Country-Specific Determinants. *Journal of Banking and Finance, 32*(9), 1954–69. https://doi.org/10.1016/j.jbankfin.2007.12.034

de Soto, J. H. (1995). A Critical Analysis of Central Banks and Fractional-Reserve Free Banking from the Austrian School Perspective. *Review of Austrian Economics, 8*(2), 25–38. https://doi.org/10.1007/BF01102290

de Soto, J. H. (2009). *Money, Bank Credit, and Economic Cycles* (2. Aufl.). Übers. M. A. Stroup. Ludwig von Mises Institute.

Debreu, G. (1959). *Theory of Value: An Axiomatic Analysis of Economic Equilibrium*. Yale University Press.

Dell'Ariccia, G., und Marquez, R. (2006). Competition among Regulators and Credit Market Integration. *Journal of Financial Economics, 79*(2), 401–30. https://doi.org/10.1016/j.jfineco.2005.02.003

Delong, J. B. (2020, 24. Dezember). What Lifted Trump Could Sink Biden. *Project Syndicate.* https://www.project-syndicate.org/commentary/austerity-will-kill-the-income-growth-that-helped-trump-by-j-bradford-delong-2020-12

Delong, J. B., und Sims, C. A. (1999). Should We Fear Deflation? *Brookings Papers on Economic Activity, 1,* 225–52. https://doi.org/10.2307/2534666

Demirgüç-Kunt, A., und Kane, E. J. (2002). Deposit Insurance around the Globe: Where Does it Work? *Journal of Economic Perspectives, 16*(2), 175–95. https://doi.org/10.1257/0895330027319

Demirgüç-Kunt, A., Kane, E. J., und Laeven, L. (2008). *Deposit Insurance around the World: Issues of Design and Implementation.* MIT Press. https://doi.org/10.7551/mitpress/9780262042543.001.0001

Demsetz, H. (2002). Toward a Theory of Property Rights II: The Competition between Private and Collective Ownership. *Journal of Legal Studies, 31,* 653–72. https://doi.org/10.1086/342028

Deutsche Bank. (2020). *Annual Report 2019.* https://investor-relations.db.com/files/documents/annual-reports/Deutsche_Bank_Annual_Report_2019.pdf?language_id=1

Deutsche Bank. (2023). *Annual Report 2022.* https://investor-relations.db.com/files/documents/annual-reports/2023/Annual-Report-2022.pdf

Deutscher Bundestag. (2010). *Scheitert der Euro, dann scheitert Europa.* https://www.bundestag.de/webarchiv/textarchiv/2010/29826227_kw20_de_stabilisierungsmechanismus-201760

Diamond, D. W. (1997). Liquidity, Banks, and Markets. *Journal of Political Economy, 105*(5), 928–56. https://doi.org/10.1086/262099

Diamond, D. W., und Dybvig, P. H. (1983). Bank Runs, Deposit Insurance, and Liquidity. *Journal of Political Economy, 91*(3), 401–19. https://www.jstor.org/stable/1837095

Dickson, P. (1993). *The Financial Revolution in England: A Study in the Development of Public Credit, 1688–1756.* Routledge.

Dotsey, M., King, R. G., und Wolman, A. L. (1999). State-Dependent Pricing and the General Equilibrium Dynamics of Money and Output. *Quarterly Journal of Economics, 114*(2), 655–90. https://doi.org/10.1162/003355399556106

Drudi, F., Moench, E., Holthausen, C., Weber, P.-F., Ferrucci, G., Setzer, R., Nino, V. D., Barbiero, F., Faccia, D., Breitenfellner, A., Faiella, I., Farkas, M., Bun, M., Fornari, F., Ciccarelli, M., Darracq Paries, M., Giovannini, A., Papadopoulou, N., Parker, M., … Ouvrard, J.-F. (2021). *Climate Change and Monetary Policy in the Euro Area* (ECB Occasional Paper No. 271). European Central Bank. https://papers.ssrn.com/abstract=3928292

Dubois, E. (2016). Political Business Cycles 40 Years after Nordhaus. *Public Choice, 166*(1), 235–59. https://doi.org/10.1007/s11127-016-0313-z

Dudley, W. C., und Hubbard, R. G. (2004). *How Capital Markets Enhance Economic Performance and Facilitate Job Creation.* Global Markets Institute Goldman Sachs.

Durkheim, É. (1893). *De la division du travail social.* Félix Alcan.

Dynan, K. E., Elmendorf, D. W., und Sichel, D. E. (2006, November). *Financial Innovations and the Great Moderation: What Do Household Data Say?* Presented at Financial Innovations and the Real Economy conference, Center for the Study of Innovation and Productivity, Federal Reserve Bank of San Francisco, San Francisco.

Easterbrook, F. H., und Fischel, D. R. (1985). Limited Liability and the Corporation. *University of Chicago Law Review, 52*(1), 89–117. https://doi.org/10.2307/1599572

Easterbrook, F. H., und Fischel, D. R. (1996). *The Economic Structure of Corporate Law.* Harvard University Press.

ECB (European Central Bank). (2020a, 18. März). ECB Announces €750 Billion Pandemic Emergency Purchase Programme (PEPP) [press release]. https://www.ecb.europa.eu/press/pr/date/2020/html/ecb.pr200318_1~3949d6f266.en.html

ECB (European Central Bank). (2020b). *Transmission Mechanism of Monetary Policy.* European Central Bank, Eurosystem. https://www.ecb.europa.eu/mopo/intro/transmission/html/index.en.html

ECB (European Central Bank). (2021). *Pandemic Emergency Purchase Programme (PEPP).* European Central Bank, Eurosystem. https://www.ecb.europa.eu/mopo/implement/pepp/html/index.en.html

ECB (European Central Bank). (2022). *Asset Purchase Programmes.* European Central Bank. https://www.ecb.europa.eu/mopo/implement/app/html/index.en.html

ECB (European Central Bank). (2023a). *Monetäre Statistik: Monetary Aggregates and Counterparts* (MFI Balance Sheets). European Central Bank. https://sdw.ecb.europa.eu/reports.do?node=1000005717

ECB (European Central Bank). (2023b). *Money, Banking and Other Financial Corporations: Aggregated Balance Sheet of Euro Area MFIs* (Statistics Bulletin). European Central Bank. https://sdw.ecb.europa.eu/reports.do?node=10000028

ECB (European Central Bank). (2023c). *Euro Area: Government Debt Securities* (Statistics Bulletin). European Central Bank. https://sdw.ecb.europa.eu/reports.do?node=1000003970

Eichengreen, B. (1996). *Golden Fetters: The Gold Standard and the Great Depression, 1919–1939.* Oxford University Press. https://doi.org/10.1093/0195101138.001.0001

Eichengreen, B., und Temin, P. (2000). The Gold Standard and the Great Depression. *Contemporary European History, 9*(2), 183–207. https://www.jstor.org/stable/20081742

Ellyat, H. (2015, 18. November). A "Fixit"? Finland to Debate Leaving the Euro Zone. *CNBC.* https://www.cnbc.com/2015/11/18/a-fixit-finland-to-debate-leaving-the-euro-zone.html

ERICA. (2020, 20. Mai). *Base de données européenne contenant des informations agrégées sur les entreprises non financières / groupes côtés.* https://www.bach.banque-france.fr/?lang=fr

Erikson, E., und Assenova V. (2015). Introduction: New Forms of Organization and the Coordination of Political and Commercial Actors. In E. Erikson (Hrsg.), *Chartering Capitalism: Organizing Markets, States, and Publics* (S. 3–13). Emerald Group.

ethereum.org. (2022). *Proof-of-Stake (POS).* https://ethereum.org/en/developers/docs/consensus-mechanisms/pos/

Euro Area Statistics. (2018, 11. Juli). *Corporate Debt Ratio Varies across the Euro Area.* https://www.euro-area-statistics.org/statistics-insights/corporates-debt-ratio-in-the-euro-area?lg=en

European Commission. (o. D.). *E-money.* Abgerufen am 24. November 2022, von https://finance.ec.europa.eu/consumer-finance-and-payments/payment-services/e-money_en

European Commission. Directive 2014/59/EU, OJ L 173, 12.6.2014, S. 190–348. (2014). http://data.europa.eu/eli/dir/2014/59/oj

European Commission. Regulation (EU) No 806/2014, OJ L 225, 30.7.2014, S. 1–90. (2014). http://data.europa.eu/eli/reg/2014/806/oj

European Union. (o. D.). *NextGenerationEU*. NextGenerationEU. Abgerufen am 25. April 2023, von https://next-generation-eu.europa.eu/index_en

Eurostat. (2022, 24. Oktober). *Non-Financial Corporations—Statistics on Financial Assets and Liabilities*. Statistics Explained. https://ec.europa.eu/eurostat/statistics-explained/index.php?title=Non-financial_corporations_-_statistics_on_financial_assets_and_liabilities

Eurostat. (2023a). *Government Finance Statistics—Quarterly Data*. Statistics Explained. https://ec.europa.eu/eurostat/statistics-explained/SEPDF/cache/16937.pdf

Eurostat. (2023b, 21. April). *Government Deficit/Surplus, Debt and Associated Data*. Data Browser. https://ec.europa.eu/eurostat/databrowser/view/GOV_10DD_EDPT1__custom_5972745/default/table?lang=en

Ewing, J., und Kitsantonis, N. (2015, 27. Juli). Greece Made Preparations to Exit Euro. *New York Times*. https://www.nytimes.com/2015/07/28/business/greece-debt-varoufakis-recording.html

Fairchild, T. (2018). *Negative Equity, Veiled Value, and the Erosion of Price-to-Book*. O'Shaughnessy Asset Management. https://www.osam.com/pdfs/research/44_Negative_Equity_Veiled_Value_and_the_Erosion_of_Price-to-Book-April-30-2018.pdf

Farhi, E., und Tirole, J. (2012). Collective Moral Hazard, Maturity Mismatch, and Systemic Bailouts. *American Economic Review, 102*(1), 60–93. https://doi.org/10.1257/aer.102.1.60

Farhi, E., und Tirole, J. (2018). Deadly Embrace: Sovereign and Financial Balance Sheets Doom Loops. *Review of Economic Studies, 85*(3), 1781–1823. https://doi.org/10.1093/restud/rdx059

Federal Deposit Insurance Corporation. (1984). *Federal Deposit Insurance Corporation: The First Fifty Years. A History of the FDIC 1933–1983*. Federal Deposit Insurance Corporation.

Federal Reserve Bank of Minneapolis. (2016). *The Minneapolis Plan to End Too Big to Fail*. https://www.minneapolisfed.org/~/media/files/publications/studies/endingtbtf/the-minneapolis-plan/the-minneapolis-plan-to-end-too-big-to-fail-2016.pdf?la=en

Federal Reserve Bank of St. Louis. (2023, 30. März). Velocity of M2 Money Stock [M2V]. *FRED*. https://fred.stlouisfed.org/series/M2V

Ferguson, N., Kornejew, M., Schmelzing, P., und Schularick, M. (2023). *The Safety Net: Central Bank Balance Sheets and Financial Crises, 1587–2020* (CEPR Discussion Paper No. 17858). Centre for Economic Policy Research. https://cepr.org/publications/dp17858

Fernández Ordóñez, M. A. (2019). *Adiós a los bancos: Una visión distinta del dinero y la banca*. Taurus.

Fetter, F. W. (1965). *Development of British Monetary Orthodoxy, 1797–1875*. Harvard University Press.

Financial Stability Board. (2017, 3. Juli). *Safer, Simpler, Fairer*. https://www.fsb.org/multimedia/safersimplerfairer/

Fischer, S. (1986). Friedman versus Hayek on Private Money: Review Essay. *Journal of Monetary Economics, 17*(3), 433–39. https://doi.org/10.1016/0304-3932(86)90067-X

Fischer, I. (1933a). *Stamp Scrip*. Adelphi.

Fischer, I. (1933b). The Debt-Deflation Theory of Great Depressions. *Econometrica, 1*(4), 337–57. https://doi.org/10.2307/1907327

Flandreau, M., und Ugolini, S. (2013). Where It All Began: Lending of Last Resort and Bank of England Monitoring during the Overend-Gurney Panic of 1866. In M. D. Bordo und W. Roberds (Hrsg.), *The Origins, History, and Future of the Federal Reserve: A Return to Jekyll Island* (S. 113–61). Cambridge University Press. https://doi.org/10.1017/CBO9781139005166.006

Flannery, M. J. (2010, 12. Mai). *What to Do about TBbanTF.* Presented at the Federal Reserve Bank of Atlanta 2010 Financial Markets Conference Up From the Ashes: The Financial System after the Crisis, Atlanta, GA. https://realestateresearch.frbatlanta.org/-/media/documents/news/conferences/2010/fmc/papers/Flannery.pdf

Forbes, K. (2019). *Has Globalization Changed the Inflation Process?* (BIS Working Paper No. 791). Bank for International Settlements. https://www.bis.org/publ/work791.htm

Frame, W. S., Mihov, A., und Sanz, L. (2020). Foreign Investment, Regulatory Arbitrage, and the Risk of U.S. Banking Organizations. *Journal of Financial and Quantitative Analysis, 55*(3), 955–88. https://doi.org/10.1017/S0022109019000267

Francis, J. (1848). *History of the Bank of England: Its Times and Traditions* (Bd. 1). Willoughby.

Fratianni, M., und Spinelli, F. (2006). *Did Genoa and Venice Kick a Financial Revolution in the Quattrocento?* (Working Paper No. 112). Oesterreichische Nationalbank. https://ideas.repec.org/p/onb/oenbwp/112.html

Fratzscher, M., Lo Duca, M., und Straub, R. (2016). ECB Unconventional Monetary Policy: Market Impact and International Spillovers. *IMF Economic Review, 64*(1), 36–74. https://www.jstor.org/stable/24738113

French, D. (2006). The Dutch Monetary Environment during Tulipmania. *Quarterly Journal of Austrian Economics, 9*(1), 3–14. https://doi.org/10.1007/s12113-006-1000-6

Friedman, M. (1948). A Monetary and Fiscal Framework for Economic Stability. *American Economic Review, 38*(3), 245–64. https://www.jstor.org/stable/1810624

Friedman, M. (1965). *A Program for Monetary Stability* (4. Aufl.). Fordham University Press.

Friedman, M. (1969). *The Optimum Quantity of Money and Other Essays*. Macmillan.

Friedman, M. (1984). Currency Competition: A Skeptical View. In P. Salin (Hrsg.), *Currency Competition and Monetary Union* (S. 42–46). Springer Netherlands. https://doi.org/10.1007/978-94-009-6077-0_2

Friedman, M., und Schwartz, A. J. (1986). Has Government Any Role in Money? *Journal of Monetary Economics, 17*(1), 37–62. https://doi.org/10.1016/0304-3932(86)90005-X

Fukunaga, I., Komatsuzaki, T., und Matsuoka, H. (2019). *Inflation and Public Debt Reversals in Advanced Economies* (IMF Working Paper No. 19/297). International Monetary Fund. https://papers.ssrn.com/abstract=3524316

Funke, M., Schularick, M., und Trebesch, C. (2016). Going to Extremes: Politics after Financial Crisies, 1870–2014. *European Economic Review, 88*, 227–60. https://doi.org/10.1016/j.euroecorev.2016.03.006

Fuster, A., Plosser, M., Schnabl, P., und Vickery, J. (2019). The Role of Technology in Mortgage Lending. *Review of Financial Studies, 32*(5), 1854–99. https://doi.org/10.1093/rfs/hhz018

Gabriel, R. D., Klein, M., und Pessoa, A. S. (2022). *The Political Costs of Austerity* (SSRN Scholarly Paper No. 4160971). SSRN. https://doi.org/10.2139/ssrn.4160971

Gadinis, S. (2012). The Financial Stability Board: The New Politics of International Financial Regulation. *Texas International Law Journal, 48*(2), 157–75. https://ssrn.com/abstract=2214709

Gale, D. (1973). On the Theory of Interest. *American Mathematical Monthly, 80*(8), 853–68. https://doi.org/10.2307/2319391

Gans, J. S., und Gandal, N. (2019). *More (or Less) Economic Limits of the Blockchain* (NBER Working Paper No. 26534). National Bureau of Economic Research. https://doi.org/10.3386/w26534

Gaus, G. F. (1994). Property, Rights, and Freedom. *Social Philosophy and Policy, 11*(2), 209–40. https://doi.org/10.1017/S0265052500004490

Geanakoplos, J. (2010). The Leverage Cycle. *NBER Macroeconomics Annual, 24*(1), 1–66. https://doi.org/10.1086/648285

Gennaioli, N., Martin, A., und Rossi, S. (2014). Sovereign Default, Domestic Banks, and Financial Institutions. *Journal of Finance, 69*(2), 819–66. https://doi.org/10.1111/jofi.12124

Gensler, G. (2018, 23. April). Gary Gensler: Remarks at the Business of Blockchain Event. *MIT Media Lab*. https://www.media.mit.edu/posts/remarks-at-blockchain-event/

Gesell, S. (1916). *Die natürliche Wirtschaftsordnung durch Freiland und Freigeld*. Silvio Gesell.

Gherity, J. A. (1994). The Evolution of Adam Smith's Theory of Banking. *History of Political Economy, 26*(3), 423–41. https://doi.org/10.1215/00182702-26-3-423

Ghizoni, S. K. (2013, 22. November). Nixon Ends Convertibility of U.S. Dollars to Gold and Announces Wage/Price Controls. *Federal Reserve History*. https://www.federalreservehistory.org/essays/gold-convertibility-ends

Giannini, C. (2011). *The Age of Central Banks*. Edward Elgar.

Gilbart, J. W. (1834). *The History and Principles of Banking*. Longman, Rees, Orme, Brown, Green und Longman.

Giles, C. (2021, 4. Januar). OECD Warns Governments to Rethink Constraints on Public Spending. *Financial Times*. https://www.ft.com/content/7c721361-37a4-4a44-9117-6043afee0f6b

Giroud, X., und Mueller, H. (2017). Firm Leverage, Consumer Demand, and Employment Losses During the Great Recession. *Quarterly Journal of Economics, 132*, 271–316. https://doi.org/10.1093/qje/qjw035

Goethe, J. W. von. (1832). *Faust: Der Tragödie zweiter Teil*. J. G. Cotta'schen Buchhandlung.

Goodacre, H. (2010). Limited Liability and the Wealth of "Uncivilised Nations": Adam Smith and the Limits to the European Enlightenment. *Cambridge Journal of Economics, 34*(5), 857–67. https://doi.org/10.1093/cje/beq007

Goodfriend, M. (2000). Overcoming the Zero Bound on Interest Rate Policy. *Journal of Money, Credit and Banking, 32*(4), 1007–35. https://doi.org/10.2307/2601157

Goodhart, C. A. (1988). *The Evolution of Central Banks.* MIT Press.

Goodhart, C. A. (2008). The Boundary Problem in Financial Regulation. *National Institute Economic Review, 206*(1), 48–55. https://doi.org/10.1177/0027950108099842

Goodhart, C. A., und Perotti, E. C. (2015). *Maturity Mismatch Stretching: Banking Has Taken a Wrong Turn* (Policy Insight May 2015). Centre for Economic Policy Research. https://cepr.org/publications/policy-insight-81-maturity-mismatch-stretching-banking-has-taken-wrong-turn

Goodhart, C. A., und Pradhan, M. (2020). *The Great Demographic Reversal: Ageing Societies, Waning Inequality, and an Inflation Revival.* Palgrave Macmillan. https://doi.org/10.1007/978-3-030-42657-6

Goodhart, C., und Pradhan, M. (2020, 27. März). Future Imperfect after Coronavirus. *VoxEU.* https://voxeu.org/article/future-imperfect-after-coronavirus

Goolsbee, A. D., und Klenow, P. J. (2018). Internet Rising, Prices Falling: Measuring Inflation in a World of E-Commerce. *AEA Papers and Proceedings, 108,* 488–92. https://doi.org/10.1257/pandp.20181038

Gopinath, G., Kalemli-Özcan, Ş., Karabarbounis, L., und Villegas-Sanchez, C. (2017). Capital Allocation and Productivity in South Europe. *Quarterly Journal of Economics, 132*(4), 1915–67. https://doi.org/10.1093/qje/qjx024

Gorton, G. B. (1994). Bank Regulation When "Banks" and "Banking" Are Not the Same. *Oxford Review of Economic Policy, 10*(4), 106–19. https://doi.org/10.1093/oxrep/10.4.106

Gorton, G. B. (2010). *Slapped by the Invisible Hand: The Panic of 2007.* Oxford University Press.

Gorton, G. (2020). The Regulation of Private Money. *Journal of Money, Credit and Banking, 52*(S1), 21–42. https://doi.org/10.1111/jmcb.12731

Graeber, D. (2014). *Debt—The First 5,000 Years.* Melville House.

Greenspan, A. (2002, 19. November). *International Financial Risk Management* [Mitschrift]. Remarks by Chairman Alan Greenspan before the Council on Foreign Relations, Washington, DC. https://www.federalreserve.gov/boarddocs/speeches/2002/20021119/default.htm

Greenspan, A. (2009, 12. März). The Fed Didn't Cause the Housing Bubble. *Wall Street Journal.* http://online.wsj.com/news/articles/SB123672965066989281

Gregory, C. A. (1982). *Gifts and Commodities.* Academic Press.

Grey, T. C. (1980). The Disintegration of Property. *Nomos, 22,* 69–85. http://www.jstor.org/stable/24219422

Grilli, V., Masciandaro, D., Tabellini, G., Malinvaud, E., und Pagano, M. (1991). Political and Monetary Institutions and Public Financial Policies in the Industrial Countries. *Economic Policy, 6*(13), 341–92. https://doi.org/10.2307/1344630

Gros, D., und Alcidi, C. (2012, 15. April). The Spanish Hangover. *VoxEU.* https://cepr.org/voxeu/columns/spanish-hangover

Grossman, S. J., und Hart, O. D. (1986). The Costs and Benefits of Ownership: A Theory of Vertical and Lateral Integration. *Journal of Political Economy, 94*(4), 691–719. https://doi.org/10.1086/261404

Grussenmeyer, P., und Maurer, H. (2015). *Financial Assistance Measures in the Euro Area from 2008 to 2013: Statistical Framework and Fiscal Impact* (Statistics Paper Series No. 7). European Central Bank. https://ideas.repec.org/p/ecb/ecbsps/20157.html

Haering, N. (2018). *Die Abschaffung des Bargelds und die Folgen: Der Weg in die totale Kontrolle* (2. Aufl.). Bastei Lübbe.

Haldane, A. G. (2012, 14. März). *Towards a Common Financial Language* [Abschrift]. Securities Industry and Financial Markets Association (SIFMA) "Building a Global Legal Entity Identifier Framework" Symposium, New York. http://www.bis.org/review/r120315g.pdf

Hamburger, M. J., und Zwick, B. (1981). Deficits, Money and Inflation. *Journal of Monetary Economics, 7*(1), 141–50. https://doi.org/10.1016/0304-3932(81)90057-X

Hamilton, H. (1956). Das Scheitern der Bank von Ayr, 1772. Economic History Review, 8(3), 405-17. https://doi.org/10.1111/j.1468-0289.1956.tb01580.x

Hammurabi and Records of the Past Exploration Society. (1903). *Code of Hammurabi, King of Babylon*. Washington, DC: Records of the Past Exploration Society.

Hancock, C. (2019, 2. Oktober). Was it Worth Paying €41.7bn to Bail Out Irish Banks? *Irish Times*. https://www.irishtimes.com/business/financial-services/was-it-worth-paying-41-7bn-to-bail-out-irish-banks-1.4036792

Hansmann, H., und Kraakman, R. (2000). The Essential Role of Organizational Law. *Yale Law Journal, 110*(3), 387–440. https://doi.org/10.2307/797521

Hansmann, H., Kraakman, R., und Squire, R. (2006). Law and the Rise of the Firm. *Harvard Law Review, 119*(5), 1333–1403. https://ssrn.com/abstract=921429

Harris, R. (2020). A New Understanding of the History of Limited Liability: An Invitation for Theoretical Reframing. *Journal of Institutional Economics, 16*(5), 643–64. https://doi.org/10.1017/S1744137420000181

Hart, O. (2000). *Different Approaches to Bankruptcy* (NBER Working Paper No. 7921). National Bureau of Economic Research. https://doi.org/ 10.3386/w7921

Hart, O., und Holmström, B. (1987). The Theory of Contracts. *Advances in Economic Theory: Fifth World Congress* (Bd. 1).

Hartwick, J. (1993). *A Brief History of Price*. Palgrave Macmillan. https://doi.org/10.1057/9780230374669

Hassan, S., und Filippi, P. D. (2021). Decentralized Autonomous Organization. *Internet Policy Review, 10*(2). https://doi.org/10.14763/2021.2.1556

Haubrich, J. G., und Wachtel, P. (1993). Capital Requirements and Shifts in Commercial Bank Portfolios. *Economic Review Federal Reserve Bank of Cleveland, 29*(3), 2–15.

Haughwout, A., Peach, R. W., Sporn, J., und Tracy, J. (2012). *The Supply Side of the Housing Boom and Bust of the 2000s* (Staff Report No. 556). Federal Reserve Bank of New York. https://www.newyorkfed.org/medialibrary/media/research/staff_reports/sr556.pdf

Hayek, F. A. (1945). The Use of Knowledge in Society. *American Economic Review, 35*(4), 519–30. https://www.jstor.org/stable/1809376

Hayek, F. A. (1944). *The Road to Serfdom*. Routledge.

Hayek, F. A. (1990). *Denationalisation of Money: The Argument Refined: An Analysis of the Theory and Practice of Concurrent Currencies* (3. Aufl., Ser. Hobart Papier Spezial, 70). Institute of Economic Affairs.

Heilbroner, R. L., und Boettke, P. J. (2021). Capitalism. In *Encyclopedia Britannica*. https://www.britannica.com/topic/capitalism

Heilman, E., Baldimtsi, F., und Goldberg, S. (2016). Blindly Signed Contracts: Anonymous On-Blockchain and Off-Blockchain Bitcoin Transactions. In J. Clark, S. Meiklejohn, P. Y. A. Ryan, D. Wallach, M. Brenner, und K. Rohloff (Hrsg.), Financial Cryptography and Data Security (S. 43-60). Springer. https://doi.org/10.1007/978-3-662-53357-4_4

Hercelin, N. (2019, 14. Juni). How the ECB Quietly Subsidizes the Car Industry. *Positive Money Europe*. https://www.positivemoney.eu/2019/06/abspp-subsidizes-car-manufacturing/

Higgins, S. (2014, August 29). Hal Finney über Bitcoin: In His Own Words. *CoinDesk*. https://www.coindesk.com/markets/2014/08/29/hal-finney-on-bitcoin-in-his-own-words/

Hodgson, G. M. (2017). 1688 and All That: Property Rights, the Glorious Revolution and the Rise of British Capitalism. *Journal of Institutional Economics, 13*(1), 79–107. https://doi.org/10.1017/S1744137416000266

Hoggson, N. F. (1926). *Banking through the Ages*. Dodd, Mead.

Houston, J. F., Lin, C., und Ma, Y. (2012). Regulatory Arbitrage and International Bank Flows. *Journal of Finance, 67*(5), 1845–95. https://doi.org/10.1111/j.1540-6261.2012.01774.x

Huberman, G., Leshno, J. D., und Moallemi, C. (2021). Monopoly without a Monopolist: An Economic Analysis of the Bitcoin Payment System. *Review of Economic Studies, 88*(6), 3011–40. https://doi.org/10.1093/restud/rdab014

Hull, I., Sattath, O., Diamanti, E., und Wendin, G. (2021). Quantum Technology for Economists. *ArXiv:2012.04473 [Quant-Ph, q-Fin]*. https://doi.org/10.48550/arXiv.2012.04473

Humphrey, T. M. (1989). Lender of Last Resort: The Concept in History. *FRB Richmond Economic Review, 75*(2), 8–16. https://ssrn.com/abstract=2125371

Hunt, E. S. (2002). *The Medieval Super-Companies: A Study of the Peruzzi Company of Florence*. Cambridge University Press.

Iliffe, R. (2009). Newton and the Money Men. *Nature, 462*, 39–40. https://doi.org/10.1038/462039a

International Accounting Standards Board. (2018). *Conceptual Framework for Financial Reporting*. IFRS Foundation. https://www.ifrs.org/content/dam/ifrs/publications/pdf-standards/english/2021/issued/part-a/conceptual-framework-for-financial-reporting.pdf

Jacklin, C. J. (1987). Demand Deposits, Trading Restrictions, and Risk-Sharing. In E. Prescott und N. Wallace (Hrsg.), *Contractual Arrangements for Intertemporal Trade* (S. 26–47). University of Minnesota Press.

Jensen, M. C., und Meckling, W. H. (1976). Theory of the Firm: Managerial Behavior, Agency Costs and Ownership Structure. *Journal of Financial Economics, 3*(4), 305–60. https://doi.org/10.1016/0304-405X(76)90026-X

Johnson, S., und Ahlander, J. (2022, 10. Oktober). Banking Crisis Breakthroughs win Nobel Economics Prize for Bernanke, Diamond, Dybvig. *Reuters*. https://www.reuters.com/world/nobel-prize-economics-goes-bernanke-diamond-dybvig-research-financial-crises-2022-10-10/

Jones, C. (2020, 18. März). The ECB Is Under Pressure to Act Fast. *Financial Times Alphaville*. https://www.ft.com/content/ae89b87d-d73d-447e-8b3e-86e227421244

Jones, D. (2000). Emerging Problems with the Basel Capital Accord: Regulatory Capital Arbitrage and Related Issues. *Journal of Banking and Finance, 24*(1–2), 35–58. https://doi.org/10.1016/S0378-4266(99)00052-7

Jordà, Ò., Schularick, M., und Taylor, A. M. (2020). *Disasters Everywhere: The Costs of Business Cycles Reconsidered* (FRB of New York Staff Report No. 925). Federal Reserve Bank of New York. https://papers.ssrn.com/abstract=3601961

Juselius, M., und Takáts, E. (2018). *The Enduring Link between Demography and Inflation* (BIS Working Paper No. 722). Bank for International Settlements. https://www.bis.org/publ/work722.htm

Kalemli-Ozcan, S., Laeven, L., und Moreno, D. (2019). *Debt Overhang, Rollover Risk, and Corporate Investment: Evidence from the European Crisis* (Working Paper Series No. 2241). European Central Bank. https://ideas.repec.org/p/ecb/ecbwps/20192241.html

Kamp, M. (2022, 31. August). Chinese Real Estate Crisis Threatens World Economy. *Neue Zürcher Zeitung*. https://www.nzz.ch/english/chinese-real-estate-crisis-threatens-world-economy-ld.1700394

Kane, E. J. (1981). Accelerating Inflation, Technological Innovation, and the Decreasing Effectiveness of Banking Regulation. *Journal of Finance, 36*(2), 355–67. https://doi.org/10.1111/j.1540-6261.1981.tb00449.x

Kay, J. (2019, 18. Dezember). Adam Smith and the Pin Factory. *JohnKay*. https://www.johnkay.com/2019/12/18/adam-smith-and-the-pin-factory/

Kelly, J. (2021, 14. Mai). Tether Says Its Reserves Are Backed by Cash to the Tune of ... 2.9%. *Financial Times Alphaville*. https://www.ft.com/content/529eb4e6-796a-4e81-8064-5967bbe3b4d9

Keynes, J. M. (1923). *A Tract on Monetary Reform*. Macmillan.

Keynes, J. M. (1964). *The General Theory of Employment, Interest, and Money*. Harcourt Brace Jovanovich. (Die Originalausgabe wurde 1936 veröffentlicht)

Khan, D., Jung, L. T., und Hashmani, M. A. (2021). Systematic Literature Review of Challenges in Blockchain Scalability. *Applied Sciences, 11*(20), 9372. https://doi.org/10.3390/app11209372

Kiguel, M. A. (1989). Budget Deficits, Stability, and the Monetary Dynamics of Hyperinflation. *Journal of Money, Credit and Banking, 21*(2), 148–57. https://doi.org/10.2307/1992365

Kim, C. (2021, 10. März). Valid Points: Why Ether Doesn't Need a Supply Cap to Hedge Against Inflation. *CoinDesk*. https://www.coindesk.com/tech/2021/03/10/valid-points-why-ether-doesnt-need-a-supply-cap-to-hedge-against-inflation/

Kim, D., und Santomero, A. M. (1988). Risk in Banking and Capital Regulation. *Journal of Finance, 43*(5), 1219–33. https://doi.org/10.2307/2328216

Kindleberger, C. P. (1993). *A Financial History of Western Europe* (2. Aufl.). Oxford University Press.

King, M. (1994). Debt Deflation: Theory and Evidence. *European Economic Review, 38*(3–4), 419–45. https://doi.org/10.1016/0014-2921(94)90083-3

King, M. (2004). The Institutions of Monetary Policy. *American Economic Review, 94*(2), 1–13. https://doi.org/10.1257/0002828041301957

Kiyotaki, N., und Moore, J. (1997). Credit Cycles. *Journal of Political Economy, 105*(2), 211–48. https://doi.org/10.1086/262072

Knight, F. H. (1921). *Risk, Uncertainty and Profit*. Houghton Mifflin.

Kolly, M. J., Müller, J., und Wimmer, S. (2017, 10. August). Am Anfang stand ein Bankenkollaps. Dann kam die Regulierung – und hörte nicht mehr auf. *Neue Zürcher Zeitung*. https://www.nzz.ch/wirtschaft/40-jahre-bankenregulierung-unter-der-lupe-die-worte-welche-die-naechste-finanzkrise-verhindern-sollen-ld.1304103

Koopmans, T. C. (1957). *Three Essays on the State of Economic Science*. McGraw-Hill. http://bibliotecadigital.econ.uba.ar/download/Pe/114745.pdf (Die Originalausgabe wurde 1936 veröffentlicht)

Kosmetatos, P. (2014). Die Liquidation der Ayr Bank, 1772-1827. *Financial History Review, 21*(2), 165–90. https://doi.org/10.1017/S0968565014000122

Kosmetatos, P. (2019). Last Resort Lending before Henry Thornton? The Bank of England's Role in Containing the 1763 and 1772–1773 British Credit Crises. *European Review of Economic History, 23*(3), 299–328. https://doi.org/10.1093/ereh/hey013

Kotz, D. M. (2009). The Financial and Economic Crisis of 2008: A Systemic Crisis of Neoliberal Capitalism. *Review of Radical Political Economics, 41*(3), 305–17. https://doi.org/10.1177/0486613409335093

Krecké, E. (2019, 21. Juni). The Dangers of Preferential Treatment for Sovereign Debt. *Geopolitical Intelligence Services*. https://www.gisreportsonline.com/r/sovereign-debt/

Kristol, I. (1978). *Two Cheers for Capitalism*. Basic Books.

Krugman, P., Dominquez, K. M., und Rogoff, K. (1998). It's Baaack: Japan's Slump and the Return of the Liquidity Trap. *Brookings Papers on Economic Activity, 2*, 137–205.

Kumhof, M., Allen, J., Bateman, W., Lastra, R. M., Gleeson, S., und Omarova, S. T. (2020). *Central Bank Money: Liability, Asset, or Equity of the Nation?* (CEPR Discussion Paper No. DP15521). Centre for Economic Policy Research. https://ssrn.com/abstract=3753921

Kuttner, K. N., und Mosser, P. C. (2002). The Monetary Transmission Mechanism: Some Answers and Further Questions. *FRBNY Economic Policy Review, 8*(1), 15–26. https://ssrn.com/abstract=803651

Kydland, F. E., und Prescott, E. C. (1982). Time to Build and Aggregate Fluctuations. *Econometrica, 50*(6), 1345–70. https://doi.org/10.2307/1913386

Lacker, J. M. (2006, 1. Dezember). *How Should Regulators Respond to Financial Innovation?* [transcript]. Philadelphia Fed Policy Forum, Philadelphia, PA. https://www.richmondfed.org/-/media/RichmondFedOrg/press_room/speeches/president_jeff_lacker/2006/pdf/lacker_speech_20061201.pdf

Laeven, L., und Valencia, F. (2010). *Resolution of Banking Crises: The Good, the Bad, and the Ugly* (IMF Working Paper No. 10/146). International Monetary Fund. https://ssrn.com/abstract=1632145

Lagarde, C. (2012, 23. Januar). *Global Challenges in 2012* [Abschrift]. Berlin. https://www.imf.org/en/News/Articles/2015/09/28/04/53/sp012312

Lagarde, C. (2017, 29. September). *Central Banking and Fintech—A Brave New World* [Abschrift]. Bank of England Conference, London. https://www.imf.org/en/News/Articles/2017/09/28/sp092917-central-banking-and-fintech-a-brave-new-world

Lagarde, C., und de Guindos, L. (2020, 12. März). Press conference [Abschrift]. European Central Bank. https://www.ecb.europa.eu/press/pressconf/2020/html/ecb.is200312~f857a21b6c.en.html

Laidler, D. (1981). Adam Smith as a Monetary Economist. *Canadian Journal of Economics, 14*(2), 185–200. https://doi.org/10.2307/134793

Laplanche, R. (2011, 3. Januar). *Exclusive: Interview with Renaud Laplanche, CEO of Lending Club* (Benzinga Staff, Interviewer) [Zing Talk]. https://www.sfgate.com/business/article/Exclusive-Interview-with-Renaud-Laplanche-CEO-2384854.php

Laplanche, R. (2014, 21. Juli). Lend Academy Podcast, Sitzung Nr. 20 (P. Renton, Interviewer) [Mitschrift]. *Lend Academy*. https://news.fintechnexus.com/wp-content/uploads/2023/01/Session-20-Renaud-Laplanche-Lending-Club-Transcript-1.pdf

Leeper, E. M., und Leith, C. (2016). *Understanding Inflation as a Joint Monetary-Fiscal Phenomenon* (NBER Working Paper No. 21867). National Bureau of Economic Research. https://doi.org/10.3386/w21867

Lehavi, A. (2013). *The Corporation as a Nexus of Property* (SSRN Scholarly Paper No. 2239619). SSRN. https://doi.org/10.2139/ssrn.2239619

Lending Club. (2015, 14. April). *Lending Club and Citi Team Up on Community Lending* [press release]. https://ir.lendingclub.com/news/news-details/2015/Lending-Club-and-Citi-Team-Up-on-Community-Lending/default.aspx

Levenson, T. (2020). *Money for Nothing: The Scientists, Fraudsters, and Corrupt Politicians, Who Reinvented Money, Panicked a Nation, and Made the World Rich*. Random House.

Levy Yeyati, E., und Panizza, U. (2011). The Elusive Costs of Sovereign Defaults. *Journal of Development Economics, 94*(1), 95–105. https://doi.org/10.1016/j.jdeveco.2009.12.005

Liu, P., und Jiang, Y. (2022, 14. August). Fifty Million Empty Flats Threaten to Plunge China's Troubled Property Market Further into Crisis, Warns Think Tank. *South China Morning Post*. https://www.scmp.com/business/china-business/article/3188781/fifty-million-empty-flats-threaten-plunge-chinas-troubled

Lucas, R. E. (1987). *Models of Business Cycles*. Basil Blackwell.

Luo, H., Liu, I., und Tripathy, N. (2021). A Study on Firms with Negative Book Value of Equity. *International Review of Finance, 21*(1), 145–82. https://doi.org/10.1111/irfi.12260

Luther, W. J. (2013). Friedman versus Hayek on Private Outside Monies: New Evidence for the Debate. *Economic Affairs, 33*(1), 127–35. https://doi.org/10.1111/ecaf.12001

MacFarlane, H., und Mortimer-Lee, P. (1994). Inflation over 300 Years. *Bank of England Quarterly Bulletin, Q2*. https://www.bankofengland.co.uk/quarterly-bulletin/1994/q2/inflation-over-300-years

Magnus, G. (2011, 12. September). Financial Bust Bequeathes a Crisis of Capitalism. *Financial Times*. https://www.ft.com/content/be880aa2-dd1f-11e0-b4f2-00144feabdc0

Mailath, G. J., und Mester, L. J. (1994). A Positive Analysis of Bank Closure. *Journal of Financial Intermediation, 3*(3), 272–99. https://doi.org/10.1006/jfin.1994.1007

Major, J. (2000, 8. Oktober). *BBC Breakfast with Frost interview John Major* (D. Frost, Interviewer). *BBC*. http://news.bbc.co.uk/2/hi/programmes/breakfast_with_frost/962625.stm

Malinvaud, E. (1953). Capital Accumulation and Efficient Allocation of Resources. *Econometrica, 21*(2), 233–68. https://doi.org/10.2307/1905538

Mandeville, B. (2018). *The Fable of the Bees; Or, Private Vices, Public Benefits.* (Die Originalausgabe wurde 1714 veröffentlicht). Projekt Gutenberg.

Mankiw, G. (2009, 19. April). It May Be Time for the FED to Go Negative. *New York Times.* http://www.nytimes.com/2009/04/19/business/economy/19view.html?_r=0

Marshall, A. (1920). *Principles of Economics* (8. Aufl.). Macmillan. https://www.econlib.org/library/Marshall/marP.html.

Martin, F. M. (2017). A Short History of Prices, Inflation since the Founding of the U.S. *Regional Economist, 25*(2). https://ideas.repec.org/a/fip/fedlre/00147.html

Mauss, M. (1923). Essai sur le don. Forme et raison de l'échange dans les sociétés archaïquès. *L'Année Sociologique (1896/1897–1924/1925), 1,* 30–186.

Mayer, C. (1990). Financial Systems, Corporate Finance, and Economic Development. In R. Glenn Hubbard (Hrsg.), Asymmetric Information, Corporate Finance, and Investment (S. 307–32). University of Chicago Press.

Mchamberlainqz. (2013, 22. Oktober). How the Rise of Modern Regulation Is Changing the Finance Industry. *Quartz.* https://qz.com/138036/how-the-rise-of-modern-regulation/

McKenzie, L. W. (1959). On the Existence of General Equilibrium for a Competitive Market. *Econometrica, 27*(1), 54–71. https://doi.org/10.2307/1907777

McLeay, M., Radia, A., und Thomas, R. (2014). Money Creation in the Modern Economy. *Quarterly Bulletin, 54*(1), 14–22. https://ideas.repec.org/a/boe/qbullt/0128.html

McMillan, J. (2014). *The End of Banking: Money, Credit, and the Digital Revolution.* Zero/One Economics.

McMillan, J. (2020). Systemic Solvency. In U. Kortsch (Hrsg.), *The Next Money Crash—And a Reconstruction Blueprint.* iUniverse.

Mehrling, P. (2013). The Inherent Hierarchy of Money. In L. Taylor, A. Rezai, und T. R. Michl (Hrsg.), *Social Fairness and Economics: Economic Essays in the Spirit of Duncan Foley.* Routledge.

Menger, C. (1936). Schriften über Geldtheorie und Währungspolitik. In *The Collected Works of Carl Menger (Bd. 4).* Percy Lund, Humphries.

Merler, S. (2023, 27. März). Fast and Furious: How Digital Bank Runs Challenge the Banking-Crisis Rulebook. *Bruegel.* https://www.bruegel.org/first-glance/fast-and-furious-how-digital-bank-runs-challenge-banking-crisis-rulebook

Mersch, Y. (2018, 6. September). *Financial Stability and the ECB* [Abschrift]. ESCB Legal Conference, Frankfurt. https://www.ecb.europa.eu/pub/pdf/other/ecb.escblegalconferenceproceedings201812.en.pdf#page=13

Micossi, S. (2015). *The Monetary Policy of the European Central Bank (2002-205)* (CEPS Special Report No. 109). Centre for European Policy Studies. http://aei.pitt.edu/64202/1/SR_109_SM_Monetary_Policy_of_the_ECB_0_(1).pdf

Miller, M. H. (1986). Financial Innovation: The Last Twenty Years and the Next. *Journal of Financial and Quantitative Analysis, 21*(4), 459–71. https://doi.org/10.2307/2330693

Minsky, H. P. (1975). *John Maynard Keynes.* Columbia University Press. https://doi.org/10.1007/978-1-349-02679-1

Minsky, H. P. (1986). *Stabilizing an Unstable Economy.* Yale University Press.

Minsky, H. P. (1994). *Financial Instability and the Decline(?) of Banking: Public Policy Implications* (Levy Economics Institute Working Paper No. 127). Levy Economics Institute. https://dx.doi.org/10.2139/ssrn.100888

Mishkin, F. S. (1996). *The Channels of Monetary Transmission: Lessons for Monetary Policy* (NBER Working Paper No. 5464). National Bureau of Economic Research. http://doi.org/10.3386/w5464

Mitchener, K. J., und Trebesch, C. (2021). *Sovereign Debt in the 21st Century: Looking Backward, Looking Forward* (NBER Working Paper No. 28598). National Bureau of Economic Research. https://doi.org/10.3386/w28598

Moen, J., und Tallman, E. W. (1992). The Bank Panic of 1907: The Role of Trust Companies. *Journal of Economic History*, *52*(3), 611–30. https://doi.org/10.1017/S0022050700011414

Munger, M. (2018, 5. Februar). Division of Labor. *Econlib Basic Concepts*. https://www.econlib.org/library/Enc/DivisionofLabor.html

Murphy, A. E. (1997). *John Law: Economic Theorist and Policy-Maker*. Oxford University Press. https://doi.org/10.1093/019828649X.001.0001

Mussler, W. (2020, 30. November). ESM-Vertrag: Euro-Krisenfonds bekommt neue Aufgaben. *Frankfurter Allgemeine Zeitung*. https://www.faz.net/aktuell/wirtschaft/krisenfonds-esm-euro-krisenfonds-bekommt-neue-aufgaben-17078372.html

Myers, S. C. (1977). Determinants of Corporate Borrowing. *Journal of Financial Economics*, *5*(2), 147–75. https://doi.org/10.1016/0304-405X(77)90015-0

Nakamoto, S. (2008). *Bitcoin: A Peer-to-Peer Electronic Cash System*. Bitcoin. http://bitcoin.org/bitcoin.pdf

Neate, R. (2014, 23. Februar). Scandal of Europe's 11m Empty Homes. *The Guardian*. http://www.theguardian.com/society/2014/feb/23/europe-11m-empty-properties-enough-house-homeless-continent-twice

Nordhaus, W. D. (1975). The Political Business Cycle. *Review of Economic Studies*, *42*(2), 169–90. https://doi.org/10.2307/2296528

Norris, J. M. (1958). The Struggle for Carron: Samuel Garbett and Charles Gascoigne. *Scottish Historical Review*, *37*(124), 136–45. https://www.jstor.org/stable/25526479

North, D. C., und Weingast, B. R. (1989). Constitutions and Commitment: The Evolution of Institutional Governing Public Choice in Seventeenth-Century England. *Journal of Economic History*, *49*(4), 803–32. https://www.jstor.org/stable/2122739

O'Donnell, J., und Steitz, C. (2022, 11. November). Exclusive: Energy Firms' Multi-Trillion Derivative Bets under ECB Scrutiny. *Reuters*. https://www.reuters.com/business/energy/exclusive-energy-firms-multi-trillion-derivative-bets-under-ecb-scrutiny-sources-2022-11-10/

Onaran, Y. (2017, 11. Juli). Zombie Banks. *Bloomberg*. https://www.bloomberg.com/quicktake/zombie-banks

Orticelli, B. J. (2009). Crisis Compounded by Constraint: How Regulatory Inadequacies Impaired the Fed's Bailout of Bear Stearns. *Connecticut Law Review*, *42*(2), 647–91. https://opencommons.uconn.edu/law_review/55

Osipovich, A. (2018, 11. Mai). Yale Professor Who Had Controversial Role in the Crisis Now Teaches about It. *Wall Street Journal*. https://www.wsj.com/articles/yale-professor-who-had-controversial-role-in-the-crisis-now-teaches-about-it-1526047200

P2P Finance Association. (2013). *Peer-to-Peer Finance Association Operating Principles*. P2P Finance Association.

Pennacchi, G. (2012). Narrow Banking. *Annual Review of Financial Economics*, *4*(1), 141–59. https://doi.org/10.1146/annurev-financial-110311-101758

Petersen, M. A., und Rajan, R. G. (2002). Does Distance Still Matter? The Information Revolution in Small Business Lending. *Journal of Finance*, *57*(6), 2533–70. https://doi.org/10.1111/1540-6261.00505

Phelps, E. (1961). The Golden Rule of Accumulation: A Fable for Growthmen. *American Economic Review*, *51*(4), 638–43. https://www.jstor.org/stable/1812790

Phelps, E. S. (1966). *Golden Rules of Economic Growth: Studies of Efficient and Optimal Investment*. W. W. Norton.

Philippon, T., und Salord, A. (2017). *Bail-Ins and Bank Resolution in Europe: A Progress Report* (Geneva Reports on the World Economy Special Report 4). Centre for Economic Policy Research.

Pistor, K. (2019). *Code of Capital: How the Law Creates Wealth and Inequality*. Princeton University Press. https://doi.org/10.2307/j.ctvc777c1

Plantin, G. (2015). Shadow Banking and Bank Capital Regulation. *Review of Financial Studies*, *28*(1), 146–75. https://doi.org/10.1093/rfs/hhu055

Plato. (1901). *The Republic of Plato*. Übers. B. Jowett. Colonial Press. (Die Originalausgabe wurde 375 v. Chr. veröffentlicht).

Ponticelli, J., und Voth, H.-J. (2020). Austerity and Anarchy: Budget Cuts and Social Unrest in Europe, 1919–2008. *Journal of Comparative Economics*, *48*(1), 1–19. https://doi.org/10.1016/j.jce.2019.09.007

Posner, R. A. (2010). *The Crisis of Capitalist Democracy*. Harvard University Press. https://doi.org/10.2307/j.ctvjsf560

Pozsar, Z., Adrian, T., Ashcraft, A., und Boesky, H. (2012). *Shadow Banking* (Federal Reserve Bank of New York Staff Report No. 458). Federal Reserve Bank of New York.

Pozsar, Z., und MacLeod, A. (2022, 2. Mai). *The Birth of Bretton Woods III? A Commodity Currency Revolution*. Independent Evaluation Office Virtual Seminar of the IMF. https://ieo.imf.org/en/our-work/Seminars/Past/birth-of-bretton-woods-iii

Rajan, R. G. (1998). The Past and Future of Commercial Banking Viewed through an Incomplete Contract Lens. *Journal of Money, Credit and Banking*, *30*(3), 524–50. https://doi.org/10.2307/2601255

Rajan, R. G. (2006). Has Finance Made the World Riskier? *European Financial Management*, *12*(4), 499–533. https://doi.org/10.1111/j.1468-036X.2006.00330.x

Rapaczynski, A. (1996). The Roles of the State and the Market in Establishing Property Rights. *Journal of Economic Perspectives*, *10*(2), 87–103. https://doi.org/10.1257/jep.10.2.87

Reinhart, C. M., und Rogoff, K. S. (2009a). The Aftermath of Financial Crises. *American Economic Review*, *99*(2), 466–72. https://doi.org/10.1257/aer.99.2.466

Reinhart, C. M., und Rogoff, K. S. (2009b). *This Time Is Different: Eight Centuries of Financial Folly*. Princeton University Press. https://doi.org/10.2307/j.ctvcm4gqx

Reinhart, C., und Rogoff, K. (2013). *Financial and Sovereign Debt Crises: Some Lessons Learned and Those Forgotten* (IMF Working Paper No. 13/266). International Monetary Fund. https://www.imf.org/external/pubs/ft/wp/2013/wp13266.pdf

Reuters. (2023, 21. März). Credit Suisse, SVB, Signature Bank: What You Need to Know. *Reuters*. https://www.reuters.com/business/finance/ubs-mulls-credit-suisse-takeover-amid-us-bank-fallout-what-you-need-know-2023-03-19/

Reuters Staff. (2009a, 3. Oktober). Deutsche, German Savings Bank Want Lenient Rules. *Reuters*. https://www.reuters.com/article/deutsche-rules-idUSL315790920091003

Reuters Staff. (2009b, 8. November). Goldman Sachs Boss Says Banks Do "God's Work." *Reuters*. https://www.reuters.com/article/us-goldmansachs-blankfein-idUST-RE5A719520091108

Reuters Staff. (2011, 12. September). JPMorgan CEO Says Bank Rules "Anti-American" – FT. *Reuters*. https://www.reuters.com/article/banks-basel-jpmorgan-idUSL5E7KB11A20110911

Reuters Staff. (2012, 18. Dezember). Berlusconi Says Italy May Be Forced to Leave the Euro Zone. *Reuters*. https://www.reuters.com/article/us-europe-italy-berlusconi-idUS-BRE8BH15U20121218

Ribstein, L. (1991). Limited Liability and Theories of the Corporation. *Maryland Law Review, 50*(1), 80–130.

Rockoff, H. (2009). *Upon Daedalian Wings of Paper Money: Adam Smith and the Crisis of 1772* (NBER Working Paper No. 15594). National Bureau of Economic Research. https://www.doi.org/10.3386/w15594

Romer, C. D., und Pells R. H. (2023, 28. April). Great Depression. In *Encyclopaedia Britannica*. https://www.britannica.com/event/Great-Depression

Romer, P. (2016, 5. Januar). *The Trouble with Macroeconomics* [Abschrift]. Commons Memorial Lecture of the Omicron Delta Epsilon Society.

Roseveare, H. (1991). *The Financial Revolution, 1660–1760*. Longman.

Sandleris, G. (2016). The Costs of Sovereign Default: Theory and Empirical Evidence. *Economía Journal, 16*(2), 1–27. https://doi.org/10.31389/eco.76

Santos, J. A. C. (2014). Evidence from the Bond Market on Banks "Too-Big-To-Fail" Subsidy. *Economic Policy Review, 20*(2), 29–39. https://ssrn.com/abstract=2419682

Sarkar, A. (2021, 11. Februar). Did Subsidies to Too-Big-To-Fail Banks Increase during the COVID-19 Pandemic? *Liberty Street Economics*. https://libertystreeteconomics.newyorkfed.org/2021/02/did-subsidies-to-too-big-to-fail-banks-increase-during-the-covid-19-pandemic/

Scarpetta, S., Sonnet, A., und Manfredi, T. (2010). *Rising Youth Unemployment during the Crisis: How to Prevent Negative Long-Term Consequences on a Generation?* (OECD Social, Employment, and Migration Working Paper No. 106). OECD. https://doi.org/10.1787/5kmh79zb2mmv-en

Schär, F. (2021). Decentralized Finance: On Blockchain- and Smart Contract-Based Financial Markets. *Federal Reserve Bank of St. Louis Review, 103*(2), 153–74. https://doi.org/10.20955/r.103.153-74

Schubert, E. S. (1988). Innovations, Debts, and Bubbles: International Integration of Financial Markets in Western Europe: 1688–1720. *Journal of Economic History, 48*(2), 299–306. https://doi.org/10.1017/S0022050700004915

Schumpeter, J. A. (1950). *Capitalism, Socialism, and Democracy* (3. Aufl.). Harper and Brothers. (Das Originalwerk wurde 1942 veröffentlicht.)

Schwartz, A. J. (1992). The Misuse of the Fed's Discount Window. *Federal Reserve Bank of St. Louis Review, 74*(5), 58–69. https://doi.org/10.20955/r.74.58-69

Schwartz, A. J. (1998). Why Financial Stability Depends on Price Stability. In G. Wood (Hrsg.), *Money, Prices and the Real Economy* (S. 34–41). Edward Elgar.

Schweizerischer Bundesrat. (2023). *Botschaft über den Nachtrag IA zum Voranschlag 2023* (23.007). Schweizerische Eidgenossenschaft. https://www.newsd.admin.ch/newsd/message/attachments/76443.pdf

Sechrest, L. J. (1993). *Free Banking: Theory, History, and a Laissez-Faire Model.* Ludwig von Mises Institute.

Selgin, G. (2010). Central Banks as Sources of Financial Instability. *Independent Review, 14*(4), 485–96. https://www.jstor.org/stable/24562049

Selgin, G. (mit Sumner, S.). (2018). *Less Than Zero: The Case for a Falling Price Level in a Growing Economy* (2. Aufl.). Cato Institute.

Selgin, G. A., und White, L. H. (1994). Wie würde die Unsichtbare Hand mit Geld umgehen? *Journal of Economic Literature, 32*(4), 1718–49. https://www.jstor.org/stable/2728792

Sewing, C. (2020, 14. März). *F.A.S.-Interview: Kippt bald die erste Bank, Herr Sewing?* (G. Braunberger, G. Meck, und I. Schönauer, Interviewer). Frankfurter Allgemeine Sonntagszeitung F.A.S. https://www.faz.net/1.6679208

Shin, H. (2015). Paper Money, the Nation, and the Suspension of Cash Payments in 1797. *Historical Journal, 58*(2), 415–42. https://doi.org/10.1017/S0018246X14000284

Sill, K. (2005). Do Budget Deficits Cause Inflation? *Business Review, Q3*, 26–33.

Single Resolution Board. (2015, 14. Dezember). *About the SRB.* Single Resolution Board (SRB). https://srb.europa.eu/en/mission

Single Resolution Board. (2016, 20. Mai). *What Is the Single Resolution Fund?* Single Resolution Board (SRB). https://srb.europa.eu/en/content/single-resolution-fund

Sinn, H.-W. (2018). The ECB's Fiscal Policy. *International Tax and Public Finance, 25*, 1404–33. https://doi.org/10.1007/s10797-018-9501-8

Sjostrom, W. K., Jr. (2009). The AIG Bailout. *Washington and Lee Law Review, 66*, 943. http://ssrn.com/abstract=2588871

Smith, A. (1991). *Wealth of Nations.* Prometheus Books. (Die Originalausgabe wurde 1776 veröffentlicht)

Smith, M. (2003). On Central Banking "Rules": Tooke's Critique of the Bank Charter Act of 1844. *Journal of the History of Economic Thought, 25*(1), 39–61. https://doi.org/10.1080/1042771032000058316

Spick, M. (2015). Bank Reporting—Information Overload. In D. Folkerts-Landau and S. Kirk (Hrsg.), *Konzept # 04: Asia Reorders the Global Financial System* (S. 6–7). Deutsche Bank Research.

SRF, Schweizer Radio und Fernsehen (Director). (2023, 19. März). *Bundesrat informiert zur Übernahme der Credit Suisse durch die UBS.* Medienzentrum Bundeshaus. https://www.srf.ch/play/tv/srf-news-spezial/video/bundesrat-informiert-zur-uebernahme-der-credit-suisse-durch-die-ubs?urn=urn:srf:video:2e61d943-06ce-4dcd-95eb-dbe2abfd19da

Starrett, D. (1970). The Efficiency of Competitive Programs. *Econometrica, 38*(5), 704–11. https://doi.org/10.2307/1912202

Stein, J. C. (2010). Securitization, Shadow Banking & Financial Fragility. *Daedalus, 139*(4), 41–51. https://doi.org/10.1162/DAED_a_00041

Stigler, G. J. (1951). The Division of Labor Is Limited by the Extent of the Market. *Journal of Political Economy, 59*(3), 185–93. https://doi.org/10.1086/257075

Stiglitz, J. E. (1993). Perspektiven für die Rolle der staatlichen Risikoträger im Finanzsektor. In M. S. Sniderman (Hrsg.), *Government Risk-Bearing: Proceedings of a Conference Held at the Federal Reserve Bank of Cleveland, May 1991* (S. 109–30). Springer. https://doi.org/10.1007/978-94-011-2184-2_5

Stirling, C. (2020, 14. März). Lagarde's Gaffe Puts ECB Chief in Elite Club for Market Stumbles. *Bloomberg.* https://www.bloomberg.com/news/articles/2020-03-14/lagarde-s-gaffe-puts-ecb-chief-in-elite-club-for-market-stumbles

Sun, G.-Z. (2016). *The Division of Labor in Economics: A History.* Routledge.

Sveriges Riksbank. (2022, 10. Oktober). *The Sveriges Riksbank Prize in Economic Sciences in Memory of Alfred Nobel 2022* [Pressemitteilung]. NobelPrize.org. https://www.nobelprize.org/prizes/economic-sciences/2022/summary/

Syrett, D. (1979). The Role of the Royal Navy in the Napoleonic Wars after Trafalgar, 1805–184. *Naval War College Review, 32*(6), 71–84. https://digital-commons.usnwc.edu/nwc-review/vol32/iss6/8

Tallman, E. W., und Moen, J. R. (1990). Lessons from the Panic of 1907. *Economic Review, 75*(3), 2–13.

Tett, G. (2023, 20. April). Wake Up to the Dangers of Digital Bank Runs. *Financial Times.* https://www.ft.com/content/a60e543d-c950-4ebb-8da9-d6b0b359ad7b

The Economist. (2012, 1. Dezember). Getting a Grip. *The Economist.* https://www.economist.com/books-and-arts/2012/12/01/getting-a-grip

The Economist. (2016, 29. Juli). Minsky's Moment. *The Economist.* https://www.economist.com/schools-brief/2016/07/30/minskys-moment

The Economist. (2019, 4. April). How to Fix Europe's Lenders. *The Economist.* https://www.economist.com/finance-and-economics/2019/04/04/how-to-fix-europes-lenders

The Economist. (2022, 12. September). China's Ponzi-Like Property Market Is Eroding Faith in the Government. *The Economist.* https://www.economist.com/finance-and-economics/2022/09/12/chinas-ponzi-like-property-market-is-eroding-faith-in-the-government

Todorov, K. (2020). Quantify the quantitative easing: Impact on bonds and corporate debt issuance. *Journal of Financial Economics, 135*(2), 340–58. https://doi.org/10.1016/j.jfineco.2019.08.003

Treaty on European Union. (1992). OJ C 191, 29.7.1992, pp. 1–112. https://eur-lex.europa.eu/legal-content/EN/TXT/?uri=CELEX:11992M/TXT

Treaty on the Functioning of the European Union. (2012). 2012/C 326/01. OJ C 326 , 26/10/2012 pp. 1—390. (https://eur-lex.europa.eu/legal-content/EN/TXT/?uri=celex%3A12012E%2FTXT

Tudball, D. (2015). Yet, Shall It Live? *Wilmott, 76*, 48–53. https://doi.org/10.1002/wilm.10407

Ugolini, S. (2018). *The Evolution of Central Banking: Theory and History*. Palgrave Macmillan.

UK Parliament. (o. D.). *The Financial Revolution*. About Parliament. Abgerufen am 2. November 2021, von https://www.parliament.uk/about/living-heritage/evolutionofparliament/parliamentaryauthority/revolution/overview/financialrevolution/

US Senate. (o. D.). *The Senate Passes the Federal Reserve Act*. Abgerufen am 8. April 2023, von https://www.senate.gov/artandhistory/history/minute/Senate_Passes_the_Federal_Reserve_Act.htm

Usher, A. P. (1943). *The Early History of Deposit Banking in Mediterranean Europe*. Harvard University Press.

Vallée, B., und Zeng, Y. (2019). Marketplace Lending: A New Banking Paradigm? *Review of Financial Studies, 32*(5), 1939–82. https://doi.org/10.1093/rfs/hhy100

Van der Heuvel, S. J. (2008). The Welfare Cost of Bank Capital Requirements. *Journal of Monetary Economics, 55*(2), 298–320. https://doi.org/10.1016/j.jmoneco.2007.12.001

Von Mises, L. (1998). *Human Action: A Treatise on Economics*. Ludwig Von Mises Institute. (Die Originalausgabe wurde 1949 veröffentlicht)

von Thadden, E.-L. (1998). Intermediated versus Direct Investment: Optimal Liquidity Provision and Dynamic Incentive Compatibility. *Journal of Financial Intermediation, 7*(2), 177–97. https://doi.org/10.1006/jfin.1998.0239

von Thadden, E.-L. (2002). An incentive problem in the dynamic theory of banking. *Journal of Mathematical Economics, 38*(1–2), 271–92. https://doi.org/10.1016/S0304-4068(02)00072-1

Walras, L. (1874). *Eléments d'économie politique pure ou théorie de la richesse sociale*. Corbaz.

Walter, J. R. (2006). The 3-6-3 Rule: An Urban Myth? *FRB Richmond Economic Quarterly, 92*(1), 51–78. https://ssrn.com/abstract=2186150

Wang, S., Yuan, Y., Li, J., Qin, R., und Fei-Yue, W. (2018). *Ein Überblick über Smart Contract: Architecture, Applications, and Future Trends*. IEEE Intelligent Vehicles Symposium (IV), 108–13. https://doi.org/10.1109/IVS.2018.8500488

Watt, M. (2011, 24. Juni). Europe Lax on RWA Calculations, Says Bair. *Risk.net*. https://www.risk.net/node/2081139

Wennerlind, C. (2003). Credit-Money as the Philosopher's Stone: Alchemy and the Coinage Problem in Seventeenth-Century England. *History of Political Economy, 35*(5), 234–61. https://doi.org/10.1215/00182702-35-Suppl_1-234

Wennerlind, C. (2011). *Casualties of Credit: The English Financial Revolution, 1620–1720*. Harvard University Press.

West, E. G. (1997). Adam Smith's Support for Money and Banking Regulation: A Case of Inconsistency. *Journal of Money, Credit and Banking, 29*(1), 127–34. https://doi.org/10.2307/2953690

White, W. R. (2004). *Are Changes in Financial Structure Extending Safety Nets?* (BIS Working Paper No. 145). Bank for International Settlements. https://dx.doi.org/10.2139/ssrn.901385

White, W. R. (2006). *Is Price Stability Enough?* (BIS Working Paper No. 205). Bank for International Settlements. https://dx.doi.org/10.2139/ssrn.900074

White, W. R. (2020). *International Financial Regulation: Why It Still Falls Short* (Working Paper No. 131). Institute for New Economic Thinking. https://doi.org/10.36687/inetwp131

Whittemore, N. (Gastgeber). (2022, 3. Januar). 13 Years On, the Meaning of "Chancellor on the Brink of Second Bailout for Banks." *The Breakdown, with NLW* (Podcast). CoinDesk Podcast Network. https://www.coindesk.com/podcasts/the-breakdown-with-nlw/13-years-on-the-meaning-of-chancellor-on-the-brink-of-second-bailout-for-banks/

Wiggins, R., und Metrick, A. (2014). *The Lehman Brothers Bankruptcy C: Managing the Balance Sheet through the Use of Repo 105* (Yale Program on Financial Stability Case Study No. 2014-3c-v1). Yale School of Management. https://dx.doi.org/10.2139/ssrn.2593079

Williamson, O. E. (1979). Transaction-Cost Economics: The Governance of Contractual Relations. *Journal of Law and Economics, 22*(2), 233–61. https://doi.org/10.1086/466942

Williamson, O. E. (1985). *The Economic Institutions of Capitalism: Firms, Markets, Relational Contracting*. Free Press.

Williamson, O. E. (2002). The Theory of the Firm as Governance Structure: From Choice to Contract. *Journal of Economic Perspectives, 16*(3), 171–95. https://doi.org/10.1257/089533002760278776

Wolf, M. (2023). *The Crisis of Democratic Capitalism*. Penguin Press.

Wood, E. M. (2002). *The Origin of Capitalism: A Longer View*. Verso.

Zettelmeyer, J., Trebesch, C., und Gulati, M. (2013). The Greek Debt Restructuring: An Autopsy. *Economic Policy, 28*(75), 513–63. https://doi.org/10.1111/1468-0327.12014

ENDNOTEN

Einführung

1. Siehe Wood (2002) oder Heilbroner und Boettke (2021). Siehe auch Braudel (1983), der den Begriff „Kapitalismus" wie folgt beschreibt: „Zweideutig, kaum wissenschaftlich und in der Regel undifferenziert angewandt, ist es vor allem ein Wort, das man für die Zeit vor der Industrialisierung nicht verwenden kann, ohne des Anachronismus bezichtigt zu werden" (S. 231).
2. Siehe Heilbroner und Boettke (2021).
3. Historisch gesehen wurden die beiden Begriffe „Kapitalismus" und „Marktwirtschaft" aus politischen Gründen miteinander vermengt. Zunächst verwendeten Sozialisten und Kommunisten den Begriff „Kapitalismus" im späten 19. und frühen 20. Jahrhundert als Kampfbegriff zur Beschreibung der Wirtschaftsordnung. Befürworter freier Märkte gaben dem Begriff dann einen positiven Anstrich und übernahmen ihn für ihre politische Anliegen; siehe u. a. von Mises (1949/1998), Kristol (1978), Chafuen (2013) und Block (2018).
4. Die Idee von Eigentumsrechten geht auf die frühesten Agrargesellschaften zurück, und das Konzept schimmert sogar in einem alten religiösen Gebot durch: Du sollst nicht stehlen. Die starke institutionelle Verankerung von Eigentumsrechten und die Durchsetzung von Privatverträgen waren bereits im römischen Recht ein wichtiges Merkmal (Demsetz 2002). Dessen ungeachtet haben einige Wirtschaftshistoriker argumentiert, dass die Stärkung der Eigentumsrechte nach der Glorious Revolution Englands entscheidender Schritt gewesen sein könnte, um bei der industriellen Revolution die Nase vorn zu haben und den Vorsprung gegenüber anderen europäische Nationen zu sichern (North und Weingast 1989). Hodgson (2017) widerspricht dieser Ansicht und argumentiert, dass die Glorious Revolution keine offensichtlichen direkten Auswirkungen auf die Eigentumsrechte hatte. Siehe auch Allen (2009), der darauf hinweist, dass die Eigentumsrechte zu jener Zeit in Frankreich mindestens so sicher waren wie in England.
5. Das Verhältnis zwischen Freiheit und Eigentum ist umstritten; siehe Gaus (1994). Eigentumsrechte im engeren Sinne garantieren Besitzern, über ihr Eigentum frei verfügen zu können; Eigentumsrechte im weiteren Sinne garantieren auch die Übertragbarkeit, das heißt die Fähigkeit, Eigentumsrechte frei zu tauschen. Eigentumsrechte im weiteren Sinne sind also eine Voraussetzung für Märkte. Es gibt aber auch Wissenschaftler, die diese Kausalität infrage stellen und argumentieren, dass Eigentumsrechte institutionalisiert werden, wenn Märkte existieren; siehe Rapaczynski (1996).
6. In Kapitel 1 wird erläutert, warum ein Gesellschaftsrecht erforderlich ist und warum Kapitalgesellschaften nicht durch freie Vertragsabschlüsse zwischen Einzelpersonen geschaffen werden können.

7. Ironischerweise werden die größten Kapitalgesellschaften im Englischen als „Public companies" (wörtlich: „öffentliche Unternehmen", gemeint sind börsennotierte Aktiengesellschaften) bezeichnet. Eine börsennotierte Kapitalgesellschaft hat alle oder einen Teil ihrer Eigentumsanteile im Rahmen eines Börsengangs verkauft, und diese Eigentumsanteile werden „öffentlich" an den Aktienmärkten gehandelt. Des Weiteren befinden sich in gewissen Ländern einige Kapitalgesellschaften ganz oder teilweise im Besitz des Staates. Diese Situation wird manchmal auch als Staatskapitalismus bezeichnet. Dieser weit verbreitete Begriff wäre angesichts der gängigen Definition von Kapitalismus ein Oxymoron.
8. Es wurden verschiedene Aspekte von Teamorganisation, „Prinzipal-Agent-Problemen" und Herausforderungen bei der Vertragsgestaltung untersucht und modelliert. Als Meilensteine dieses Forschungsstrangs gelten in der Regel Coase (1937), Alchian und Demsetz (1972), Jensen und Meckling (1976), Williamson (1979, 1985, 2002), Grossman und Hart (1986) sowie Hart und Holmström (1987). Sie alle entwickelten die Theorie der Unternehmung entlang der Ideen der Friktionskosten und der Vertragstheorie.
9. Es gibt noch weitere juristische Gefäße, die eine Vermögenspartitionierung ermöglichen. Im täglichen Leben sind sie weniger verbreitet als die Kapitalgesellschaft. Der besseren Lesbarkeit halber verwenden wir den Begriff „Kapitalgesellschaft" für alle rechtlichen Institutionen, die eine Vermögenspartitionierung und eine Kapitaltransformation ermöglichen.
10. In Kapitel 1 werden die Begriffe „Geld" und „Liquidität" ausführlich definiert und diskutiert.
11. Bankwesen und Bankgeschäft sind definiert als die Schöpfung von Geld aus Kredit auf einer Bilanz. Um Lesern, die mit dem Bankwesen nicht vertraut sind, ein besseres Verständnis dieses Mechanismus zu vermitteln, wird er in Kapitel 1 ausführlich erklärt.
12. Der Name dieser Währungsordnung leitet sich von dem lateinischen Verb „fiat" ab, das mit „es werde" übersetzt werden kann.

1. Kapitel

1. Das Wort „Kredit" leitet sich sprachlich vom lateinischen Wort „credere" (vertrauen) ab. Graeber (2014) beschreibt, wie institutionalisiertes Schenken und persönliche Schuldenbindungen in frühen Gesellschaften wirtschaftliche Aktivitäten organisierten und den sozialen Zusammenhalt stärkten. Verschiedene Berichte von Anthropologen und Ethnologen weisen auf die Bedeutung des persönlichen Kredits hin; siehe unter anderem Mauss (1923) oder Gregory (1982).
2. Dieser Vorteil der Spezialisierung wurde bereits von den Philosophen der Antike erkannt; siehe den Dialog von Platon (375 v. Chr./1901) in der *Politeia*, bei dem dieser Gedanke bei der Erörterung verschiedener Berufe sehr anschaulich vorgebracht wird. Darüber hinaus hat sich die Spezialisierung auf wirtschaftliche Tätigkeiten auch in Familiennamen niedergeschlagen. Siehe Brinkmann (2006) für die Verwendung von Berufen für Familiennamen in babylonischer Zeit oder Brozović Rončević (2004) für eine Untersuchung europäischer Familiennamen und ihrer Beziehungen zu Berufen. Für einen Überblick über die Geschichte des wirtschaftlichen Denkens über die Arbeitsteilung siehe Sun (2016).
3. Die sozialen Auswirkungen der zunehmenden Arbeitsteilung sind das zentrale Thema eines der grundlegenden Texte der Soziologie: *De la division du travail social* von Émile Durkheim (1893).

4. Ein klassischer Text über Geld, der immer noch aufschlussreich ist, ist Menger (1936).
5. Zur entscheidenden Funktion, die Preise bei der Koordinierung einer dezentralen Marktwirtschaft spielen, siehe das Argument gegen eine zentral geplante Wirtschaft von Hayek (1945). Er schrieb: „Es ist mehr als eine Metapher, das Preissystem als eine Art Maschinerie zur Registrierung von Veränderungen zu bezeichnen oder als ein Telekommunikationssystem, das es den einzelnen Produzenten ermöglicht, nur die Bewegung einiger Zeiger zu beobachten, so wie ein Ingenieur die Zeiger einiger Zifferblätter beobachten könnte, um ihre Aktivitäten an Veränderungen anzupassen, von denen sie vielleicht nie mehr wissen, als sich in der Preisbewegung widerspiegelt" (S. 527).
6. Auch hier reicht die Vorstellung, dass eine spezialisierte Wirtschaft, Geld und Märkte Hand in Hand gehen, zumindest bis zu den Philosophen des alten Griechenlands zurück. Nachdem Platon beispielsweise die Vorteile einer Arbeitsteilung erläutert hat, fährt er (375 v. Chr./1901) im Dialog in der *Politeia* wie folgt fort: „,Wie werden sie dann wiederum innerhalb der Stadt ihre Erzeugnisse tauschen? Die Sicherstellung eines solchen Austauschs war, wie du dich erinnern wirst, eines unserer Hauptziele, als wir sie zu einer Gesellschaft zusammenschlossen und einen Staat gründeten.' ,Natürlich werden sie kaufen und verkaufen.' ,Dann brauchen sie einen Marktplatz und Geld zum Zweck des Austauschs'" (S. 114).
7. Siehe Smith (1776/1991). Die Idee, dass eigennützige Individuen zum Gemeinwohl beitragen, wurde bereits vor Smith von Bernard Mandeville (1714/2018) in der Bienenfabel dargestellt. Die moderne Wirtschaftswissenschaft hat verschiedene Faktoren ermittelt, die für den Erfolg oder das Scheitern von Märkten ausschlaggebend sind. So untergraben unter anderem Monopole, Preisabsprachen, Informationsasymmetrien oder externe Effekte die Fähigkeit des Marktes, Angebot und Nachfrage effizient zu koordinieren.
8. Natürlich verläuft die Entwicklung einer Wirtschaftsordnung nicht unbedingt immer nur in eine Richtung. So könnte man beispielsweise die Wirtschaft im alten Rom als spezialisierter bezeichnen als jene einiger feudaler Gesellschaften im mittelalterlichen Europa.
9. Das Einlagengeschäft wird seit Jahrtausenden betrieben. Der Kodex Hammurabi regelte diese Finanzdienstleistung bereits um 2000 v. Chr. in den Gesetzen 122 bis 125; siehe Hammurabi and Records of the Past Exploration Society (1903).
10. Einige Autoren haben frühe Formen des Einlagengeschäfts bis ins alte Ägypten, Griechenland und Rom zurückverfolgt. Zur Geschichte des Bankwesens siehe Gilbart (1834), Hoggson (1926), Usher (1943), Kindleberger (1993) und Huerta de Soto (2009).
11. Da nur ein Bruchteil (*fraction*) der Einzahlungsbelege in Alex' Tresor durch Goldmünzen gedeckt ist, wird im Englischen manchmal der Begriff „fractional reserve banking" verwendet, um das zu beschreiben, was wir als Bankwesen oder Bankgeschäft definieren.
12. Als leicht zugänglichen und aktuellen Text zur Geldschöpfung durch Banken empfehlen wir den von Mitarbeitern der Bank of England verfassten Leitfaden (McLeay et al. 2014).
13. Unser Konzept der Solvenz wird in der Literatur häufig als bilanzielle Solvenz oder technische Solvenz bezeichnet. In diesem Buch verwenden wir der Einfachheit halber immer den Begriff „Solvenz".
14. Heute haben praktisch alle Jurisdiktionen spezielle Vorschriften für die Solvenz von Banken eingeführt. Für Banken gelten Mindesteigenkapitalquoten, auch Kapitalvorschriften genannt. Nachdem Julias Darlehen ausgefallen ist, würde Alex gegen solche gesetzlichen Vorschriften verstoßen und die Aufsichtsbehörden würden eingreifen. Wir diskutieren diese Vorschriften im Detail in Kapitel 4.

15. Siehe Bryant (1980) und Diamond und Dybvig (1983), bei deren Modellen die selbsterfüllende Natur von Bank Runs im Zentrum steht. Andere Ökonomen sehen Bank Runs jedoch eher als Disziplinierungsinstrument – ähnlich wie in unserem stilisierten Beispiel. Calomiris und Kahn (1991) beispielsweise interpretieren Bank Runs als Möglichkeit für Einleger, die Liquidation zu erzwingen, wenn die Bank gegen ihre Interessen handelt.

16. Das englische Wort für Unternehmen, „company", soll etymologisch vom lateinischen „cum panis" („mit Brot") abgeleitet sein; siehe Hunt (2002) oder Davoudi et al. (2018). Das Wort könnte sich auf den Ursprung der Unternehmen als Familienbetriebe beziehen, das bedeutet, Geschäfte mit denen zu machen, mit denen man auch das Brot teilt. Es könnte auch bedeuten, dass in einem Unternehmen alles unter den beteiligten Personen geteilt wird und im eigentlichen Unternehmen (das heißt die Vermögenswerte) nicht zwischen dem Unternehmen und den beteiligten Personen unterschieden wird.

17. Munger (2018) hebt zwei Aspekte hervor, die Smiths Beobachtung zur Arbeitsteilung besonders auszeichnen. Erstens habe Smith erkannt, dass sich die Menschen auch bei gleicher Begabung spezialisieren würden, da einige Fähigkeiten erlernt werden müssen. Zweitens würde die Größe des Marktes den Grad der Spezialisierung beschränken, was den Titel eines Kapitels in *Der Wohlstand der Nationen* paraphrasiert. Dieser zweite Punkt wurde gemeinhin als Beitrag zur Theorie der Firma und der industriellen Organisation betrachtet; siehe Stigler (1951).

18. Obwohl das Konzept der juristischen Person schon vor der frühen Neuzeit in Form von gemeinnützigen Einrichtungen wie Klöstern oder Universitäten aufkam, stechen gewinnorientierte Kapitalgesellschaften erst zu Beginn des 17. Jahrhunderts hervor (Harris 2020). Zur historischen Entwicklung des Gesellschaftsrechts siehe auch Dari-Mattiacci et al. (2017) oder Davoudi et al. (2018).

19. Eine Denkschule vertritt die Auffassung, dass Kapitalgesellschaften auch ohne Gesellschaftsrecht existieren könnten, das heißt, dass sie durch private vertragliche Vereinbarungen repliziert werden könnten. So stellten Jensen und Meckling (1976) fest: „Die private Kapitalgesellschaft oder die Firma ist lediglich eine Form der rechtlichen Fiktion, die als Nexus von Verträgen dient" (S. 311). Für andere Darstellungen der Theorie des „Nexus von Verträgen" siehe Easterbrook und Fischel (1985, 1996), Butler (1989) oder Ribstein (1991). Diese Sichtweise von Kapitalgesellschaften wurde mehrfach kritisiert; siehe unter anderem Hansmann und Kraakman (2000) oder Lehavi (2013). Sie greift aus mehreren Gründen zu kurz.

    Erstens könnten, wie selbst die meisten Anhänger der Theorie einräumen, private Verträge nicht schadenersatzrechtliche Sachverhalte regeln. Diese Unzulänglichkeit schafft eine Unsicherheit in privaten „unternehmerischen" Vereinbarungen, die in einer Kapitalgesellschaft nicht vorhanden ist.

    Zweitens sind sich die Anhänger der Theorie des „Nexus von Verträgen" allgemein einig, dass ohne Gesellschaftsrecht die Friktionskosten für die Einrichtung privater „gesellschaftsrechtlicher" Vereinbarungen höher sind. So gesehen ist das Gesellschaftsrecht die kostengünstige Standardvorlage für solche Vereinbarungen. Möglicherweise sind diese Kosten zur Nachbildung einer Kapitalgesellschaft aber prohibitiv hoch, weil Tausende von Einzelverträgen erforderlich wären, insbesondere um ihr Verhalten im Falle eines Konkurses nachzuahmen; siehe etwa Hart (2000) für eine gute Erklärung, weshalb das Problem unvollständiger Verträge bei Konkursverfahren eine bedeutende Rolle spielt.

Drittens und mit dem vorhergehenden Punkt zusammenhängend konzentrieren sich viele auf das Konzept der beschränkten Haftung, aber auch das „Entity Shielding" kollidiert mit der Theorie der Kapitalgesellschaft als „Nexus von Verträgen". Ohne Entity Shielding müsste jeder Anteilseigner an einer privaten „kapitalgesellschaftlichen" Vereinbarung mit jedem seiner früheren und künftigen Gläubiger vertraglich vereinbaren, dass dieser in einem privaten Konkursverfahren eine geringere Priorität akzeptiert als jeder andere Anteilseigner an der „kapitalgesellschaftlichen" Vereinbarung; siehe Hansmann und Kraakman (2000). Dieses Problem verschärft sich, sobald wir mehrere private „kapitalgesellschaftliche" Vereinbarungen haben, die miteinander interagieren.

Dieser Überblick legt nahe: Private Verträge allein können all diese Friktionen nicht überwinden. Ein staatlicher Eingriff in Form eines Gesellschaftsrechts ist für die Existenz von Kapitalgesellschaften unerlässlich. Schließlich ist zu beachten, dass die historische Entwicklung der verschiedenen Elemente der Vermögenspartitionierung im Laufe der Zeit nicht linear verlaufen ist; siehe Hansmann et al. (2006), Davoudi et al. (2018) oder Harris (2020).

20. Kapitalgesellschaften emittieren nicht nur Eigentumsanteile, sondern auch andere Wertpapiere wie zum Beispiel Anleihen, um ihre Aktivitäten zu finanzieren. Eine Anleihe ist ein Darlehen, das ähnlich wie eine Aktie gehandelt werden kann.

21. Die Fähigkeit von Kapitalgesellschaften, Vermögenswerte zu partitionieren und Kapital zu transformieren, verändert die Natur der Eigentumsrechte. In den Rechtswissenschaften gibt es eine ausführliche Diskussion über den Unterschied zwischen *jus in rem* und *jus in personam*; für einen Überblick über diese Debatte siehe Grey (1980). Die Umwandlung von Eigentumsrechten, das heißt die Transformation von Kapital, ist der Kern dessen, warum das Gesellschaftsrecht von Bedeutung ist und warum Kapitalgesellschaften mehr als einen „Nexus von Verträgen" darstellen (siehe Anmerkung 31). Wie Hansmann und Kraakman (2000) hervorgehoben haben: „In seinem wesentlichen Kern ist das Gesellschaftsrecht Eigentumsrecht, nicht Vertragsrecht" (S. 440). Für ein überzeugendes und historisch fundiertes Argument, dass Kapitalgesellschaften ein „Nexus von Eigentum" und kein „Nexus von Verträgen" sind, siehe Lehavi (2013).

22. Der Begriff der Eigentumsrechte wurde mit der Weiterentwicklung des Kapitalismus immer undeutlicher. Berle und Means (1933) unterschieden beispielsweise zwischen „Konsum-Eigentum" und „produktivem Eigentum". Sie stellen fest, dass sich Letzteres zunehmend von den Individuen löst und in Kapitalgesellschaften kollektiviert wird, was die Natur des Eigentums verändert. Sie betrachten große börsennotierte Aktiengesellschaften als quasi öffentliche Einrichtungen und verwenden den Begriff „kollektiver Kapitalismus". Eine verblüffend ähnliche Sichtweise auf die Kapitalgesellschaft findet sich in *Kapitalismus, Sozialismus und Demokratie* von Schumpeter (1942/1950), der feststellte: „Der kapitalistische Prozess, der die Wände und Maschinen einer Fabrik durch ein bloßes Aktienpaket ersetzt, entzieht der Idee des Eigentums das Leben. Er lockert den Griff, der einst so stark war – den Griff im Sinne des Rechtsanspruchs und der tatsächlichen Fähigkeit, mit dem Eigenen zu tun, was man will" (S. 142). In gewisser Weise war Schumpeter besorgt, dass die Kapitalgesellschaft das Unternehmertum unterminiert. Seine Theorie der Unternehmung ist mit den Theorien von Knight (1921) und Coase (1937) verwandt. Diese sehen den Unternehmer als einen wirtschaftlichen Akteur, der sein Vermögen riskiert, um Produkte und Dienstleistungen zu entwickeln, die noch nicht existieren und für die es daher noch keinen Markt gibt. Im Wesentlichen setzen sich Unternehmer mit Ungewissheit auseinander und

schaffen neue Märkte in der Zukunft. Ungeachtet der Bedenken Schumpeters haben Kapitalgesellschaften einen großen Vorteil gegenüber Unternehmern, weil sie Realkapital in handelbare Vermögenswerte transformieren, damit einen Markt in der Gegenwart für Märkte in der Zukunft schaffen und dadurch die Ressourcenallokation in der Wirtschaft unter Unsicherheit verbessern (siehe auch Kapitel 6).

23. Eine der bemerkenswertesten Kapitalgesellschaften zu Smiths Zeiten war die Carron Works: Sie erhielt nur wenige Jahre vor Smiths Veröffentlichung von *Der Wohlstand der Nationen* eine königliche Charta. Die Carron Works wurden zu einem der größten Industriekomplexe des 19. Jahrhunderts (Norris 1958). John Harold Clapham, ein Ökonom des frühen 20. Jahrhunderts, stellte fest, dass Smith diese Entwicklung verpasst hatte: „Es ist schade, dass Adam Smith nicht ein paar Meilen von Kirkcaldy entfernt zu den Carron Works gelaufen ist, um zu sehen, wie sie ihre Karronaden drehen und bohren, anstatt in seine alberne Stecknadelfabrik zu gehen, die nur eine Fabrik im alten Sinne des Wortes war“ (zitiert in Kay 2019). Kay (2019) stellt fest, dass Smith diese Karronaden noch nicht hätte sehen können, weil sie 1776 noch nicht hergestellt wurden; diese Karronaden wurden von der Royal Navy in den Napoleonischen Kriegen mit großer Wirkung im Nahkampf eingesetzt (Syrett 1979).

2. Kapitel

1. Der Nominalbetrag des Darlehens belief sich auf 1,2 Millionen Pfund zu einem Zinssatz von 8 Prozent, und die Regierung musste außerdem eine Verwaltungsgebühr von 4.000 Pfund zahlen. Die Regierung finanzierte die Rückzahlung des Darlehens, indem sie neue Steuern auf Schiffe, Bier, Ale und Spirituosen erhob (Andréadès 1966).

2. Die ursprüngliche Charta schränkte den Umfang der Vermögenswerte ein, welche die neue Gesellschaft partitionieren durfte (zur Vermögenspartitionierung siehe Kapitel 1). Die beschränkte Haftung wurde auf den Betrag des dem König gewährten Kredits begrenzt. Wenn zum Beispiel die Bank von England dem König 1,2 Millionen Pfund lieh, durfte sie 1,2 Millionen Pfund unter beschränkter Haftung aufnehmen. Für alle Schulden, die sie über diese 1,2 Millionen Pfund hinaus aufgenommen hätte, hätten die Aktionäre mit ihrem eigenen Vermögen voll gehaftet. Beim ersten Börsengang konnte ein einzelner Anleger nur bis zu 20.000 Pfund zeichnen (Clapham 1944).

3. Zu den verschiedenen Formen von Papiergeld, die von der Bank of England in ihrer Anfangszeit ausgegeben wurden, siehe Clapham (1944). Die frühen Banknoten waren dabei konzeptionell von den heutigen Banknoten zu unterscheiden. Sie brachten ihren Inhabern Zinsen ein und waren eher mit den heutigen Bankeinlagen vergleichbar. Das Hauptgeschäft der Bank of England war die Diskontierung von Wechseln, um Handel und Gewerbe zu erleichtern. Mit einem Wechsel konnte ein Händler von der Bank of England kurzfristig Geld erhalten, um die Zeit zwischen dem Kauf der Waren und dem Verkauf an seine Kunden zu finanzieren, allerdings mit einem gewissen Abschlag, das heißt zu einem positiven Zinssatz. Es handelte sich also um ein Finanzinstrument zur Erleichterung des Handels in ähnlicher Weise, wie es im Beispiel mit Alex und Julia in Kapitel 1 beschrieben wird.

4. Das ursprüngliche Darlehen in Höhe von 1,2 Millionen Pfund stieg bis 1834 auf über elf Millionen Pfund. Als „Geschenk“ an die Bank of England zu ihrem dreihundertsten Geburtstag zahlte die Regierung den Kredit im Juli 1994 zurück (Bank of England 2020).

5. Siehe Broz (1998). Auch andere Länder gründeten schließlich Zentralbanken, um ihre Kriegskosten zu finanzieren. Broz (1998) geht sogar so weit, zu schreiben, dass „alle vor 1850 existierenden Zentralbanken im Zusammenhang mit einem Krieg gegründet wurden" (S. 239).
6. Bei einer Umprägung werden alte Münzen aus dem Verkehr gezogen, neu geprägt und wieder in Umlauf gebracht. Die Umprägung begann 1696 und wurde von Isaac Newton überwacht, der damals Direktor der Münzanstalt war (Iliffe 2009).
7. Der Plan wurde „Landbank" genannt, scheiterte aber letztendlich. Nach dieser schwierigen Episode setzte sich die Bank of England erfolgreich für ein Bankmonopol in London ein (Clapham 1944).
8. Siehe Andréadès (1966).
9. Die Bank of England zahlte den Inhabern von Banknoten und anderen Einlegern, die einen Umtausch verlangten, nur einen kleinen Teil aus, und die Lords of the Treasury schützten die Bank vor rechtlichen Schritten, indem sie die öffentlichen Notare anwiesen, 14 Tage lang keine Klage gegen einen Wechsel der Bank of England zuzulassen (Andréadès 1966, S. 108).
10. Siehe Roseveare (1991), Dickson (1993), Fratianni und Spinelli (2006), Wennerlind (2011), oder UK Parliament (o. D.). Für einen Überblick der verschiedenen Chartas der Bank of England und ihrer finanziellen und regulatorischen Aspekte siehe Broz und Grossman (2004).
11. Siehe Andréadès (1966), Clapham (1944), Francis (1848) oder, für eine neuere Darstellung, Atack und Neal (2009).
12. Wennerlind (2003) bringt den Erfolg der Bank of England bei der Erhöhung der Geldmenge mit dem gleichzeitig nachlassenden Interesse an der Alchemie in Verbindung. Er argumentiert, dass „die Verbindungen zwischen Alchemie und Kreditgeld tiefer gingen und tiefgreifender waren, als bisher angenommen wurde" (Wennerlind 2003, S. 235).
13. Der Ökonom Macleod stellte im 19. Jahrhundert fest: „Wenn für jede Schuld, die die Regierungen [sic] macht, eine gleiche Menge Geld geschöpft wird, dann haben wir hier zweifellos den Stein der Weisen" (zitiert in Andréadès 1966, S. 125).
14. Siehe Fisher (1933b) über die Schuldendeflationsspirale und Krugman et al. (1998) über Deflation und die Liquiditätsfalle. Zu den Umverteilungseffekten der Deflation siehe King (1994). Zur Deflation, die das Problem verschärft, dass die Untergrenze der nominalen Zinsen von null (englisch: Zero Lower Bound) erreicht werden könnte, siehe Delong und Sims (1999). Eine verständliche Darstellung der Gefahren der Deflation findet sich bei Bernanke (2002). Nur eine Minderheit von Ökonomen, zumeist aus der Österreichischen Schule der Wirtschaftswissenschaften, hält ein insgesamt sinkendes Preisniveau für vorteilhaft; siehe zum Beispiel Selgin (2018).
15. Im zweiten Teil von Goethes *Faust* schlägt der Teufel vor, die finanziellen Schwierigkeiten des Kaisers durch die Einführung eines durch Vermögenswerte gedeckten Papiergeldsystems zu lindern; siehe Goethe (1832).
16. Diese Beschreibung des Boom-Bust-Zyklus folgt dem Minsky-Modell der Finanzkrisen; siehe Minsky (1986). Aliber und Kindleberger (2011) haben gezeigt, wie sich dieses Muster in den unzähligen Boom-Bust-Zyklen der Vergangenheit gezeigt hat. Bereits im *Handbuch*

der Volkswirtschaftslehre, einem der ersten modernen Lehrbücher der Wirtschaftswissenschaften, bezeichnete Marshall (1890/1920) die „rücksichtslose Kreditexpansion" als „Hauptursache allen wirtschaftlichen Unheils" (S. 591). Viele der Erklärungen für die Große Depression beruhen ebenfalls auf Kredit- und Preiszyklen; siehe zum Beispiel Fisher (1933b).

Diese Ideen wurden in der modernen Makroökonomie weiter ausgearbeitet; siehe Bernanke und Gertler (1989), Bernanke et al. (1996) oder in jüngerer Zeit Geanakoplos (2010). Kiyotaki und Moore (1997) haben ein einfaches Modell entwickelt, das die grundlegenden Mechanismen hinter solchen Kreditzyklen erklärt. Die Rolle des Bankwesens im Konjunkturzyklus ist in der Österreichischen Schule der Wirtschaftswissenschaften von zentraler Bedeutung – einige Anhänger argumentieren, dass Konjunkturzyklen verschwinden würden, wenn die Banken die Geldschöpfung einstellen würden; siehe de Soto (1995) oder Cochran und Call (2000). Schließlich spielt das Verständnis dieser Kreditzyklen auch in der Denkweise heutiger Finanzfachleute eine wichtige Rolle; siehe Dalio (2021).

17. Kindleberger stellte fest, dass die Bank of England Geld und Kreditmenge in einer Weise erhöhte und verringerte, die den Charakter von Finanzkrisen grundlegend veränderte (Schubert 1988, S. 304). Mit einer Ausnahme traten alle großen Preisblasen, die Aliber und Kindleberger (2011) auflisten, nach der Finanzrevolution auf. Der eine viel diskutierte Boom-Bust-Zyklus, der vor der Finanzrevolution stattfand, war die Tulpenblase in den Niederlanden, die 1634 begann und 1637 platzte; siehe French (2006) für eine Erklärung dieser Episode.

18. All diese Faktoren wurden bei der Gründung der Bank of England diskutiert. William Paterson, der als einer der wichtigsten Unterstützer der Bank of England gilt, hob die Fähigkeit der Bank hervor, die Geldmenge für Handel und Gewerbe zu erhöhen. Seine Gegner hingegen befürchteten, dass, „falls sie zusammenbreche, sie den gesamten englischen Handel mit sich in den Abgrund reißen würde" (Andréadès 1966, S. 69). Am Ende wurde das Gesetz zur Gründung der Bank of England „nur verabschiedet, weil die Regierung Geld brauchte und es nicht anders beschaffen konnte" (Andréadès 1966, S. 70).

19. Siehe Aliber und Kindleberger (2011).

20. Siehe Murphy (1997) für eine faszinierende Biographie von John Law und seiner Geschichte der Banque Royale sowie der damit verflochtenen Mississippi-Kompanie. Ein ähnlicher Plan wurde etwa zur gleichen Zeit in London mit der Sword Blade Company und der South Sea Company umgesetzt. Siehe Levenson (2020) für eine moderne Darstellung der South-Sea-Blase und ihrer Verbindung zum Markt für Staatsschulden sowie zur Bank of England. Im Gegensatz zu diesen gescheiterten Experimenten hat die Charta der Bank of England einen Anreiz gesetzt, nicht mehr Geld zu schöpfen, als sie der Regierung lieh (siehe Anmerkung 2). Diese Charta verhinderte, dass die Bank ihre Bilanz übermäßig verlängerte und sie das gleiche Schicksal wie die Banque Royale oder die Sword Blade Company ereilte.

21. Schubert (1988) stellt fest, dass „Indizien darauf hindeuten, dass die Bank of England [während des gesamten Herbstes 1720] als internationaler Kreditgeber letzter Instanz agierte" (S. 305).

22. Die Amsterdamer Bankenkrise griff auf Deutschland und England über, und die Bank of England unterstützte die Kaufleute mit Krediten (Andréadès 1966). Der Zusammenbruch der Ayr Bank wurde ausgelöst, als Alexander Fordyce – Partner einer kleineren Bank, mit der die Ayr Bank Geschäftsbeziehungen unterhielt – bei Börsenspekulationen hohe Ver-

luste anhäufte und vor den Folgen floh (Kosmetatos 2014, S. 172). Zur Rolle der Bank of England bei der Eindämmung dieser Krise siehe Kosmetatos (2019) oder Hamilton (1956).

23. Siehe Gherity (1994) oder Rockoff (2009). Nur vier Jahre vor der Veröffentlichung von *Der Wohlstand der Nationen* erlebte Smith persönlich, wie der Zusammenbruch der schottischen Ayr Bank im Jahr 1772 eine weltweite Finanzkrise auslöste. In seinen Schriften verwendete Smith die Analogie der dädalischen Flügel, um die Ausgabe von Banknoten und das Bankgeschäft zu beschreiben. Er sprach sich für eine Begrenzung der Zinssätze, das Verbot der Ausgabe von Banknoten mit kleiner Stückelung und das Verbot von Optionsklauseln in Banknoten und Bankeinlagen zur Aussetzung des Umtauschs aus. Er gilt auch als Befürworter der Real-Bills-Doktrin, die fordert, dass Banken nur Kredite gewähren und Geld für reale Handelstransaktionen schöpfen sollten, um die Fristentransformation und die Geldschöpfung zu begrenzen (Laidler 1981). Ebenso unterstützte er die Beschränkung des Wettbewerbs im Bankensektor, die in der Charta der Bank of England verankert wurde (Goodacre 2010).

    Smiths Bewunderung für die Bank of England ist nur schwer mit seiner Einstellung zur freien Marktwirtschaft und seiner kritischen Haltung gegenüber Kapitalgesellschaften (siehe Kapitel 1) zu vereinbaren. An einer Stelle erwähnt West (1997) zu einer dieser Ungereimtheiten von Smith im Zusammenhang mit Geld und der Bank von England, dass sie einfach „untypisch für ihn" sei (S. 131). Goodacre (2010) bemerkte zu Smiths scheinbar absurder Bewunderung für die Bank of England: „Man könnte daraus schließen, dass die Bank von England ein so herausragendes Beispiel für alles war, was Smith ablehnte, dass er sie hätte erfinden müssen, wenn es sie nicht gegeben hätte" (S. 860). Seine interventionistische Haltung gegenüber dem kapitalistischen Bankwesen wird sogar von einigen seiner Bewunderer übersehen. Das Adam Smith Institute (2022) beispielsweise erklärt, dass die freie Marktwirtschaft und die Beendigung der Rettungsaktionen für private Bankgesellschaften zu seinen politischen Prioritäten gehören.

24. Die Bank of England musste bei der Panik von 1825 eingreifen, als eine Spekulationsblase bei lateinamerikanischen Unternehmen platzte, bei der Krise von 1836, als sich die Spekulation auf heimische Unternehmen konzentrierte, und bei der Krise von 1847, als die Anleger von einer Eisenbahnmanie erfasst wurden. Siehe Andréadès (1966) für eine detaillierte Beschreibung dieser Finanzkrisen und die Reaktion der Bank of England – in einigen Fällen musste sie sich sogar auf die Hilfe der Banque de France stützen, um ihre Goldreserven nicht zu erschöpfen.

25. Siehe Humphrey (1989) über die Geschichte des Konzepts des Kreditgebers letzter Instanz und die Rolle von Thornton und Bagehot bei der Formalisierung dieses Konzepts. Der Begriff „Kreditvergabe letzter Instanz" ist älter und wurde angeblich erstmals von Francis Baring im Jahr 1797 verwendet; siehe Fetter (1965) und Ugolini (2018).

26. Bagehot (1873), der als einer der Ersten gilt, die das Prinzip des Kreditgebers letzter Instanz formalisierten, argumentierte beispielsweise, dass die Zentralbank frei, gegen gute Sicherheiten und zu Strafzinsen Kredite vergeben sollte, um ein moralisches Risiko zu vermeiden; siehe auch Humphrey (1989).

27. Siehe U.S. Senate (n. d.). Für einen Überblick über die historischen Ereignisse nach der Panik von 1907. Zu den politischen Auswirkungen siehe Tallman und Moen (1990).

28. Eine strikte Anwendung des Bagehot'schen Grundsatzes, dass ein Kreditgeber letzter Instanz nur dann illiquiden Banken Kredit gewähren sollte, falls jene auch solvent sind,

dürfte nicht zu moralischem Risiko führen. Allerdings haben Zentralbanken wiederholt Darlehen an Institutionen vergeben, die ebenfalls Solvenzprobleme hatten; siehe Schwartz (1992) im Fall der Federal Reserve. Im Allgemeinen ist es schwierig, während einer Bankenpanik zwischen Liquiditäts- und Solvenzproblemen zu unterscheiden. Siehe Ferguson et al. (2023) für ein Arbeitspapier zur historischen Evidenz von moralischem Risiko aufgrund von Zentralbankinterventionen. Pennacchi (2012) gibt einen historischen Überblick darüber, wie die Banken parallel zur Ausweitung der öffentlichen Garantien ihre Fristentransformation erweitert haben und damit mehr Risiken eingegangen sind.

29. Die Kriterien dafür, was eine Zentralbank definiert, sind umstritten; siehe Ugolini (2018). Einige sehen nur die Funktion eines Kreditgebers der letzten Instanz als entscheidendes Kriterium, eine Rolle, welche die Bank of England als Erste übernommen hat; siehe Goodhart (1988). Andere sagen, das entscheidende Kriterium sei die Emission von Geld in entmaterialisierter Form in Verbindung mit einer Art institutioneller Lösung zur Gewährleistung der Geldwertstabilität; siehe Giannini (2011), der auch zu dem Schluss kommt, dass die Bank of England die erste moderne Zentralbank in diesem Sinne war.

    Außerdem kann man die Maßnahmen zur Sicherung der Finanzstabilität in Ex-ante- und Ex-post-Maßnahmen unterteilen. Ex-post-Maßnahmen wie zum Beispiel die Politik des Kreditgebers letzter Instanz oder staatliche Rettungsmaßnahmen treten nach der Krise in Kraft. Ex-ante-Maßnahmen wie Kapital- und Liquiditätsreserveanforderungen, Kreditvergabebeschränkungen oder Einlagensicherungssysteme zielen darauf ab, Krisen zu verhindern. Die Zentralbanken waren an beiden Arten von Maßnahmen zur Gestaltung des Boom-Bust-Zyklus beteiligt; siehe Calomiris et al. (2016), Ugolini (2018) oder Flandreau und Ugolini (2013). Auf die Bankenregulierung gehen wir in Kapitel 4 näher ein.

30. Neben der erstmaligen Aussetzung der Konvertibilität, die nur zwei Jahre nach ihrer Gründung erfolgte, setzte die Bank of England zwischen 1797 und 1821 während der napoleonischen Kriege die Konvertibilität ihrer Banknoten erneut aus. Siehe Shin (2015) für eine eingehende Untersuchung der Ereignisse vor und nach dieser Aussetzung. Auch während des Ersten Weltkriegs setzten viele Länder die Konvertibilität aus, kehrten aber nach Kriegsende zum Goldstandard zurück. Großbritannien setzte die Konvertibilität während des Ersten Weltkriegs nicht formell aus, sondern ergriff Maßnahmen, um den Umtausch von Banknoten der Bank of England in Gold zu verhindern (Crabbe 1989).

31. Laut Romer und Pells (2023) ging die Industrieproduktion in den Vereinigten Staaten um 47 Prozent zurück, das Bruttoinlandsprodukt (BIP) sank um 30 Prozent, und die Arbeitslosigkeit stieg auf mehr als 20 Prozent.

32. Keynes (1923, S. 173).

33. Siehe Bernanke und Harold (1991) oder Eichengreen (2000).

34. Die Bank of England setzte 1931 die Konvertibilität von Banknoten in Gold dauerhaft aus; siehe Bank of England (2015).

35. Siehe Eichengreen (1996) für einen Überblick zu diesem Paradigmenwechsel.

36. Nach dem Zweiten Weltkrieg führte die internationale Gemeinschaft ein System fester Wechselkurse ein, das als Bretton-Woods-System bekannt wurde (nach einer Konferenz in Bretton Woods, New Hampshire). Die Währungen verschiedener Industrieländer wurden zu festen Wechselkursen an den US-Dollar gekoppelt, während nur der US-Dollar in Gold konvertierbar blieb. Nachdem dann Nixon in den 1970er-Jahren das Konvertibilitäts-

versprechen aufgegeben hatte, wurde die internationale Währungsordnung vollständig von Edelmetallen abgekoppelt; siehe Ghizoni (2013).

37. Der Wirtschaftswissenschaftler John Hartwick (1993) stellte fest, dass „der Aufstieg und der Einfluss der Zentralbanker und der Inflation mit einer Abkehr von der Abhängigkeit von einer metallischen Basis für eine Währung einherging“ (S. 141). Empirische Belege für historische Inflationsraten, die sich vor dem 20. Jahrhundert in einem relativ engen Rahmen bewegten, finden sich bei MacFarlane und Mortimer-Lee (1994) für Großbritannien und bei Martin (2017) für die Vereinigten Staaten. Empirische Untersuchungen zum Inflations-Bias von Zentralbanken finden sich u. a. in Grilli et al. (1991) oder Alesina und Summers (1993). Eng verwandt mit diesem Konzept ist die Theorie der politischen Konjunkturzyklen; siehe Nordhaus (1975) für eine frühe Darstellung. Dubois (2016) gibt einen aktuellen Überblick über diese Literatur.

38. Die Regulierung machte es für Banken attraktiv, Staatsanleihen zu halten, indem sie diese im Rahmen der Eigenkapitalanforderungen als risikofrei behandeln konnten; siehe Haubrich und Wachtel (1993), Bonner (2016) oder, für eine zugänglichere Darstellung, Krecké (2019). Wir erörtern die Kapitalanforderungen für Banken ausführlicher in Kapitel 4. Wenn Banken wenig oder gar kein Eigenkapital für das Halten von Staatsschulden aufbringen müssen, können sie diese mehrheitlich oder gar vollständig mit Einlagen finanzieren, das heißt in ihren Bilanzen monetarisieren. Es gibt starken politischen Widerstand gegen Versuche, diese Regulierungspraxis anzupassen; siehe BCBS (2017). Abschließend sei darauf hingewiesen, dass es Hinweise gibt, dass Bankenrettungen durch Staaten und Staatsfinanzierung durch Banken zusammenhängen: Öffentliche, gerettete oder schlecht kapitalisierte Banken erwerben in Krisenzeiten mehr öffentliche Schulden als andere Banken; siehe Altavilla et al. (2017).

39. Verschiedene Ökonomen betrachteten die Finanzstabilität als ein Derivat der Preisstabilität. Siehe Schwartz (1998), der die These vertritt, dass die Finanzstabilität von der Preisstabilität abhängt. Unter anderen warnte derweil White (2006) davor, dass Preisstabilität allein eine unzureichende Voraussetzung für Finanzstabilität sei.

40. Ein großer Teil der Literatur über das Zentralbankwesen in den 1990er-Jahren war durch die entstehende Eurozone inspiriert. Eine Arbeit von Grilli et al. (1991) ist dafür ein gutes Beispiel. Sie begründeten ihre Forschung zur Unabhängigkeit der Zentralbanken folgendermaßen: „Diese Erkenntnisse haben weitreichende Auswirkungen ... für den Aufbau der Europäischen Wirtschafts- und Währungsunion“ (S. 341).

3. Kapitel

1. Siehe Artikel 123 des Vertrags über die Arbeitsweise der Europäischen Union (2012).

2. Mersch (2018), ein Mitglied des Aufsichtsgremiums der EZB, erklärte: „Die Verfasser der Verträge haben die Finanzstabilität nicht zu einem Ziel der EZB gemacht. Die einzige Hauptaufgabe der EZB ist die Preisstabilität“ (S. 11). Siehe auch Artikel 119, 127 und 282 des Vertrags über die Arbeitsweise der Europäischen Union (2012), in denen Preisstabilität als vorrangiges Ziel definiert wird und es heißt: „Soweit dies ohne Beeinträchtigung des Ziels der Preisstabilität möglich ist, unterstützt die EZB die allgemeine Wirtschaftspolitik in der Union, um zur Verwirklichung der Ziele der Union beizutragen.“

3. Eine ausführliche Diskussion der 2007 einsetzenden (Schatten-)Bankenpanik und der dabei wirkenden Mechanismen findet sich in Brunnermeier (2009), Gorton (2010) oder Pozsar et al. (2012). Für einen Überblick über die Literatur siehe Adrian und Ashcraft (2016). Wir kommen in Kapitel 4 auf das Phänomen des Schattenbankwesens zurück.
4. Die EZB senkte die Zinssätze, versorgte den Interbankenmarkt mit Liquidität und startete ihr Programm zum Ankauf gedeckter Schuldverschreibungen (CBPP1), um durch den Ankauf von Finanzvermögen im Wert von 60 Milliarden Euro weitere Liquidität zuzuführen. Siehe Berg et al. (2012) und EZB (2022).
5. Die EZB schloss sich den Zentralbanken auf der ganzen Welt an und begann mit der sogenannten quantitativen Lockerung, einem geldpolitischen Ansatz, der von der Bank of Japan nach einem Zusammenbruch des Aktien- und Immobilienmarkts eingeführt worden war. Dieser Politikwechsel wurde beschlossen, weil der frühere indirekte Ansatz der Geldpolitik nicht mehr funktionierte. Die EZB schöpfte in der Folge große Mengen Geld, indem sie direkt alle Arten von Wertpapieren erwarb; zu einem großen Teil kaufte sie Staatsanleihen. Zu den Auswirkungen der Interventionen der EZB auf Staatsanleihen und den europäischen Bankensektor siehe Acharya et al. (2019). In Kapitel 7 gehen wir näher auf die quantitative Lockerung und den indirekten geldpolitischen Ansatz ein.
6. Für einen Standpunkt, dass diese Interventionen durch das Mandat abgedeckt waren, siehe Micossi (2015). Für einen Standpunkt, dass diese Interventionen gegen das Mandat der EZB verstießen, siehe Sinn (2018).
7. Lagarde und de Guindos (2020).
8. Siehe Jones (2020).
9. So wurde in einem Bloomberg-Artikel nicht einmal die Möglichkeit in Betracht gezogen, dass Lagarde darauf abzielte, dass ihre Institution nicht als vertragsbrüchig wahrgenommen wird. Ihre Äußerungen wurden stattdessen als „Ausrutscher“ und „Fehler“ bezeichnet. Darüber hinaus wurde ihr unterstellt, dass es ihr „an wirtschaftlicher Erfahrung fehlt“ (Stirling 2020).
10. Siehe Artikel 123 des Vertrags über die Arbeitsweise der Europäischen Union (2012).
11. Siehe Artikel 125 des Vertrags über die Arbeitsweise der Europäischen Union (2012).
12. Implizit weisen die Verträge auf nur eine Lösung hin, wenn die Staatsverschuldung nicht mehr tragbar ist: eine Schuldenrestrukturierung. In einer Marktwirtschaft scheint eine solche Lösung auch das Richtige zu sein. Die Anleger hatten dem italienischen Staat freiwillig Geld geliehen und wurden mit regelmäßigen Zinszahlungen für die Übernahme dieses Risikos entschädigt; die Gläubiger sollten also auch die Verluste tragen, wenn ein Schuldner in Schwierigkeiten gerät – Kopf, ich gewinne; Zahl, ich verliere.

    Untersuchungen über staatliche Zahlungsausfälle zeigen, dass die negativen wirtschaftlichen Auswirkungen kurz- und mittelfristig beträchtlich sein können; siehe Mitchener und Trebesch (2021). Untersuchungen deuten jedoch auch darauf hin, dass der stärkste Rückgang der Wirtschaftsleistung durch die Erwartung eines Zahlungsausfalls ausgelöst wird und dass der tatsächliche Zahlungsausfall den Beginn der Erholung markiert; siehe Levy Yeyati und Panizza (2011). Einige Ökonomen argumentieren, dass die positiven Auswirkungen der Verringerung der Schuldenlast und der Verbesserung der Zahlungsfähigkeit von Regierungen die negativen Auswirkungen eines Zahlungsausfalls aufwiegen können; siehe Arslanalp und Henry (2005), Borensztein und Panizza (2009) oder Sandleris (2016).

Dessen ungeachtet schaden Schuldenrestrukturierungen in der Regel den amtierenden Regierungen, denn sie decken frühere nicht nachhaltige Haushaltspolitik auf. Die Entscheidung über eine Schuldenrestrukturierung unterliegt demnach einem Interessenkonflikt: Die Bürgerinnen und Bürger wären besser dran, wenn ihre Regierungen einen Schuldenschnitt vornähmen, aber die Regierungen warten ab, weil sie durch einen Schuldenschnitt ihre Macht verlieren würden; siehe Levy Yevati und Panizza (2011), die erklären, dass Regierungen dazu neigen, die Zahlungsunfähigkeit zu lange hinauszuzögern, weil „die politischen Entscheidungsträger wissen, dass sie in der Regel die politischen Folgen einer Zahlungsunfähigkeit nicht überleben würden" (S. 103).

13. In der Literatur wird in diesem Zusammenhang oft von einem „Sovereign-bank diabolic loop" gesprochen; siehe dazu Acharya et al. (2014), Gennaioli et al. (2014), Brunnermeier et al. (2016), Sandleris (2016) oder Farhi und Tirole (2018). Für einen umfassenden Überblick wird auf Mitchener und Trebesch (2021) verwiesen, die aus der vorhandenen Literatur ableiten, dass der „Sovereign-bank diabolic loop" in der Vergangenheit weniger bedeutend war als in den letzten Jahrzehnten; siehe auch Sandleris (2016).

14. Siehe Cooper und Nikolov (2018). Auch Lagarde (2012) erkannte das Problem damals in einer Rede an und forderte die europäischen Regierungen und Banken auf, „den Teufelskreis zu durchbrechen, in dem die Banken den Staaten und die Staaten den Banken schaden". Für eine ausführliche Darstellung der griechischen Umschuldung siehe Zettelmeyer et al. (2013), der am Ende feststellte, dass „Banken und Bankgläubiger überhaupt nicht betroffen waren, da die Banken durch ein Rekapitalisierungsprogramm effektiv für Verluste aus ihren Staatsanleihebeständen entschädigt wurden" (S. 17).

15. EZB (2023b, 2023c).

16. Braunberger et al. (2020).

17. Deutsche Bank (2020). Die Deutsche Bank weist auch eine Common-Equity-Tier-1(CET1)-Quote („harte Kernkapitalquote") von 13,6 Prozent auf, die mehr Vertrauen erweckt. Die CET1-Quoten sind in der Regel viel höher als die ungewichteten Eigenkapitalquoten, aber eine problematische Risikogewichtung untergräbt die Aussagekraft dieser Zahlen. Wie wir bereits erwähnt haben, haben etwa Staatsschulden ein Risikogewicht von null. Darüber hinaus können gerade große Banken zur Berechnung der Risikogewichte ihre eigenen Risikomodelle verwenden. Die ehemalige Leiterin der Federal Deposit Insurance Corporation (FDIC) in den USA, Sheila Bair, hat etwa diese internen Risikomodelle wiederholt kritisiert. Als sie 2011 aus dem Amt schied, betonte sie deren Unzuverlässigkeit: „Die Risikogewichtungen sind in Europa sehr unterschiedlich und haben zu einem anhaltenden Rückgang des Kapitalniveaus geführt" (Watt, 2011).

18. Diese Anforderung trat im Juni 2021 in Kraft. Seit Januar 2023 muss die Deutsche Bank eine zusätzliche Verschuldungsanforderung von 0,75 Prozent erfüllen. Ende 2022 meldete die Bank eine effektive ungewichtete Eigenkapitalquote von 4,6 Prozent (Deutsche Bank 2023).

19. Spick (2015, S. 6). Hunderte von Buchhaltern sind erforderlich, um den Wert der Vermögenswerte und der Verbindlichkeiten von Banken zu berechnen sowie den Umfang der Bilanz und den Wert des Eigenkapitals zu ermitteln. Buchhalter treffen bei diesen Berechnungen umfangreiche Annahmen; sie greifen auf komplexe Modelle mit teilweise nicht beobachtbaren Parametern zurück (zum Beispiel bei sogenannten Level-3-Vermögenswerten). Da die ungewichtete Eigenkapitalquote durch die Basel-III-Vorschriften zu einer aufsichtsrechtlichen Kennzahl wurde, ist sie zudem keine unabhängige Variable

mehr. Die Banken haben seither einen Anreiz, den Wert künstlich schönzurechnen, wie es zuvor bei den CET1-Quoten der Fall war – und es gibt reichlich Spielraum für eine solche Optimierung.

20. Zur Definition von G-SIBs und ihrer aufsichtsrechtlichen Behandlung siehe BCBS (2022).

21. Die Schweiz hat nach der Finanzkrise von 2008 umfassende Vorschriften erlassen, um die Abwicklungsfähigkeit ihrer G-SIB zu gewährleisten. Als die Credit Suisse jedoch ins Straucheln geriet, griffen Regierung, Aufsichtsbehörde und Zentralbank auf Notrecht sowie umfangreiche öffentliche Garantien außerhalb des bestehenden regulatorischen Rahmens zurück, um eine Abwicklung oder Sanierung zu vermeiden; siehe Schweizerischer Bundesrat (2023). Die Verwaltungsratspräsidentin der Eidgenössischen Finanzmarktaufsicht (FINMA) stellte derweil ausdrücklich fest, dass die Credit Suisse stets alle aufsichtsrechtlichen Anforderungen in Bezug auf Liquidität und Solvenz erfüllt hat (SRF 2023). Ebenfalls im Frühjahr 2023 wurden die Einleger insolventer Banken in den Vereinigten Staaten vom Staat gerettet; siehe Reuters (2023).

    Die Maßnahmen in der Schweiz und in den Vereinigten Staaten stehen im Gegensatz zu dem, was offizielle Stellen in den Jahren zuvor erklärt haben. So hat beispielsweise das Financial Stability Board (2017), eine internationale Regulierungsorganisation, geschrieben: „Ein Jahrzehnt nach dem Ausbruch der globalen Finanzkrise haben die G-20-Länder das Finanzsystem so umgebaut, dass es der Gesellschaft dient und nicht andersherum. Durch die Behebung der Fehler, die die Krise verursacht haben, ist das Finanzsystem jetzt *sicherer, einfacher* und *fairer* als zuvor" (Hervorhebung im Original). In der Realität müssen Regierungen und Zentralbanken allerdings nach wie vor Banken retten und dabei öffentliche Gelder aufs Spiel setzen.

22. EZB (2020a).

23. EZB (2021).

24. EZB (2023c).

25. Eurostat (2023b). Darüber hinaus wird die EU selbst bis zu 800 Milliarden Euro im Rahmen des Instruments „Next Generation EU" (NGEU) aufnehmen; siehe Europäische Union (n. d.). Es ist zu beachten, dass es den europäischen Staaten zwar gelungen ist, die Staatsverschuldungsquoten nach der Eurokrise von 2010–2012 zu stabilisieren, aber diese sind weiterhin höher als vor der Finanzkrise von 2008. Gemäß Artikel 104(c) des Vertrags über die Europäische Union (1992) darf die Staatsverschuldung 60 Prozent und das Haushaltsdefizit drei Prozent des BIPs eines Mitgliedstaates nicht überschreiten. Die Wahl dieser Schwellenwerte erscheint willkürlich, weshalb sie von politischen Entscheidungsträgern und Ökonomen wiederholt infrage gestellt worden sind.

26. Siehe Eurostat (2023b).

27. Siehe EZB (2023a) für den Euroraum und Federal Reserve Bank of St. Louis (2023) für die Vereinigten Staaten.

28. Siehe Eurostat (2023a).

29. Siehe EZB (2023a). Die Wachstumsrate des am weitesten gefassten Geldmengenaggregats M3 ging nach der Krise von 2008 zurück, aber Anfang 2020 schoss sie in die Höhe und blieb während des gesamten Jahres 2021 hoch, bevor sie in der zweiten Hälfte des Jahres 2022 zurückging.

30. Unter anderem sorgen eine alternde Gesellschaft (siehe Juselius und Takáts 2018; Goodhart und Pradhan 2020), die teilweise Umkehrung der Globalisierung aufgrund der Geopolitik (siehe Forbes 2019) oder ein Ausklingen der Preiseffekte der Digitalisierung für einen Preisauftrieb (siehe Goolsbee und Klenow 2018).
31. Eine anhaltend hohe Inflation sowie wirtschaftliche Turbulenzen würden die politische Unzufriedenheit schüren und einen zusätzlichen Grund für eine expansive Finanzpolitik liefern. So warnten beispielsweise die Chefökonomin der OECD, Laurence Boone, oder James Bradford DeLong während der Covid-19-Pandemie vor zunehmendem Populismus, sollten die Regierungen ihre Ausgaben kürzen (DeLong, 2020; Giles, 2021). Für einige neuere empirische Untersuchungen über den Zusammenhang zwischen Staatsausgabenkürzungen und politischen Unruhen siehe Ponticelli und Voth (2020) oder Gabriel et al. (2022). Falls eine Finanzkrise ausbricht, wird dieses Argument an Zugkraft gewinnen, da die Forschung gezeigt hat, dass Polarisierung und Extremismus nach Finanzkrisen zunehmen, siehe u. a. Funke et al. (2016).
32. Siehe Goodhart und Pradhan (2020). In einem Arbeitspapier des IWF wird ebenfalls die Auswirkung einer höheren Inflation auf die Staatsschuldenquote untersucht. Die Analyse kommt jedoch zu dem Schluss, dass „eine leicht höhere Inflation, selbst wenn sie mit einer gewissen finanziellen Repression einhergeht, die öffentliche Schuldenlast in vielen fortgeschrittenen Volkswirtschaften nur geringfügig verringern könnte" (Fukunaga et al., 2019, S. 4).
33. Siehe Hamburger und Zwick (1981), Kiguel (1989), Choudhary und Parai (1991) oder Sill (2005). Für eine ausführliche Diskussion über das Verhältnis von Geld- und Fiskalpolitik und ihre Auswirkungen auf die Inflation siehe Leeper und Leith (2016). Ein aktueller historischer Überblick über diese Beziehung findet sich in Bordo und Levy (2020). Ein verbreiteter Vertrauensverlust in einem Umfeld explodierender Verschuldung, steigender Zinsen und unbegrenzter finanzieller Unterstützung durch die Zentralbank kann zu einer sehr hohen Inflation führen. Siehe Blanchard (2020), der ausführlicher erläutert, wie diese drei Faktoren die Inflation anheizen können. Er hält die Wahrscheinlichkeit eines Hyperinflationsszenarios für sehr gering, aber „nicht ganz null".
34. Silvio Berlusconi, ehemaliger Ministerpräsident Italiens, sagte 2012, dass „Italien gezwungen wäre, die Eurozone zu verlassen, wenn die Europäische Zentralbank nicht mehr Befugnisse erhält, um niedrigere Kreditkosten zu gewährleisten" (Reuters Staff 2012). Die griechische Regierung hatte bereits Notfallpläne für die Rückkehr zu einer eigenen Währung erstellt (Ewing und Kitsantonis 2015). In Finnland forderte eine einflussreiche politische Partei den Austritt aus dem Euro (Ellyat 2015).
35. Deutscher Bundestag (2010).
36. Major (2000).

4. Kapitel

1. Selgin (2010) argumentiert, „dass Zentralbanken grundsätzlich destabilisierend sind – dass Finanzsysteme mit ihnen instabiler sind, als sie es ohne sie wären" (S. 485). Verschiedene Befürworter des „Free Bankings" führen dieses Argument gegen die Rolle des Kreditgebers letzter Instanz an. Für einen Überblick über diese Theorie siehe Sechrest (1993).

2. Nach Smith (2003) wurde das Gesetz jeweils ausgesetzt, damit die Bank of England mit dem finanziellen Druck umgehen konnte.
3. Siehe McMillan (2014).
4. Siehe Acharya und Yorulmazer (2007), welche die Formulierung „too many to fail" geprägt haben. Mit diesem Begriff werden die Gefahren systemischer Risiken und das daraus resultierende Problem der zeitlichen Inkonsistenz von No-Bailout-Versprechen beschrieben. Die Entscheidung der Aufsichtsbehörde, der Regierung und der Zentralbank in der Schweiz im März 2023, die Credit Suisse trotz aller bestehenden Regeln weder ordentlich zu sanieren noch abzuwickeln, verdeutlicht diese Tatsache einmal mehr.
5. Wie Aliber und Kindleberger (2011) feststellten: „Das Hauptargument gegen die Auffassung, dass Bankpaniken verhindert werden können, indem man nicht eingreift, ist, dass fast immer eingegriffen wird" (S. 209). Für analytische Modelle dieses sogenannten *Zeitinkonsistenzproblems* im Bankwesen siehe Mailath und Mester (1994), Acharya und Yorulmazer (2007), Farhi und Tirole (2012) sowie Chari und Kehoe (2013).
6. Während Kapitalvorschriften eigentlich als Eigenkapitalvorschriften bezeichnen werden müssten, ist es üblich, das Eigenkapital der Banken als Kapital zu bezeichnen; für eine kritische Diskussion dieser Besonderheit siehe Admati et al. (2011) oder Admati und Hellwig (2013).
7. US-Präsident Theodore Roosevelt erweiterte 1933 den regulatorischen Rahmen mit der Federal Deposit Insurance Corporation (FDIC), die Bank Runs im Keim ersticken sollte. Zur Geschichte der FDIC siehe Federal Deposit Insurance Corporation (1984). Für eine ausführliche Diskussion der wirtschaftlichen Aspekte der Einlagensicherung und ihrer weltweiten Verbreitung siehe Demirgüç-Kunt und Kane (2002) und Demirgüç-Kunt et al. (2008). Siehe Buser et al. (1981) dazu, wie die Einlagensicherung konzeptionell mit der Bankenaufsicht verbunden ist.
8. Siehe Minsky (1986). Wie Bellofiore (2014) feststellt: „Minsky besteht darauf, dass Keynes die Ansicht vertrat, dass der Kapitalismus von Natur aus fehlerhaft ist und dass er Regulierung, fiskalpolitische Interventionen und die Zentralbank als Kreditgeber letzter Instanz benötigt" (S. 3). Heutzutage wird der Begriff „Minsky-Moment" häufig verwendet, wenn eine Vermögenspreisblase platzt – ein Begriff, der von Paul McCulley geprägt wurde (The Economist 2016).
9. Was die Sache noch komplizierter macht, ist die Tatsache, dass die Aufsichtsbehörden die individuellen Bankrisiken berücksichtigen müssen; siehe u.a. Kim und Santomero (1988). Bei der Bewertung dieser Risiken besteht eine unüberwindbare Informationsasymmetrie zwischen Aufsichtsbehörden und Banken; siehe zum Beispiel Stiglitz (1993).
10. Damals wurde das Bankgeschäft manchmal als 3-6-3-Geschäft beschrieben: Den Einlegern 3 Prozent bezahlen, den Kreditnehmern 6 Prozent in Rechnung stellen, und um 3 Uhr auf den Golfplatz gehen (Walter 2006, S. 51).
11. Um einen Eindruck davon zu bekommen, wie komplex das System geworden ist, wird der Leser auf die grafische Illustration des Schattenbankwesen verwiesen, die nach der Finanzkrise 2008 von Pozsar et al. (2012) erstellt wurde.
12. So schrieben beispielsweise Dudley und Hubbard (2004): „Die Rechenkosten sind rapide gesunken ... Das hat die Transparenz verbessert ... der Kreditgeber kann mehr verdienen und der Kreditnehmer muss weniger zahlen, indem der Banken-Mittelsmann ausgeschal-

tet wird“ (S. 6). Greenspan (2002) erklärte: „Die jüngsten Finanzinnovationen ... haben den Kreditgebern die Möglichkeit gegeben, sich erheblich stärker zu diversifizieren". Lacker (2006) behauptete kurz vor Ausbruch der Finanzkrise: „Ich glaube, es spricht viel dafür, dass die Finanzinnovation in den USA echte, greifbare Vorteile für die volkswirtschaftliche Entwicklung und das Wachstum gebracht hat“ (S. 8). Dies sind typische Vertreter der vor der Krise von 2008 vorherrschenden Ansicht, welche die Finanzinnovationen als stabilisierend und effizienzsteigernd ansah; siehe auch Dynan et al. (2006). Es gab auch andere Sichtweisen; siehe zum Beispiel Jones (2000) oder Rajan (2006), die zu Vorsicht mahnten und regulatorische Antworten auf die neuen Finanzinnovationen forderten.

13. Nach Acharya und Öncü (2010, S. 348) wurde der Begriff „Schattenbankwesen“ erstmals von Paul McCulley im Jahr 2007 verwendet. Für einen Überblick über den Schattenbankensektor am Vorabend der Krise siehe Pozsar et al. (2012). Für eine Erklärung, wie das Schattenbankwesen Geld aus Krediten außerhalb der traditionellen Bankbilanzen und über mehrere Bilanzen hinweg schöpft, siehe McMillan (2014).

14. Die Finanzpanik von 1907 wurde nicht von einer Bank, sondern von der Knickerbocker Trust Company ausgelöst – einem Finanzinstitut, das anders bezeichnet wurde und weniger streng reguliert war als Banken, aber wie eine Bankgesellschaft systemische Risiken schuf; siehe Moen und Tallman (1992) oder Carlson (2013).

15. Der Begriff *Abgrenzungsproblem* wurde von Goodhart (2008) geprägt. Siehe Kane (1981), der eine Liste ausgewählter Substitute für regulierte Bankgeschäfte zusammengestellt hat, die bereits in den 1980er-Jahren beeindruckend war.

16. Für eine ausführliche Diskussion über die Unwirksamkeit der traditionellen Finanzregulierung im digitalen Zeitalter siehe McMillan (2014); für eine kürzere Darstellung siehe McMillan (2020). Siehe auch White (2004), der diskutiert, wie die Ausweitung des öffentlichen Sicherheitsnetzes aufgrund der Ausbreitung systemischer Risiken wiederum zu einem höheren moralischen Risiko führt, dem mit mehr Regulierung begegnet werden muss.

17. Siehe Kolly et al. (2017), die eine quantitative Analyse der Ausweitung der globalen Bankenregulierung seit der Verabschiedung des ersten Basler Akkords (1988) vorgenommen haben. Sie fanden heraus, dass allein das übergreifende Basler Regelwerk mittlerweile mehr als zwei Millionen Wörter umfasst; zum Vergleich: Die US-Verfassung hat etwa 4.500 Wörter. Thomson Reuters verzeichnete zudem im dritten Quartal 2013 durchschnittlich 110 regulatorische Änderungen pro Tag (mchamberlainqz 2013).

18. Aliber und Kindleberger (2011) stellten fest, dass „die Jahre seit den frühen 1970ern beispiellos sind, was große Veränderungen der täglichen und monatlichen Preise von Rohstoffen, Währungen, Anleihen, Aktien und Immobilien im Vergleich zu ihren langfristigen Durchschnittspreisen betrifft“ (S. 291). Reinhart und Rogoff (2009b) zufolge hat die Häufigkeit von Bankenkrisen seit den 1970er-Jahren zugenommen, mit nur einer kurzen Pause vor der Krise von 2008. Calomiris und Chen (2022) beschreiben die vergangenen Jahrzehnte als eine „Pandemie beispiellos häufiger und schwerer Bankenkrisen auf der ganzen Welt“ (S. 1). Um nur einige dieser Boom-Bust-Zyklen zu nennen: die Savings-and-Loan-Krise in den Vereinigten Staaten in den 1980er-Jahren, der japanische Immobilien- und Aktienboom in den 1980er-Jahren, die Asienkrise in den 1990er-Jahren, die Dotcom-Blase, die Anfang der 2000er-Jahre platzte, der Immobilienboom, der zur globalen Finanzkrise von 2008 führte, und der erst vor Kurzem gestoppte Boom im chinesischen Immobilienmarkt.

19. Im März 2008 griff die US-Regierung unterstützend ein, sodass die Investmentbank Bear Stearns von J.P. Morgan Chase übernommen werden konnte (Orticelli 2009). AIG war eine Versicherungsgesellschaft mit einer Abteilung für Finanzprodukte, die in großem Umfang sogenannte Credit Default Swaps verkaufte; nach dem Zusammenbruch von Lehman Brothers rettete die US-Regierung AIG (Sjostrom 2009). Ebenfalls nach der Lehman-Pleite drohte ein Bank Run auf Geldmarktfonds, und die US-Regierung garantierte diese Fonds (McMillan 2014). Als die Gaspreise im Jahr 2022 in die Höhe schnellten, erlitten Energieunternehmen große Verluste in ihren Derivateportfolios, und viele wurden von ihren Staaten gerettet (O'Donnell und Steitz 2022).
20. Minsky (1994, S. 23). Diese Entwicklung wurde auch von Miller (1986), einem weiteren prominenten Beobachter des Finanzwesens, festgestellt, der bereits in den 1980er-Jahren schrieb: „Das Wort ‚Revolution' ist völlig angemessen, um die Veränderungen bei den Finanzinstitutionen und -instrumenten zu beschreiben, die in den letzten 20 Jahren stattgefunden haben" (S. 459).
21. Siehe auch White (2020), der die gleichen Fragen erörtert und zum Schluss kommt, dass der regulatorische Rahmen trotz all dieser Bemühungen immer noch unzureichend ist. Diese Ineffizienz rechtfertigt seiner Meinung nach die Diskussion über grundlegende Reformen der Finanz- und Währungsordnung.
22. Wir werden auf diesen Aspekt in Kapitel 5 zurückkommen.
23. „Dieses Mal ist alles anders" wurde von Reinhart und Rogoff (2009b) als ironischer Titel für ihr bekanntes Buch über das historische Muster von Finanzkrisen verwendet.
24. Laplanche (2011).
25. So haben die meisten Peer-to-Peer-Kreditplattformen damit begonnen, Kredite nicht mehr direkt an Investoren zu vermarkten, sondern in Asset-Backed Securities (ABS) auszulagern. Während 2013 nur zehn Prozent der Peer-to-Peer-Kredite in den Vereinigten Staaten verbrieft wurden, waren es 2016 bereits 70 Prozent, siehe Daye, Xiao und Song (2017). Diese ABS wurden dann von institutionellen Anlegern gekauft – teils von traditionellen Banken, teils von Instituten des Schattenbankwesens. Der Anteil der institutionellen Anleger ist von weniger als zehn Prozent im Jahr 2012 auf mehr als 80 Prozent gestiegen. LendingClub stellte 2017 fest, dass 55 Prozent seiner Investoren Banken und andere institutionelle Anleger waren (Vallée und Zeng 2019). Natürlich handelt es sich bei einem solchen Geschäftsmodell nicht mehr um „Peer-to-Peer-Lending". Aus diesem Grund hat sich die Branche mit dem inhaltsleeren Begriff „Marketplace Lending" umgetauft.
26. Laplanche (2014).
27. An der Zusammenarbeit waren drei Finanzinstitute beteiligt: Citigroup, WebBank und Varadero Capital. Wenn LendingClub einen Kreditantrag auf seiner Plattform genehmigt, wird der Kredit von der WebBank gewährt. Varadero Capital übernahm den Kredit und Citigroup finanzierte diesen Kauf; siehe LendingClub (2015).
28. Siehe Chen und Bellavitis (2020). Siehe Schär (2021) für einen Überblick über DeFi.
29. Nakamoto (2008).
30. Siehe Bitcoin Wiki (2021) oder Whittemore (2022).
31. Für einen Überblick über Smart Contracts siehe Wang et al. (2018). Einige hoffen, dass Smart Contracts die kapitalgesellschaftliche Rechtsform nachbilden könnten; siehe Hassan

und De Filippi (2021) für eine Beschreibung der sogenannten dezentralisierten autonomen Organisation oder dezentralen autonomen Gesellschaft. Zur Frage, wie Blockchain-Technologie eine neue wirtschaftliche Institution darstellt, siehe Davidson et al. (2018). Wie wir in Kapitel 1 dargelegt haben, kann das Hauptmerkmal der Kapitalgesellschaft, die Vermögenspartitionierung, nicht allein auf privatrechtlicher Basis erreicht werden, sondern bedarf des Gesellschaftsrechts. Es ist gewissermaßen ein eigenständiger Bestandteil des gesamten Vertragssystems in einer Gesellschaft. Blockchain-Technologie könnte nun neue Vertragssysteme schaffen, die zumindest teilweise von den bestehenden, auf nationalem Recht und nationalen Währungen basierenden Systemen losgelöst sind. Smart Contracts wiederum könnten digitale Vermögenswerte glaubwürdig partitionieren, und es dürfte deshalb sinnvoll sein, das Konzept der systemischen Solvenz (siehe Kapitel 5) in einem Blockchain-Protokoll zu implementieren, um die Stabilität der darauf aufbauenden Vertragssysteme sicherzustellen. In dem Maße jedoch, in dem Smart Contracts eine Verbindung zu einer Aktivität in der Realwirtschaft herstellen, wird das Problem der unvollständigen Verträge wieder eingeführt, und es besteht wieder Bedarf an standardisierten Konkursverfahren, einer vorgegebenen Rangordnung der Gläubiger sowie Gerichten.

32. Siehe Kelly (2021).

33. Siehe Kelly (2021), die bemerkt: „Es ist fast so, als ob Tether denkt, dass es eine Art Bank ist, nicht wahr?“ Berentsen und Schär (2019) stellen fest: „Um Geld zu verdienen, ist der Emittent eines vollständig off-chain Stablecoins [wie Tether] immer versucht, ein ‚fractional reserve banking‘ zu betreiben. Das ist nicht viel anders als im traditionellen Bankensektor, wo das ‚fractional reserve banking‘ die Norm ist“ (S. 69).

34. Auf Anfrage einer Journalistin erklärte ein Unternehmensvertreter von Tether, dass „Tether nicht vorgibt, eine Bank zu sein, sich nicht selbst als Bank bezeichnet und kein Bankgeschäft betreibt“ (Kelly 2021). Eine Aussage, die ironischerweise dem vom Dichter James Whitcomb Riley beschriebenen sogenannten Ententest sehr nahekommt: „Wenn ich einen Vogel sehe, der wie eine Ente läuft, wie eine Ente schwimmt und wie eine Ente quakt, nenne ich diesen Vogel eine Ente“; siehe Gensler (2018).

5. Kapitel

1. Natürlich können systemische Risiken ihren Ursprung auch in der Realwirtschaft haben, etwa bei einem Blackout oder einer Pandemie. Solche systemische Risiken sind zwar von großer Tragweite, aber sie entspringen nicht der Wirtschaftsordnung selbst. Sie entstehen nicht endogen, sondern sind jener exogene Schock, der in so vielen Modellen der Wirtschaftswissenschaften zu finden ist. Auf solche makroökonomische Überlegungen kommen wir in Kapitel 6 zurück.

2. In einigen Ländern, wie zum Beispiel in Deutschland, kann ein negatives Eigenkapital ein Insolvenzverfahren auslösen; in anderen Ländern ist es erlaubt, ein Unternehmen mit negativem Eigenkapital zu betreiben. Unternehmen haben nicht immer ein negatives Eigenkapital infolge von finanziellen Verlusten. Einige investieren in großem Umfang in immaterielle Vermögenswerte, etwa durch Forschungs- und Entwicklungs- oder Werbeausgaben (um den Markenwert zu steigern). Diese Ausgaben werden manchmal nicht kapitalisiert, sondern lediglich als Betriebskosten verbucht, obwohl sie einen bleibenden Wert für das Unternehmen schaffen. Solche Unternehmen können negatives Eigenkapital

haben, obwohl sie Nettogewinne erwirtschaften. Siehe Fairchild (2018) oder Luo et al. (2021).

3. Dieses Beispiel ist stilisiert. Es könnte dagegen argumentiert werden, dass es nicht für Unternehmen gilt, die ihr Kreditportfolio diversifiziert haben. Systemische Risiken lassen sich jedoch gerade nicht durch Diversifizierung mindern. In einer kapitalistischen Finanzarchitektur bewegen sich Kreditqualität und -ausfälle wegen des inhärenten und endogenen Boom-Bust-Zyklus synchron. In einer Krise geraten viele Kreditnehmer gleichzeitig in finanzielle Schwierigkeiten. Die in diesem Beispiel dargestellte Kettenreaktion verläuft also ähnlich, auch wenn Kapitalgesellschaften diversifizierte Kreditportfolios besitzen.

4. Zum Beispiel haben Privatpersonen in der Regel eine implizite Bilanz, da sie keiner Buchführungspflicht unterliegen. Wer ein Haus besitzt und es mit einer Hypothek finanziert, würde den Wert des Hauses auf der Aktivseite und die Hypothek auf der Passivseite verbuchen. Damit ist die Hypothek ein finanzieller Vermögenswert, auch wenn sie nicht explizit in einer Bilanz erscheint. Auch Staaten haben teilweise implizite Bilanzen, und Staatsschulden würden auf der Passivseite verbucht werden.

5. Unsere Unterscheidung zwischen realen und finanziellen Vermögenswerten zum Zwecke der Definition der systemischen Solvenz hängt mit der rechtlichen Unterscheidung von Eigentumsrechten *in res* und *in personam* zusammen (siehe Anmerkung 21 in Kapitel 1). Ein finanzieller Vermögenswert, der Bilanzen verbindet, ist ein Eigentumsrecht *in personam*. Ein realer Vermögenswert, der eine solche Verbindung nicht herstellt, ist ein Eigentumsrecht *in rem*. Die systemische Solvenzregel entwirrt die Eigentumskonzepte und legt fest, wie Eigentumsrecht *in rem* durch Kapitalgesellschaften in Eigentumsrechte *in personam* umgewandelt werden können.

6. Wir werden in Kapitel 6 auf die dynamischen makroökonomischen Folgen der systemischen Solvenz zurückkommen.

7. Die Verallgemeinerung der systemischen Solvenzregel lautet wie folgt: *Der Wert der realen Vermögenswerte muss größer sein als der Wert der Verbindlichkeiten in der schlechtesten finanziellen Lage.* Die *schlechteste finanzielle Lage* wird durch die rechtlichen Merkmale eines Finanzvertrags und nicht durch statistische Wahrscheinlichkeiten bestimmt. Das Konzept ermöglicht es, zwischen wahrscheinlichkeitsabhängigen Ereignissen in der Realwirtschaft und im Finanzsystem zu unterscheiden, sodass eine reale Risikoteilung über Versicherungen möglich ist, die Entstehung systemischer Risiken durch finanzielle Risikoverlagerung jedoch verhindert wird. Siehe McMillan (2014) oder Tudball (2015) für eine ausführliche Erörterung der allgemeinen systemischen Solvenzregel und der damit verbundenen Mechanismen.

8. Aggregierte Daten über die Bilanzstruktur von Kapitalgesellschaften sind auf einer Open-Source-Basis schwer zu bekommen. Alle öffentlich verfügbaren Informationen zeichnen jedoch ein ähnliches Bild: Die systemische Solvenz im Sektor nicht finanzieller Kapitalgesellschaften wird größtenteils erreicht. Diese Schlussfolgerung kann unabhängig davon gezogen werden, wenn man die volkswirtschaftliche Gesamtrechnungen von Eurostat (2022) und die individuelle Rechnungslegung der European Records of IFRS Consolidated Accounts (ERICA 2020) betrachtet. Dabei ist zu bedenken, dass bei solchen aggregierten Datensätzen unternehmens- und branchenspezifische Eigenheiten nicht berücksichtigt werden; Elektronik- und Pharmaunternehmen beispielsweise greifen nur in geringem Maße auf externe Finanzierung zu (Mayer 1990; Damodaran 2023). Eine aktuelle Studie über rechtliche und branchenspezifische Faktoren findet sich in de Jong, Kabir und Nguyen (2008).

9. Ein solcher Schuldenabbau würde einer problematischen Entwicklung entgegenwirken. In der Eurozone beispielsweise ist die Unternehmensverschuldung seit Beginn der Währungsunion schneller gewachsen als die Wirtschaft. Allerdings ist zu beachten, dass die Entwicklung der Unternehmensverschuldung in Prozent des BIPs von Land zu Land sehr unterschiedlich ist; siehe Euro Area Statistics (2018). Hinter dieser Entwicklung stehen unter anderem Maßnahmen zur Stabilisierung der heutigen Finanzarchitektur. Siehe Todorov (2020) für eine aufschlussreiche Analyse, wie sich die quantitative Lockerung durch die EZB auf die Emission von Unternehmensschuldtiteln ausgewirkt hat. Zur Mikroökonomie des Schuldenüberhangs siehe Myers (1977). Zu den negativen makroökonomischen Folgen siehe Giroud und Mueller (2017), Gopinath et al. (2017) oder Kalemli-Ozcan et al. (2019).

10. Die EU hat bereits eine „E-Geld-Lizenz" eingeführt, die einige Merkmale der geplanten FinTech-Lizenz aufweist, siehe Europäische Kommission (n. d.).

11. Siehe zum Beispiel die Einführung in das Bankwesen bei Casu et al. (2015).

12. Dieses Modell der Kreditvergabe wird manchmal als „Originate to distribute" bezeichnet und beruht auf einem anderen Ansatz zur Überwindung von Informationsasymmetrien als das „Hold to maturity"-Modell, mit dem traditionelle Banken in Verbindung gebracht werden. Für einen erfolgreichen Umgang mit Informationsasymmetrien ist es entscheidend, dass die Anreize richtig gesetzt sind. Interessanterweise schneidet das Bankwesen in dieser Hinsicht besonders schlecht ab. Wie wir gesehen haben, geht dies Hand in Hand mit der Schaffung systemischer Risiken. Das macht öffentliche Sicherheitsnetze notwendig, die wiederum zu moralischem Risiko führen, das heißt zu verzerrten Anreizen beim Bewerten und Eingehen von Risiken; eine ausführliche Diskussion findet sich bei McMillan (2014). Obwohl einige FinTech-Unternehmen in das Bankwesen integriert wurden (siehe Kapitel 4), haben sie die Qualität der Finanzdienstleistungen verbessert. Siehe zum Beispiel Fuster et al. (2019), die feststellen, dass „FinTech-Kreditgeber Hypothekenanträge um 20 Prozent schneller bearbeiten als andere Kreditgeber, wobei für beobachtbare Variablen kontrolliert wurde. Eine schnellere Bearbeitung geht nicht auf Kosten höherer Zahlungsausfälle" (S. 1854). Buchak (2018) schreibt: „FinTech-Kreditgeber verlangen einen Aufschlag von 14–16 Basispunkten und scheinen den Kreditnehmern eher Bequemlichkeit als Kosteneinsparungen zu bieten" (S. 453).

13. Investmentfonds, die nur Aktien ausgeben und die Erlöse in Finanzanlagen investieren, erfüllen die Anforderungen der systemischen Solvenz.

14. Diese Behauptung scheint im Widerspruch zur Analyse von Diamond und Dybvig (1983) zu stehen, die zu dem Schluss kamen, dass Sichteinlagen eine optimale Liquiditätsversicherung bieten. Ihr ursprüngliches Modell war jedoch stark vereinfacht und berücksichtigte nicht die Existenz von Finanzmärkten. Diese stark einschränkenden Annahmen sind wiederholt infrage gestellt worden; siehe Jacklin (1987) und von Thadden (1998, 2002). Auch Diamond war sich dieses Mangels bewusst. Später veröffentlichte er eine Erweiterung, in der er Finanzmärkte einbezog (Diamond 1997). Allerdings benötigte er in seinem überarbeiteten Modell erneut einschränkende Annahmen zu den Finanzmärkten, damit Banken weiterhin bedeutsam blieben. So beruht seine Legitimation des Bankwesens als unverzichtbarer Liquiditätsbereitsteller auf der Annahme, dass der Zugang zu den Finanzmärkten eingeschränkt ist. Diese Annahme ist heutzutage besonders schwer zu verteidigen, da Online-Trading längst die breite Masse erreicht hat. Die andere Seite der Digitalisierung ist die Beschleunigung von Bank Runs und die Zunahme der Fragilität des Bankwesens. Diese Tatsache wurde im März 2023 nach dem Zusammenbruch der Credit Suisse in der Schweiz sowie der Silicon Valley

Bank und der Signature Bank in den Vereinigten Staaten breit diskutiert; siehe Tett (2023) und Merler (2023). Wie wir bereits erörtert haben, ist die Digitalisierung im Finanzbereich ein zweischneidiges Schwert. Einerseits verschärft sie die Probleme mit systemischen Risiken in der bestehenden Finanzarchitektur. Andererseits ermöglicht sie neue Arten des Finanzwesens, die nicht zu systemischen Risiken beitragen.

15. In den 1990er-Jahren wurde die Kreditvergabe an kleine Unternehmen noch als ein Bereich angesehen, in dem Beziehungen durch lokale Banken eine wichtige Rolle spielte; siehe Berger und Udell (2002). Petersen und Rajan (2002) stellten jedoch fest, dass die Banken bei der Entscheidung, ob sie Kredite an kleine Unternehmen vergeben, zunehmend auf harte Informationen zurückgreifen; die Kreditvergabe über Beziehungen verlor an Bedeutung. Später überprüften Berger und Frame (2007) verschiedene Studien und kamen zu dem Schluss, dass quantitative Credit-Scoring-Modelle zu einer besseren Verfügbarkeit von Krediten für kleine Unternehmen führen. Wenn eine Finanzierung sehr individuell ist, wie zum Beispiel bei Start-ups, sind alternative Finanzierungen außerhalb des traditionellen Bankwesens bereits heute das Modell der Wahl, um die hohen Prüfungs- und Überwachungskosten zu bewältigen.

16. Um seinen Ruf weiter zu stärken, könnte Nathan einen Fonds einrichten, der fünf Prozent jedes Kredits hält, den seine Peer-to-Peer-Plattform vergibt. Dieser Fonds müsste vollständig eigenkapitalfinanziert sein, zum Beispiel mit den Gewinnen, die seine Plattform erwirtschaftet, damit er nicht gegen die systemische Solvenzregel verstößt. Auf diese Weise würden Nathans Anreize zur genauen Kreditprüfung weiter gestärkt; es stünde nicht nur sein Ruf auf dem Spiel, sondern auch sein Geld.

17. Als die Peer-to-Peer-Kreditvergabe in Großbritannien aufkam, legte der damalige Branchenverband P2P Finance Association (2013) für seine Mitglieder operative Leitlinien fest. Diese umfassen auch die ordnungsgemäße Weiterverwaltung von Peer-to-Peer-Darlehen, wenn eine Plattform ihre Tätigkeit einstellt.

6. Kapitel

1. Siehe Grussenmeyer und Maurer (2015) oder Hancock (2019). Diese Kosten waren ähnlich hoch wie bei früheren Finanzkrisen. Laeven und Valencia (2010) verwendeten einen Ansatz, der sich auf die direkten Kosten von Bankenrettungen konzentriert, und kamen zu Zahlen, die von 3,7 Prozent des BIPs in historischen Krisen bis zu 5,9 Prozent während der Finanzkrise 2008 reichten. Dies beinhaltet aber nur die direkten Kosten der Bankenrettungen und der Stabilisierungsmaßnahmen. Der immer noch andauernde Boom-Bust-Zyklus, der darauf zurückzuführen ist, dass die systemischen Risiken nicht unter Kontrolle sind, verursacht ebenfalls erhebliche soziale Kosten. In einem Memo von Mitgliedern der schwedischen Zentralbank wurden die verschiedenen Schätzungen für diese Kosten zusammengefasst (Almenberg et al. 2017). Lässt man die höchsten und niedrigsten Schätzungen außer Acht, so liegen die Mittelwerte der sozialen Kosten von Finanzkrisen zwischen 16 Prozent und 268 Prozent des BIPs.

2. Es gibt diverse wissenschaftliche Arbeiten, die den Umfang dieser öffentlichen Subventionen für große Bankgesellschaften aufzeigen und schätzen. Siehe Baker und McArthur (2009), die schätzten, dass sich diese Subvention für die großen US-Banken jedes Jahr auf einen zweistelligen Milliardenbetrag beläuft. Santos (2014) analysierte die Spreads auf dem

Anleihemarkt und fand beträchtliche Subventionen für Banken, die Zugang zum öffentlichen Sicherheitsnetz haben. Brewer und Jagtiani (2013) analysieren Fusionen von Bankgesellschaften zwischen 1991 und 2004, um den Wert der „Too big to fail"-Subventionierung zu untersuchen. Sie schätzen, dass die Subventionen groß genug sind, um „ernsthafte Besorgnis" hervorzurufen. Gewisse Studien haben einen Rückgang der „Too big to fail"-Subventionen in den Jahren nach der Krise von 2008 festgestellt; siehe Berndt et al. (2022) oder Cetorelli und Traina (2021). In einer kurzen Analyse stellt Sarkar (2021) jedoch fest, dass diese Subventionierung während der kürzlich aufgetretenen Covid-19-Pandemie erneut gestiegen ist.

3. Plantin (2015) schlug beispielsweise vor, dass es besser sein könnte, die Kapitalanforderungen noch weiter zu lockern, um eine Migration ins Schattenbankwesen zu verhindern. Stein (2010) und Adrian und Ashcraft (2016) warnen ebenfalls davor, dass strengere Kapitalanforderungen die Abwanderung ins Schattenbankwesen fördern.

4. So fordert beispielsweise die Federal Reserve Bank of Minneapolis (2016) eine Erhöhung der Eigenkapitalanforderungen auf 23,5 Prozent der risikogewichteten Aktiva. Admati und Hellwig (2013) gehen noch weiter und verlangen Kapitalanforderungen von mindestens 20–30 Prozent der ungewichteten Bilanzsumme. Größere Eigenkapitalpolster verringern nicht nur den Schaden, wenn sich systemische Risiken materialisieren, sondern sorgen auch dafür, dass Bankeigentümer mehr zu verlieren haben und entsprechend weniger Risiken eingehen. Zur Beziehung zwischen der Eigenkapitalquote und dem moralischen Risiko siehe Admati und Hellwig (2013). Siehe auch Flannery (2010), der „aggressiv gesetzte, risikobasierte Eigenkapitalanforderungen" vorschlägt, um Verzerrungen durch das öffentliche Sicherheitsnetz zu begrenzen.

5. So könnte etwa eine Steuer auf die von Bankgesellschaften verursachten systemischen Risiken erhoben werden, um das öffentliche Sicherheitsnetz zu finanzieren; siehe dazu Cochranes (2014) Vorschlag, eine Steuer auf gewisse kurzfristige Schuldtitel zu erheben. Die Zentralbanken könnten auch einen niedrigeren Einlagensatz zahlen und höhere Zinssätze für die Refinanzierungsfazilität für Bankgesellschaften erheben als für Institute mit FinTech-Lizenz, um den höheren Aufsichtskosten Rechnung zu tragen.

6. In Europa hat die EU dazu mit der Richtlinie für die Sanierung und Abwicklung von Kreditinstituten und Wertpapierfirmen (Banking Resolution and Recovery Directive, BRRD) und der Verordnung über den einheitlichen Bankenabwicklungsmechanismus (Single Resolution Mechanism Regulation, SRMR) bereits die Weichen gestellt. Die BRRD harmonisiert den Rechtsrahmen für die Abwicklung scheiternder Finanzinstitute in der EU – sie dient als Mindeststandard und wird in das nationale Recht der Mitgliedsländer überführt (Richtlinie 2014/59/EU, 2014). Die SRMR ist das Äquivalent zu den nationalen Rahmenwerken auf der Ebene der Bankenunion; die Bankenunion besteht aus allen Ländern der Eurozone sowie denjenigen EU-Mitgliedstaaten, die sich freiwillig beteiligen wollen (Verordnung (EU) Nr. 806/2014, 2014).

   Auf der Grundlage dieser Vorschriften wurde der einheitliche Abwicklungsausschuss (Single Resolution Board, SRB) eingerichtet. Der SRB ist eine neue Institution, die mehrere Hundert Experten für Bankenabwicklung beschäftigt; für weitere Informationen siehe Single Resolution Board (2015). Für einen Überblick über den europäischen Rahmen für die Bankenabwicklung siehe Philippon und Salord (2017). Zusätzlich zum SRB wurde ein einheitlicher Abwicklungsfonds (Single Resolution Fund, SRF) eingerichtet. Der SRF ist jedoch schlecht kapitalisiert (Single Resolution Board 2016), was ein Grund dafür ist, dass der Europäische Stabilitätsmechanismus (ESM) kürzlich zum Kreditgeber letzter Instanz für den SRF bestimmt wurde, siehe Mussler (2020).

In der heutigen Finanzarchitektur, in der systemische Risiken auf eine komplexe Art und Weise über Tausende von Kapitalgesellschaften hinweg geschaffen werden, ist die Sanierung oder Abwicklung großer Bankgesellschaften riskant. Befürworter der Bankenabwicklung argumentieren jedoch, dass die neuen europäischen Regeln in der Praxis bereits erfolgreich angewandt wurden: Der SRB hat die Banco Popular, die damals drittgrößte Bank Spaniens, abgewickelt, ohne öffentliche Mittel zuzuführen oder eine Systemkrise auszulösen. Der Vorsitzende des SRB wertete diesen ersten Fall als Erfolg und „Beweis dafür, dass wir [der SRB] eine Bank abwickeln können" (Brunsden 2019). Jedoch wurde Banca Popular am Ende von Santander, der größten Bank Spaniens, übernommen. Viele Ökonomen sind der Ansicht, dass der SRB zwar in der Lage sein könnte, den isolierten Ausfall einer einzelnen Bank zu bewältigen, nicht aber eine systemische Finanzkrise; siehe Avgouleas und Goodhart (2015) oder Beck et al. (2020). Schließlich deuten die jüngsten Ereignisse im Zusammenhang mit der Credit Suisse stark darauf hin, dass eine G-SIB nicht ordentlich saniert oder abgewickelt werden kann, ohne systemweiten Stress auszulösen; siehe Schweizerischer Bundesrat (2023).

In einer Finanzarchitektur mit systemischer Solvenz wird die Abwicklung von Banken einfacher sein. Die Aufsichtsbehörden werden die Übersicht über alle systemisch insolventen Kapitalgesellschaften haben, die durch eine Bankenabwicklung Teil einer finanziellen Kettenreaktion werden könnten. Um die Abwicklungsfähigkeit noch weiter zu verbessern, könnten die Aufsichtsbehörden Regeln erlassen, welche die Interaktion von systemisch insolventen Kapitalgesellschaften untereinander einschränkt. Das würde Ansteckungseffekte im systemisch insolventen Finanzsektor verringern und die Bankenabwicklung weiter erleichtern.

7. Siehe Bryant (1980) und Diamond und Dybvig (1983), deren Modelle den Banken eine spezielle Rolle bei der Liquiditätsversorgung zusprechen. Diamond und Dybvig erhielten 2022 zusammen mit Ben Bernanke den Alfred-Nobel-Gedächtnispreis für Wirtschaftswissenschaften für ihre Forschung; siehe Sveriges Riksbank (2022).

8. In den 1990er-Jahren wurde die Kreditvergabe basierend auf persönlichen Kundenbeziehungen noch als wichtig angesehen. Das hat sich jedoch in den letzten drei Jahrzehnten geändert; siehe Anmerkung 15 in Kapitel 5. Für eine ausführliche Diskussion dieser Entwicklung siehe McMillan (2014). Zur Frage, wie robust die Forschungsergebnisse von Diamond und Dybvig (1983) sind, wenn deren einschränkenden Annahmen gelockert werden, siehe Anmerkung 14 in Kapitel 5.

9. Haldane (2012, S. 15). Bereits zuvor hatte Rajan (1998) festgestellt: „In entwickelten Ländern ist es nun an der Zeit, darüber nachzudenken, ob die institutionelle Form der Bank etwas Besonderes ist oder ob das einzig Besondere darin besteht, dass sie reguliert ist" (S. 524).

10. Lagarde (2017).

11. Fernández Ordóñez (2019).

12. Siehe Onaran (2017), der zu dem Schluss kommt, dass „seit der globalen Finanzkrise von 2008 kein Ort für Zombies gemütlicher war als Europa". Siehe auch The Economist (2019). Für eine wissenschaftliche Darstellung siehe Andrews und Petroulakis (2019).

13. Lloyd Blankfein, zitiert in Reuters Staff (2009b).

14. Die Verfechter des kapitalistischen Bankwesens argumentieren, dass die Gesellschaft die Banken vor dem Wettbewerb schützen muss und dass öffentliche Sicherheitsnetze und Rettungsmaßnahmen notwendig sind. Bei der Verleihung des Alfred-Nobel-Gedächtnispreises für seine Arbeit über Banken und Finanzkrisen im Jahr 2022 stellte Diamond fest: „Auch wenn diese Rettungsaktionen Probleme mit sich bringen ... könnten sie für die Gesellschaft sogar gut sein" (Johnson und Ahlander 2022). Bernanke, Paulson und Geithner betonten, dass die Wall Street gerettet wurde, um der Main Street zu helfen (Cox 2018). Darüber hinaus argumentiert Gorton (1994), dass der Rahmen für die Bankenregulierung die Marktkräfte eindämmt und Bankgesellschaften subventioniert, sodass sie vor Wettbewerb geschützt sind. Dies schafft „Charter Value" und gibt den Banken so Anreize für ein sozial erwünschtes Verhalten. Für eine neuere Darstellung seiner Argumentation siehe Gorton (2020). Gortons Arbeit ist bei politischen Entscheidungsträgern einflussreich; so wurde seine Forschung etwa von Ben Bernanke, dem ehemaligen Vorsitzenden der Federal Reserve, empfohlen (The Economist 2012).

15. Eine bemerkenswerte Ausnahme ist Gary Gorton, der die Vorstellung zurückweist, dass das moralische Risiko von Bedeutung ist, wenn es um die Regulierung von Banken oder Schattenbanken geht; siehe Gorton (2010) oder Chemla und Hennessy (2014). Man sollte sich hierzu im Klaren sein, dass Gorton im Vorfeld der Finanzkrise von 2008 für AIG Financial Products gearbeitet hat, also für jenes Versicherungsunternehmen, das schließlich aufgrund von Bedenken wegen systemischer Risiken gerettet wurde; siehe Osipovich (2018).

16. Bank-CEOs wie Josef Ackermann oder Jamie Dimon haben wiederholt davor gewarnt, dass strengere Eigenkapitalanforderungen ihre Kreditvergabefähigkeit einschränken; siehe Reuters Staff (2009a, 2011). Ackermann, ehemaliger Vorstandsvorsitzender der Deutschen Bank, wies bei der Diskussion über die Kapitalanforderungen auf die Notwendigkeit hin, zwischen Stabilität und Wachstum abwägen zu müssen (Admati et al. 2011). Für eine wissenschaftliche Darstellung dieses Arguments siehe Van der Heuvel (2008).

17. In den Debatten nach der Finanzkrise von 2008 wurden die Begriffe Märkte, Kapitalgesellschaften und Kapitalismus oft miteinander verwechselt. Siehe beispielsweise Posner (2010), Magnus (2011) oder Kotz (2009).

18. In Kapitel 5 haben wir erläutert, wie ein solcher Finanzmarkt in der Praxis aussehen könnte.

19. Goodhart und Perotti (2015) haben einen Forschungsbericht mit dem vielsagenden Titel verfasst: „Maturity Mismatch Stretching: Banking Has Taken a Wrong Turn" (Das Bankwesen hat die falsche Richtung eingeschlagen). Pennacchi (2012) schreibt, dass eine ausgeprägte Fristentransformation in der Vergangenheit oft als unvorsichtiges Geschäftsgebaren angesehen wurde. Stattdessen war die sogenannte Real-Bills-Doktrin der vorherrschende Grundsatz. So schreibt Pennacchi (2012): „Vor dem 20. Jahrhundert vergaben britische und amerikanische Geschäftsbanken Kredite fast ausschließlich für kurze Laufzeiten. Die Kredite dienten in erster Linie der Finanzierung des Betriebskapitals und der Gewährung von Handelskrediten für Kreditnehmer, die in naher Zukunft Barmittel zur Rückzahlung erhalten sollten. Die Real-Bills-Doktrin, die auch als kommerzielle Liquiditäts- oder Kredittheorie bezeichnet wird und deren Ursprünge auf John Law und Adam Smith zurückgehen, war die führende Theorie der Bankgeschäfte im 19. Jahrhundert" (S. 142).

20. Eine Reihe von Ökonomen war an der Entwicklung einer Theorie des allgemeinen Gleichgewichts und der Ableitung der beiden grundlegenden Theoreme der Wohlfahrtsökonomie beteiligt; siehe Walras (1874), Allais (1953), Arrow und Debreu (1954), Koopmans (1957), Debreu (1959), McKenzie (1959) sowie Arrow und Hahn (1971).

21. Allgemeine Gleichgewichtsmodelle ignorieren die Tatsache, dass die gegenwärtige Wirtschaftsordnung durch ein kapitalistisches Bankwesen geprägt ist. Folglich mussten exogene Schocks angenommen werden, um den charakteristischen Boom-Bust-Zyklus darstellen zu können. In einem Aufsatz mit dem treffenden Titel „The Trouble with Macroeconomics" beklagt Romer (2016) diese Tatsache: „Die Makroökonomen haben sich mit der Vorstellung angefreundet, dass die Schwankungen der makroökonomischen Aggregate durch imaginäre Schocks verursacht werden" (S. 4). In der Tat haben die Ökonomen bei den allgemeinen Gleichgewichtsmodellen eines der zentralsten Merkmale der heutigen Wirtschaftsordnung in eine exogene Annahme verbannt. Siehe auch Buiter (2009), der feststellt, dass die „makroökonomischen Theorien nicht nur keine Antworten auf die Schlüsselfragen zu Insolvenz und Illiquidität zugelassen haben. Sie haben gar nicht erst zugelassen, dass solche Fragen gestellt werden."

22. Im Laufe des 20. Jahrhunderts wurde das allgemeine Gleichgewichtsmodell zu sogenannten dynamischen stochastischen allgemeinen Gleichgewichtsmodellen weiterentwickelt. Diese Modelle zeichnen sich durch wirtschaftliche Anpassungsprozesse aus und zeigen, wie eine Wirtschaft zu einem nachhaltigen Wachstumspfad zurückfinden kann; siehe Kydland und Prescott (1982), Dotsey et al. (1999) und Clarida et al. (2000).

23. In Bezug auf die Finanzkrise von 2008 gehen Haughwout et al. (2012) davon aus, dass während des Aufschwungs davor in den Vereinigten Staaten 3,0 bis 3,5 Millionen überschüssige Wohneinheiten produziert wurden. Neate (2014) ging davon aus, dass nach dem Ende des Immobilienbooms europaweit elf Millionen Häuser leer standen. Spanien und Irland wurden besonders hart getroffen. Gros und Alcidi (2012) schätzten den wirtschaftlichen Schaden: „Für Irland beläuft sich der kumulierte Überschuss an Bauten zwischen 1997 und 2008 auf etwa 99 Milliarden Euro oder 55 Prozent des BIPs (2008). Im Falle Spaniens sind es mehr als 380 Milliarden Euro oder 37 Prozent des BIPs (2010)." Außerdem gibt es Hinweise darauf, dass der Immobilienboom die Menschen motiviert hat, ihre Ausbildung abzubrechen und im Baugewerbe zu arbeiten. Das heißt, auch die Akkumulation von Humankapital wurde verzerrt; siehe Aparicio Fenoll (2010).

    Diese bereits eindrücklichen Zahlen könnten einst von den jüngsten Entwicklungen auf dem chinesischen Immobilienmarkt überschattet werden. Kamp (2022) schreibt: „Zwischen 2002 und 2020 sind die Wohnungspreise in den sogenannten Tier-1-Städten wie Peking, Shanghai und Shenzhen um 600 Prozent gestiegen. In den USA hingegen stiegen die Preise während des Booms zwischen 2000 und 2005 nur um 80 Prozent; in Irland und Spanien stiegen sie in den entsprechenden Boomphasen um 100 Prozent bzw. 230 Prozent." Bloomberg Businessweek (2022) stellt fest, dass in „Shenzhen eine Wohnung in der Regel das Vierzigfache des durchschnittlichen Jahresgehalts kostet. Das ist das Vierfache des relativen Preises in Städten wie Los Angeles und San Francisco." Der Economist (2022) schreibt, dass „erstaunliche 70 Prozent des Vermögens der chinesischen Haushalte in Immobilien gebunden sind", und zitiert eine Schätzung von JPMorgan, dass „etwa 70 Prozent der seit 2018 verkauften Häuser von Personen gekauft wurden, die bereits ein Haus besaßen". Der chinesische Thinktank Beike Research Institute schätzt die Zahl der unbewohnten Wohnungen auf 50 Millionen, während das Forschungsinstitut Capital Economics für das Jahr 2021 schätzt, dass „auf dem chinesischen Festland etwa 30 Millionen unverkaufte Immobilien zu finden sind, während etwa 100 Millionen weitere gekauft, aber nicht bewohnt worden sein dürften" (Liu und Jiang 2022).

24. Siehe Reinhart und Rogoff (2009a), welche die negativen Auswirkungen von Finanzkrisen auf Produktion und Beschäftigung untersucht haben. Die Arbeitslosenquoten steigen im

Durchschnitt um sieben Prozent, und die Produktion geht nach Finanzkrisen um neun Prozent zurück. Eine besonders schädliche Auswirkung der Finanzkrise von 2008 war der starke Anstieg der Jugendarbeitslosigkeit. Im Jahr 2009 waren fast 19 Prozent der Jugendlichen im OECD-Raum arbeitslos (Scarpetta et al. 2010). Im Allgemeinen wird eine gleichmäßigere wirtschaftliche Entwicklung starken Schwankungen vorgezogen. Siehe Lucas (1987) für eine der ersten Forschungsarbeiten zur Berechnung der damit verbundenen sozialen Kosten. Siehe Jordà et al. (2020) für einen neueren Beitrag, der darauf hindeutet, dass die sozialen Kosten von Boom-Bust-Zyklen erheblich sein können.

25. Diese Beobachtung steht im Zusammenhang mit der sogenannten goldenen Regel der Kapitalakkumulation. Diese Regel einer gesamtwirtschaftlich optimalen Sparquote wurde bereits vor Jahrzehnten von verschiedenen Ökonomen entwickelt; siehe Phelps (1961, 1966) oder Allais (1962). Dass das Preissystem bei einem kapitalistischen Bankwesen verzerrt ist und nicht zu einem optimalen Niveau der Kapitalakkumulation führt, ist auch ein wichtiger Pfeiler der Theorie von Keynes (1936/1964). Er postulierte gar, dass die Regulierung des Bankwesens allein noch nicht reicht, um das Optimum zu erreichen: „Es scheint unwahrscheinlich, dass der Einfluss der Bankpolitik auf den Zinssatz allein ausreicht, um eine optimale Investitionsrate zu bestimmen" (Keynes 1936/1964, S. 378). Daher forderte er eine „umfassende Sozialisierung der Investitionen" (S. 378). Unser Vorschlag ist in gewisser Weise das Gegenteil. Wir fordern eine umfassende Individualisierung der Investitionen. Die jüngsten technologischen Fortschritte erlauben eine marktwirtschaftliche Finanzarchitektur, in der Zinssätze wieder echte Preise darstellen, die zu besser informierten Investitionsentscheidungen führen. Wie wir bereits erörtert haben, haben verschiedene Ökonomen allgemeine Gleichgewichtsmodelle entwickelt, die zeigen, wie eine dezentrale Entscheidungsfindung zu einem stabilen und effizienten Gleichgewicht führt; siehe auch Malinvaud (1953), Starrett (1970) oder Gale (1973) mit einem Schwerpunkt auf dem Aspekt der Kapitalallokation.

7. Kapitel

1. Siehe Reinhart und Rogoff (2013), die darauf hinweisen, dass Umstrukturierungen von Staatsschulden früher fester Bestandteil der Lösung übermäßiger Schuldenüberhänge waren und dass die Industrieländer eine „kollektive Amnesie" bezüglich der Art entwickelt haben, wie sie diese Instrumente in der Vergangenheit einsetzten. Wie wir im ersten Teil dieses Buches erörtert haben, wurden Zahlungsausfälle und Umstrukturierungen von Staatsschulden unter anderem aufgrund der Bankenregulierung nicht mehr als praktikable Option angesehen. Die Regulierung hat die Banken dazu ermutigt, Staatsschulden in großem Ausmaß zu halten und so die Staatsschulden auf ihren Bilanzen zu monetarisieren.

2. Gewisse Ökonomen argumentieren, dass ein zweistufiges Geldsystem die Hauptursache für finanzielle Instabilität ist. Diesem Argument zufolge kann die Instabilität der heutigen Finanzarchitektur überwunden werden, wenn alle Unternehmen und Einzelpersonen Zugang zur ersten Ebene – das heißt zur Zentralbank – erhalten; siehe zum Beispiel Ordoñez (2019). Diese Vorschläge übersehen sowohl den potenziellen Nutzen privater Zahlungsdienste als auch das Wesen systemischer Risiken. Erstens kann der Wettbewerb zwischen den Zahlungsanbietern letztlich zu besseren Zahlungsdienstleistungen führen, als wenn diese von einer öffentlichen Institution monopolisiert werden. Zweitens: Selbst wenn eine öffentliche Institution Zahlungsdienste anbietet, können und werden Bankgesellschaften und Schattenbanken

infolge der in Kapitel 4 erläuterten Anreizmechanismen weiterhin systemische Risiken aufbauen. Daher werden die Behörden immer noch gezwungen sein, einzugreifen, wenn sich systemische Risiken materialisieren. Systemische Solvenz hingegen erlaubt private Zahlungsdienstleistungen auf der zweiten Ebene und garantiert gleichzeitig die Finanzstabilität.

3. Siehe Mehrling (2013) zur Hierarchie des Geldes in einer kapitalistischen Finanzarchitektur sowie zur Unterscheidung zwischen Innen- und Außengeld.

4. Mishkin (1996) bietet einen Überblick über die verschiedenen Kanäle, über welche die Geldpolitik in der Vergangenheit versucht hat, die Geldmenge zu beeinflussen. Für einen Überblick über die verschiedenen monetären Transmissionstheorien siehe Kuttner und Mosser (2002). Siehe EZB (2020b) zum Transmissionsmechanismus der Geldpolitik in der Eurozone.

5. Siehe zum Beispiel Greenspan (2009).

6. Siehe zum Beispiel Fratzscher et al. (2016).

7. Auf den von der Bank of England ausgegebenen Banknoten spiegelt sich der Ursprung des Zentralbankwesens noch immer in der Einheit und im Namen der Währung: Pfund Sterling. Dieses Versprechen ist noch immer auf allen von der Bank of England ausgegebenen Banknoten zu finden. Wenn Sie jedoch heute zur Bank of England gehen, um das Versprechen auf der Banknote einzulösen, erhalten Sie einfach eine neue Banknote mit demselben aufgedruckten Nennwert. Wenn Sie Silber oder Gold kaufen wollen, müssen Sie auf den Markt gehen. Der Preis, den Sie dort zahlen, wird durch Angebot und Nachfrage bestimmt, nicht durch ein Versprechen der Zentralbank.

8. Nach den internationalen Rechnungslegungsstandards ist eine Verbindlichkeit definiert als „eine gegenwärtige Verpflichtung des Unternehmens zur Übertragung einer wirtschaftlichen Ressource als Ergebnis vergangener Ereignisse“ (International Accounting Standards Board 2018, S. A42). Für die heutigen Zentralbanken schafft die Ausgabe von Geld keine solche Verpflichtung. Da das von der Zentralbank ausgegebene Geld nicht eingelöst werden kann, kann es auch nicht als Verbindlichkeit oder Schuld angesehen werden. Einige Ökonomen haben in der Vergangenheit ähnliche Argumente vorgebracht. Kumhof et al. (2020) beschreiben das von der Zentralbank ausgegebene Geld als soziales Kapital. In einem Arbeitspapier befasst sich Buiter (2003) mit Friedmans „Helikoptergeld“ und formalisiert das Konzept des uneinlösbaren Basisgelds, das „ein Aktivum für den privaten Sektor, aber keine Verbindlichkeit für den öffentlichen Sektor“ ist (S. 3). Dies ist auch die Art und Weise, wie Geld im Rahmen der systemischen Solvenzregel behandelt wird: Es gilt für seinen Inhaber als realer und nicht als finanzieller Vermögenswert.

9. Regierungen möchten, dass die Währungsbehörde Staatsanleihen kauft, um die Finanzierungskosten zu senken. Unternehmensvertreter wollen lieber, dass sie Anleihen und Aktien der von ihnen vertretenen Unternehmen kauft. Und Hausbesitzer würden es bevorzugen, wenn die Währungsbehörde Hypotheken oder hypothekarisch gesicherte Wertpapiere kauft. Dies ist keineswegs nur eine theoretische Überlegung. Siehe Abidi und Miquel-Flores (2018) für eine empirische Analyse dieser Mechanismen in der Eurozone. Siehe auch Hercelin (2019) zur Bedeutung von Autokrediten beim Programm zum Ankauf von Vermögenswerten durch die EZB. Parallel zur wachsenden Bedeutung der quantitativen Lockerung haben verschiedene Interessengruppen begonnen, die Zentralbanken zu drängen, neben der Preisstabilität auch andere politische Ziele zu verfolgen. Einige wollen beispielsweise, dass die EZB die Finanzierungskosten für Unternehmen mit einem positiven Effekt auf den Klimawandel senkt; siehe Drudi et al. (2021).

10. Gewisse Ökonomen haben für eine Abkehr von der Geldpolitik ohne systemische Solvenz plädiert, das sogenannte *Free Banking*. Wie wir in Kapitel 4 ausführlich dargelegt haben, resultiert daraus jedoch eine instabile Finanzarchitektur. Mit einer systemischen Solvenzregel kommt Free Banking hingegen einem zweistufigen Vollreservesystem gleich. Ein Befürworter eines goldgedeckten Vollreservesystems ist de Soto (2009). Es ähnelt auch der Idee von Hayek (1990), der vorschlug, dass private Institutionen ihre eigenen Währungen mit eigenen Nennwerten ausgeben könnten, die durch einen Warenkorb gedeckt sind; frühe Kritik an einer solchen privaten Geldemission findet sich bei Friedman (1984) und Fischer (1986), eine neuere Darstellung findet sich bei Luther (2013). Für eine Diskussion verschiedener Optionen im Bereich von Free Banking und privatem Geld siehe Selgin und White (1994).
11. Für einen umfassenden Überblick über die Funktionsweise von Bitcoin siehe Berentsen und Schär (2017).
12. Ethereum kennt zum Beispiel keine feste Obergrenze für die Gesamtzahl der ausgegebenen Ether und hat die Miner-Entlohnung (oder Emissionskonditionen) im Laufe der Zeit geändert (Kim 2021). Darüber hinaus wurde das gesamte Konsensprotokoll im Jahr 2022 und damit der Mechanismus für die Ausgabe neuer Ether von Proof of Work auf Proof of Stake umgestellt (ethereum.org, 2022).
13. Aufgrund dieser Eigenschaften legten gewisse Beobachter nahe, dass Bitcoin zu einer Art digitalem Warengeld werden könnte, das als globale Reserve dient; siehe Higgins (2014).
14. Verschiedene Ökonomen sind zu ähnlichen Schlussfolgerungen gekommen. Siehe Huberman et al. (2021), die feststellen: „Im Gegensatz zu einer verwaltenden Organisation gibt es bei einem Protokoll keinen einfach zu handhabenden Mechanismus zur Änderung von Preisen, Angeboten und Regeln, was die Stabilität dieser Attribute voraussetzt. Eine solche Stabilität kann als Vorteil oder Nachteil des Systems angesehen werden" (S. 3036). Siehe auch Abadi und Brunnermeier (2022), die analytisch ein „Blockchain-Trilemma" herleiten.
15. Siehe Budish (2018), der argumentiert, dass die Skalierbarkeitsprobleme eher „ein Merkmal als ein Fehler" eines Proof-of-Work-Konsensprotokolls sind. Gans und Gandal (2019) erweitern Budishs Arbeit auf Proof-of-Stake-Konsensprotokolle und zugriffsbeschränkte (permissioned) Blockchains. Auer (2019) leitet eine konzeptionelle Verknüpfung zwischen Einnahmen aus Mining-Gebühren mit dem Wert einer Transaktion her, indem er das Konzept der „wirtschaftlichen Finalität von Zahlungen" einführt, das eine Untergrenze für Transaktionsgebühren bestimmt. Siehe Boissay et al. (2022), wie solche Kosten die Struktur des Ökosystems der Kryptowährungen beeinflussen. Einen Überblick über die Herausforderungen der Skalierbarkeit bei der Blockchain-Technologie finden Sie in Khan et al. (2021).
16. Eine staatliche Organisation kann gerechtfertigt sein, weil das Geldsystem Charakteristika eines öffentlichen Gutes hat und Netzwerkeffekte präsent sind; siehe King (2004). Eine klassische Darstellung findet sich bei Friedman (1948, 1965), der ein staatliches Geldmonopol aus ähnlichen Gründen rechtfertigte. Allerdings hat Friedman seine Ansichten nach den Erfahrungen mit der hohen Inflation in den 1970er- und frühen 1980er-Jahren angepasst (Friedman und Schwartz 1986).
17. Jede Änderung der Höhe des direkten Geldtransfers wirkt sich unmittelbarer auf die Preise aus als die monetären Transmissionskanäle in der Vergangenheit, ohne dass es zu einem sogenannten Cantillon-Effekt kommt (Cantillon 1755/2010); siehe Bordo (1983) für eine zeitgenössische Beschreibung dieses Phänomens. Im Gegensatz zur quantitativen Lockerung

führt ein direkter Geldtransfer für die Bürger auch nicht zu einer Verzerrung der relativen Preise von Vermögenswerten, Waren und Dienstleistungen. Man beachte, dass dieser Ansatz nur lose mit dem von Milton Friedman (1969) geprägten Begriff des „Helikoptergelds" verwandt ist. Helikoptergeld bezieht sich in der Regel auf einen einmaligen Geldtransfer an die Bevölkerung. Dies unterscheidet sich von unserem Vorschlag, neu geschöpftes Geld immer und konstant via Bürgerinnen und Bürger einzuführen. In den letzten Jahren wurde die Idee, die Seigniorage direkt an die Bevölkerung zu verteilen, auch von anderen Ökonomen vorgeschlagen; siehe Brunetti und Foellmi (2021) für die Schweiz.

18. Siehe Mankiw (2009). Einer der frühesten Vorschläge für eine Liquiditätsabgabe findet sich bei Gesell (1916); auch Fisher (1933a) hat die Idee früh aufgegriffen. Das Konzept der Liquiditätsabgabe taucht dabei unter verschiedenen Bezeichnungen auf, zum Beispiel als *Schwundgeld* (in den Schriften von Gesell 1916) oder als *stamp scrip* (in den Schriften von Fisher 1933a). Heute wird häufig der Begriff *Carry Tax* verwendet (in den Schriften von Goodfriend 2000; Buiter und Panigirtzoglou 2003). Wir verwenden den Begriff *Liquiditätsabgabe*, weil Carry Tax irreführend ist. Es handelt sich nicht um eine Steuer, denn es ist kein Instrument zur Finanzierung des öffentlichen Sektors. Das durch eine Liquiditätsabgabe eingenommene Geld fließt durch den direkten Geldtransfer vollumfänglich an die Bürger zurück – es ist damit mit einer Lenkungsabgabe vergleichbar.

19. In jüngster Zeit haben die sogenannten digitalen Zentralbankwährungen (Central Bank Digital Currencies, CBDCs) an Bedeutung gewonnen. CBDCs können in zwei Formen kommen. Eine Retail-CBDC kann direkt von Bürgern gehalten werden. Ein Wholesale-CBDC ähnelt konzeptionell den heutigen Geldkonten der Finanzinstitute bei der Zentralbank, nur die Technologie ist eine andere. Zu verschiedenen CBDC-Konzepten und -Technologien siehe Auer et al. (2020).

20. Abgesehen von den bereits diskutierten Herausforderungen von Distributed Ledgers müsste die Implementierung eines direkten Geldtransfers auch eine Lösung zur eindeutigen Identifikation beinhalten, um eine „doppelte Schöpfung" von Geld zu verhindern.

21. Bei digitalem Geld könnten die Behörden Transaktionen für politisch unerwünschte Aktivitäten oder zwischen Gegenparteien gänzlich blockieren. Eine Gesellschaft ohne die Möglichkeit, anonym zu handeln, könnte sich zu einem Orwell'schen Albtraum entwickeln; siehe Haering (2018).

22. Schon heute geben Unternehmen private Formen von physischem Geld aus, zum Beispiel Casinos in Form von Jetons, Vergnügungsparks in Form von Wertmarken oder Einkaufszentren in Form von Geschenkgutscheinen. Die systemische Solvenz lässt die Ausgabe von physischem Geld weiterhin zu. Aufgrund der Liquiditätsabgabe dürfte solches physisches Privatgeld jedoch mit einem Datumsstempel versehen und mit einem entsprechenden Abschlag gehandelt werden oder ein Verfallsdatum haben.

23. Es hat Versuche gegeben, den Zahlungsverkehr in Blockchain-Netzwerken vollständig zu anonymisieren, was zumindest konzeptionell ähnlich wäre; siehe Heilmann et al. (2016). Darüber hinaus deuten Forschungsergebnisse darauf hin, dass sogenanntes Quantengeld ähnliche Eigenschaften wie Bargeld haben könnte; siehe Aaronson (2009). Für eine wirtschaftliche Perspektive zum Thema Quantengeld siehe Hull et al. (2021).

8. Kapitel

1. Vieles deutet darauf hin, dass komplizierte grenzüberschreitende Gesellschaftsstrukturen genutzt wurden und werden, um der nationalen Regulierung systemischer Risiken zu entgehen; siehe Dell'Ariccia und Marquez (2006), Pistor (2019), Boyer und Kempf (2020) sowie Frame et al. (2020). Siehe Alloway (2010) oder Wiggins und Metrick (2014) für eine gut verständliche Darstellung des inzwischen berühmten „Repo 105"-Geschäfts der Lehman-Brothers-Tochter in London – ein anschauliches Beispiel für internationale Regulierungsarbitrage.
2. Empirische Belege dafür, dass dieser Mechanismus bereits heute wirksam ist, finden Sie bei Houston et al. (2012), die festhalten: „Ohne ein starkes institutionelles Umfeld reichen laxe Vorschriften nicht aus, um massive Kapitalströme zu fördern" (S. 1845).
3. Derzeit versuchen einige Länder gar aktiv, ihre Finanzarchitektur zu isolieren. Das Einfrieren von Zentralbankreserven nach der russischen Invasion in der Ukraine beschleunigte die Entkopplungsbemühungen, insbesondere von Russland und China; siehe Pozsar und MacLeod (2022). Diese Initiativen wurden zuweilen als „Bretton Woods III" tituliert, was unserer Ansicht nach eine falsche Bezeichnung ist, da Bretton Woods historisch gesehen ein Projekt war, das sich stark auf den westlichen Block und die Vereinigten Staaten konzentrierte.
4. Die Bank für Internationalen Zahlungsausgleich hat seit Jahrzehnten die Aufgabe, internationale Initiativen zur Sicherstellung der Finanzstabilität zu koordinieren. Nach der Finanzkrise von 2008 wurde eine weitere Institution mit der Aufgabe betraut, die Regulierungsbemühungen im Umgang mit systemischen Risiken zu intensivieren: das Financial Stability Board; siehe Carrasco (2010). Siehe auch Gadinis (2012), der kritisch anmerkt, dass die Aufsichtsbehörden in diesem Internationalisierungsprozess auch abhängiger von den Regierungen geworden sind. Darüber hinaus haben sich sowohl der Internationale Währungsfonds als auch die Weltbank seit ihrer Gründung mit Fragen der Finanzstabilität befasst, wenn auch mit einem stärkeren Schwerpunkt auf der Fiskal- und Geldpolitik.
5. Wie wir im vorigen Kapitel gezeigt haben, ermöglicht eine marktbasierte Finanzarchitektur neue geldpolitische Systeme. Alle diskutierten Formen sind in einem Bretton-Woods-2.0-System möglich und können auch nebeneinander funktionieren – ein Aspekt, der für die Eurozone besonders wichtig ist.
6. Siehe Kapitel 1. Siehe auch Erikson und Assenova (2015), die zu den frühen großen Kapitalgesellschaften anmerken, dass diese „Handelskompanien nicht unabhängig vom Staat entstanden sind. Die Charta, die die Grundlage für ihre Gründung bildete, war keine Formalität – ihre Existenz beruhte auf der Zusammenarbeit mit dem Staat, und das Aushandeln öffentlicher und privater Interessen war ein zentrales Merkmal dieser großen Organisationen. Die Handelskompanien waren auf den Schutz des Staates angewiesen, und um diese Unterstützung zu erhalten, subventionierten sie staatliche Maßnahmen und übernahmen staatliche Nebenfunktionen" (S. 3).
7. Dies ist ein Trend, den Keynes und Minsky vorausgesehen haben. Keynes (1936/1964) befürwortete eine solche Entwicklung und forderte gar eine „umfassende Sozialisierung der Investitionen", die „schrittweise und ohne Bruch mit den allgemeinen Traditionen der Gesellschaft eingeführt werden kann" (S. 378). Diese Meinung teilen wir nicht, da wir davon überzeugt sind, dass ein solches Vorgehen die Traditionen einer freien Gesellschaft immer weiter aushöhlen und uns letztlich – um den Titel eines Aufsatzes von Hayek (1944) zu

verwenden – auf den „Weg zur Knechtschaft" führen wird. Interessanterweise trat Minsky zwar in die theoretischen Fußstapfen von Keynes, stand aber der praktischen Politik, die im Namen seines intellektuellen Vaters betrieben wurde, zunehmend kritisch gegenüber. In einem Buch mit dem Titel *John Maynard Keynes* schreibt Minsky (1975), dass „Big Government" mit seiner Vollbeschäftigungspolitik etwas geschaffen hat, „was man zu Recht als Sozialismus für die Reichen bezeichnen könnte ... Die Entwicklung der Wirtschaft steht also in deutlichem Gegensatz zu der von Keynes vertretenen Idee" (S. 158).

8. Böhm (1961) hat einmal zu Recht festgehalten, dass der Wettbewerb „das großartigste und genialste Entmachtungsinstrument der Geschichte" sei. Dies ist auch der Grund, warum Wettbewerbspolitik im Falle eines Marktversagens notwendig ist.

9. Für eine neuere Darstellung, die das Zusammenspiel wirtschaftlicher Faktoren mit einer funktionierenden Demokratie betont, siehe Wolf (2023).